스포마니타스:
사피엔스가 걸어온 몸의 길

—— 하빌리스에서 검투사까지 ——

문개성 지음

SPORTS
HUMA-
NITAS

박영사

머리말

팬데믹으로 모든 놀이가 주춤해진 상태다. 비대면으로 할 수 있는
게 많은 세상이니 생각보다 심심하지는 않은 것 같다. 만약 비대면 소
통이 없던 시절, 이와 같은 사태가 닥쳤다면 '보이지 않은 공포감이 더
욱 심했을까' 혹은 '제대로 아는 게 거의 없으니 뭐 그런 일이 있나보
다'라고 했을까. 우선 놀이와 아곤(Agôn, 경쟁, 경연)이 멈춰 섰다. 무관
중 스포츠 경기와 온라인 콘서트로 숨통을 열어주긴 했지만, 대면하며
소통했던 사람 많은 곳과 밀폐된 곳을 꺼리게 했다. 차라리 코끼리 코
잡고 뱅뱅 돌다 어지러워 넘어지는 웃기는 퍼포먼스가 제일 안전한 놀
이일 수도 있겠다. 이 사태를 모르는 천진난만한 아이들 앞에서.

스포마니타스(SPOMANITAS = sports + humanitas)는 필자가 창안한 단
어다. 인간다움이란 과연 무엇일까라는 질문에서 출발했다. 고매한 이
상을 갖추기 이전에 근원적 본성을 발산했던 인간성이란 무엇일까. 이
를 살피고자 오늘날 폭발적인 소비문화로 발전한 스포츠를 끼어 넣었
다. 지금, 우리 삶의 양태는 100여 년에 불과한 짧은 기간 동안에 이뤄

진 문화라 해도 과언이 아니다. 그중에 대표적으로 스포츠가 있다. 스포츠 스타라고 하는 새로운 계급이 탄생했다. 현대인은 몸의 쓰임을 경배하고, 스스로 건강한 몸을 만들고자 부단히 노력하며 살아간다.

스포츠는 신체적 움직임이 필수다. 그러다보니 호모 사피엔스의 몸이라고 하는 원초적 실체성에 초점을 두게 됐다. 아무리 봐도 우리의 몸은 빈약하다. 몸뚱이 하나로 지구 전체를 감싸는 종이 됐다는 사실 자체가 경외감을 갖기에 충분하다. 하지만 우리 스스로 두려움을 갖게 하는 지점이 있다. 우리가 자연의 일부라고 생각하지 않고, 자연이 사피엔스란 종을 위해서 존재하는 거라고 착각하는 순간부터다. 자신에 대해 공경하면서도 두려워하는 감정을 갖게 한다.

'스포마니타스: 사피엔스가 걸어온 몸의 길'을 열었다. 지금, 호모 하빌리스에 검투사까지 걸어온 몸의 길에 서 있다. 대략 200만 년 전즈음, 인류의 직계조상으로 두 발로 걸으며 주변을 유심히 살폈던 몸의 길에서부터 걸어봤다. 본서에선 2천 년 전하고도 수백 년을 더한 어느 즈음까지 걷고 멈추며 끝난다. 보다 긴 여정을 지나고 나서야 신체성, 경쟁성, 규칙성을 토대로 이뤄진 오늘날의 스포츠 세계로 들어올 것이다. 호모 사피엔스가 걸었을 몸의 길을 앞으로도 함께 할 수 있길 기대한다. 덧붙여 팬데믹에서 일상으로 돌아올 원년이 되길 희망한다.

2021년 뜨거운 여름, 지덕겸수(知德兼修)와 도의실천(道義實踐)
연구실에서
문개성

차 례

SPOMANITAS

제1부

여명의 불꽃

01

두발로 걷는 머리 큰 그들

두발로 걷는 그들

두발로 걷는 그들이 나타났다. 놀랄 만한 지구력의 소유자다. 지칠 줄 모른다. 8시간을 쉬지 않고 격렬하게 움직일 수 있는 그들이다. 오늘날 수영, 사이클, 마라톤 3종목을 완주해야 하는 철인 3종 경기에서 증명하고 있다. 맞닥뜨린 환경에 놀라운 적응력을 발휘하고 지속가능한 신체를 움직이게 하는 능력을 지녔다.

숲속에 살면서 나무타기와 직립 보행을 병행했을 아주 오래전 영장류가 있었다. 그들이 오랜 진화과정을 거쳐 환경에 적응하고 있던 것이다. 알려진 사실을 전부 끄집어내도 별 볼일 없었던 그들이 진화과정을 거쳐 우리가 됐다. 내세울 것 없었던 혈통이 약 600만 년 전에 갈라져 나와 오랜 시간에 걸쳐 이 순간을 맞이하고 있다.[1] 우주와 지구 역사를 통틀어 생각한다면 그야말로 찰나에 툭 튀어나온 존재지만, 불과 100

호모 하빌리스

년 남짓 사는 우리가 생각하기엔 상상을 초월하는 시간이다.

현대 분류학자들은 인간을 포함한 대형 유인원과를 호미니드 (hominid)라 부른다. 여태껏 살았던 인류의 총칭 즉, 인간 혈통에 속하는 모든 구성원이라 이해하면 된다. 또한 공통 조상에서 갈라져 나온 후에 현생인류를 호미닌(hominin)으로 지칭한다. 시간이 흐르고 또 흘러 200~250만 년 전쯤에 현생인류를 탄생시킨 혈통이 인간과 침팬지 조상에서 분리가 되면서 독자적인 길을 걷게 됐다.[2]

희미하게 날이 밝아 오며 동이 틀 무렵, 두 발로 걸으며 주변을 두리번거렸을 그들은 누구인가? 바로 호모 하빌리스(Homo Habilis)이다. 도구를 사용한 인간 혹은 솜씨 있는 인간이라 명명된 존재이다. 우리 인류의 직계조상으로 알려져 있다. 어스름할 즈음에 두 발로 걸으며 도구를 사용했던 그들에겐 어떤 변화가 있었을까?

두발로 걸으며 생겨난 자신감

오랜 시간을 통해 익숙해진 직립보행(bipedalism)은 시야를 확보하게 된 요인일 것이다. 도구를 사용하면서 왠지 모를 자신감도 가졌을 것이다. 500만 년 전으로 거슬러 올라가 아프리카에 등장했던 오스트랄로피테쿠스가 사용한 돌망치 수준의 석기보다 정교한 형태의 도구를 사용했다. 도구를 자신의 취향에 따라 만들고, 개인의 신체적 조건에 따라 사용하는 법을 알았을 것이다. 그들은 동네 한 바퀴 정도 거닐었다가 점차 용기를 내어 조금씩 활동 반경을 넓혔을 것이다. 잘 걸으며 오래 버티고, 손에서 놓지 않았던 도구가 있었기 때문이다.

그렇다고 약 4만 년 전에 출현했던 호모 사피엔스 사피엔스(Homo Sapiens Sapiens)가 사용했던 복합적인 도구를 상상하면 안 된다.[3] 크로마뇽인이라 불린 그들은 나무 막대기에 화살촉을 박고 손잡이를 연결한 도구를 사용했다. 또한 날카로운 작살, 활과 화살과 같은 무기를 사용하는 기술이 있었다. 이 수준이 되기까지는 대략 200만 년은 더 기다려야 한다. 상상할 수 없을 만큼의 긴 시간이다.

더군다나 중석기 시대의 아프리카인으로 지칭되는 호모 사피엔스(Homo Sapiens)는 약 20만 년 전에 출현했지만, 그들 역시 별 볼일 없던 도구 사용자였다. 즉, 뼈로 만든 규격화된 도구나 활, 화살, 어망, 낚시 바늘과 같은 수렵에 필요한 도구도 없었다.[4] 그럼에도 불구하고 인류의 직계조상인 호모 하빌리스가 도구를 사용했다는 자체가 혁신적 사건인 것이다. 200만 년 전과 20만 년 전이란 시간적 간격을 어떻게 설명해야 할까. 솜씨 좋게 도구를 사용한 획기적 사건 이후, 매일 반복됐을 생존을 위한 일상이었다.

알려진 바에 따르면 호모 하빌리스의 키는 100 센티미터에 불과했다.[5] 지금 기준으로도 작은 키를 가진 그들의 자신감은 어디에서 비롯됐을까. 살벌한 맹수들과의 경쟁에서 살아남아야 되는데 말이다. 혹은 경쟁은커녕 경계심을 잔뜩 품은 채 눈칫밥으로 나무뿌리를 캐거나 풀이라도 뜯어 먹고, 기껏해야 몸집이 작은 초식동물로 단백질을 보충했어야 했다. 빈약한 몸뚱이 하나로 살아온 비결이었다.

머리가 커진 그들

연구결과에 따르면 머리가 커졌다. 정확하게는 뇌의 크기를 의미한다. 우스갯소리를 조금 하자면 오늘날 머리 큰 사람들이 괜히 주눅 들어 하는 문화가 있다. 미디어를 통해 모양새 좋은 사람들로 하여금 받아들여진 일종의 문화적 인식이지만, 뇌 크기는 우리가 여태껏 살아남게 했던 매우 중요한 요인이다. 지나친 자신감을 가질 이유도 없지만, 엉뚱한 부끄러움을 스스로 가질 필요는 더욱 없지 않을까. 다시 돌아와 그들의 머리 크기가 어떻게 됐다는 말인가. 호모 하빌리스의 뇌가 그 어느 때 보다 부쩍 커진 것이다. 유일한 지구에서 인류를 존재하게 한 첫 번째의 혁명적인 대사건이다.

비틀즈의 명반 중에는 1967년에 발매된 'Sgt. Pepper's Lonely Hearts Club Band'가 있다. 여기에 수록된 곡 중에는 'Lucy in the sky with Diamonds'란 명곡이 담겨있다. 인간과 같은 유인원이지만 호미닌(hominin)은 아닌 오스트랄로피테쿠스에 붙여진 이름이 루시(Lucy)이다. 1970년대 미국 고생물학자 돈 요한슨(Don Johanson)이 에티오피아에서 발굴할 때 라디오를 통해 흘러나온 노래가 바로 그 명곡이다.[6] 화석에 이름이 붙여진 낭만적인 사건이라 하지 않을 수 없다.

비틀즈 명반

그들도 완전하게 두 발로 걷는 행동은 가능했지만 뇌가 작았다. 침팬지와 비슷한 400cc 내외이다. 하지만 '손 재주꾼'이란 별명을 가진 호모 하빌리스 뇌 용량은 700cc 내외로 비약적 발전이 있었던 것이다. 뇌 크기의 비약적 발전의 계기는 세 가지 정도로 구분한다. 첫 번째 단계는 호모 하빌리스로 대표되는 약 180만 년 전에 호모 속의 출현과 함께 뇌가 커졌다. 둘째 단계는 약 50만 년 전에 출현한 고인류인 호모 하이델베르겐시스(Homo Heidelbergensis)이다. 마지막 단계는 약 20만 년 전, 바로 우리 종인 호모 사피엔스(Homo Sapiens)라 불리는 해부학적 현생인류의 출현과 함께 뇌 크기도 급속하게 증가했다.[7]

호모 사피엔스와 오늘날 성인의 뇌가 1500cc 정도이다. 몸무게의 2~3% 정도 차지하지만, 신체가 휴식 상태일 때 소모하는 에너지는 25% 정도 된다. 반면 다른 유인원은 뇌가 소모하는 에너지가 8%에 불과하다.[8] 인간의 뇌는 양적으로는 작지만, 질적으로는 매우 풍성한 역할을 하는 셈이다. 빈약한 몸뚱이를 보완해 줄 잘 돌아가는 머리를 갖게 됐다.

미스터리 덩어리

지구상에 살아남은 유일한 호모 종은 호모 사피엔스 사피엔스(Homo Sapiens Sapiens)이기 때문에 그냥 사피엔스로 불러도 무방하게 됐다. 그렇다면 두 발로 걸으며 뇌까지 커진 사피엔스에겐 어떤 변화가 있었을까? 신체적 능력과 인지적 능력의 획기적인 변화 속에서 겪었던 것은 무엇일까?

사피엔스의 근육활동을 어떻게 유도하는지를 이해하기 위해선 뇌(brain)와 척수(spinal cord)로 구성된 중추신경계(central nervous system) 구조를 알아야 한다. 이쪽을 얘기하자면 얼마나 복잡할까란 질문 자체가 무색할 정도다. 신경계의 기본적 구조단위는 뉴런(neuron)이다. 세포체, 수상돌기, 축삭으로 구성된 뉴런은 다양한 자극에 반응한다. 이러한 신경자극들이 하나의 뉴런에서 다른 뉴런으로 이동하고, 운동뉴런에서 근섬유로 전달된다.[9] 이런 뉴런을 천억 개 이상 보유한 곳이 중추신경계다.

뇌는 그야말로 미스터리 덩어리다. 지금, 이와 같이 기술하는 행위도, 문헌을 읽는 행위도 결국 1.5 킬로그램 남짓한 뇌의 지시로 이루어진다. 이곳은 대뇌, 간뇌, 소뇌, 뇌간으로 구성돼 있는데 어느 것 하나 중요하지 않은 부위가 없다. 대뇌(cerebrum)는 다섯 개의 엽이 있다. 지능과 운동 조절과 관련한 전두엽, 청각적 메시지의 입력과 해석을 담당하는 측두엽, 일반적인 감각을 입력하고 해석하는 두정엽, 시각적인 메시지를 입력하고 해석하는 후두엽, 정서와 자아인식에 관련된 다양한 기능을 수행하는 뇌섬엽이 있다.[10]

간뇌(diencephalon)는 시상과 시상하부로 구성돼 있다. 시상은 냄새 말고는 모든 감각을 입력해 뇌에 도달했는지를 인식하게 한다. 운동조

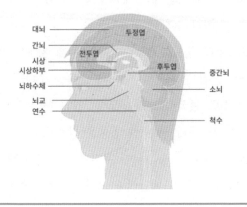

대뇌
간뇌
시상
시상하부
뇌하수체
뇌교
연수
두정엽
전두엽
후두엽
중간뇌
소뇌
척수

뇌 구조

절에 매우 중요한 역할을 하는 곳이다.[11] 인간을 비롯한 영장류가 지닌 신체활동의 특성 중에는 두 눈이 앞에 달린 이유로 설명하기도 한다. 새처럼 양쪽에 달리지 않았기에 오늘날 사격과 양궁과 같은 종목이 생긴 것이다. 냄새 맡는 능력에 기초해서 우승자를 가리는 스포츠가 없는 이유이기도 할 것이다.[12]

우리의 협응

사피엔스보다 후각이 뛰어났던 동물을 제압하기 위해선 머리 정면에 위치한 두 눈과 총체적 감각을 인지하게 한 시상의 역할이 컸을 것이다. 시상 바로 아래 위치한 시상하부에선 인체의 내적환경에 미치는 거의 모든 과정을 조절한다. 예를 들면 혈압, 심박수, 심장수축, 호흡, 소화, 체온, 갈증 및 체수분 균형, 신경내분비계 조절, 식욕 및 음식섭취, 수면 및 기상 주기 등에 이른다.[13]

소뇌(cerebellum)는 뇌간 뒤쪽에 위치해 있다. 이곳은 협응적 움직임을 관장할 수 있어서 복잡한 근육활동을 조절할 수 있다. 또한 시각과 평형감각으로부터 정보를 받아 인체의 현재 자세와 위치를 정확히 파악하고 원하는 동작이 나올 수 있도록 도움을 준다.[14] 사피엔스가 행했던 동작을 스스로 분석하고 평가할 수 있게 하는 부위다.

자신보다 덩치가 두세 배는 큰 동물을 날카로운 창으로 운이 좋게 한 차례 찔렀다고 해보자. 숨 쉴 때 공기가 지나가는 관의 언저리라도 정확히 명중한다면 모를까. 백발백중 고통을 부르짖으며 돌격해 올 것이다. 웬만한 충격에도 끄떡하지 않는 맹수의 완력에 나가떨어질 것이다. 강력한 턱과 송곳니에 사피엔스의 목덜미는 종잇장처럼 찢기고 머리는 짓이겨지는 모습이 연출될 수 있다.

찌르는 동작에 이어 다음 동작을 어떻게 연결해야 할까를 순간적으로 판단하지 않는다면 결과는 뻔하다. 치명적 상처에 아름아름 앓다 저편에 지는 노을을 바라보며 야생의 먹잇감이 될 준비를 해야 한다. 이와 같이 소뇌는 효과적인 근육활동의 타이밍을 조절해준다. 또한 뇌의 다른 부분으로부터 유발된 운동 활동을 정확하게 조율할 수 있게 도움을 준다. 마지막으로 뇌간(brainstem)은 중뇌, 뇌교, 연수로 구성돼 있다. 말 그대로 줄기처럼 뇌와 척수를 연결해준다. 운동신경과 감각신경을 뇌와 척수 양쪽 방향으로 메시지를 전달하는 통로가 없다고 상상해 보라. 의식적 두뇌만 살아있어 눈만 껌벅거리며 맹수가 올 때까지 다시 한 번 석양의 노을만 바라봐야 한다.

머리가 커진 대가

물론 아프리카 초원에서 머리(뇌)가 커졌다고 좋은 것만은 아니었다. 식량을 찾는 데 더 많은 시간이 필요하게 됐다. 팔다리 근육에 쓸 에너지를 머리에서 쓰게 된 것이다.[15] 이는 무엇을 의미할까. 사냥감을 찾아 나서기 위해 두 발로 서 있다는 것은 유리한 조건으로 작용했을 것이다. 우선 넓은 초원을 바라보는 데 시야가 확장됐다. 멀리 떨어진 곳에서 수풀이 움직이는 것을 목격하기에 편리했을 것이다. 두 팔을 땅에 짚는 대신 쓸 용도가 생겼다. 이를테면 한 손엔 막대기를 들고 다른 손엔 돌멩이를 던질 준비를 할 수 있다. 동료에게 손짓으로 덩굴 뒤에서 풀을 뜯어 먹는 초식동물의 위치를 알려줄 수도 있었을 것이다.

이러한 유리한 조건을 더 나은 방향으로 가기 위해 뇌는 활발하게 작동할 수밖에 없었다. 우선 필요한 것은 보다 날카로운 도구를 제작해야 했다. 기껏해야 몸집이 작은 동물을 겨냥했을지라도 그게 효과적이라는 사실을 인지한 것이다. 사피엔스는 맹수가 잡아 놓은 먹잇감을 함부로 쟁탈하려고 하지 않았을 것이다. 이미 잔머리를 굴리기 시작했으므로 어설프게 행동하다가 목덜미라도 물리는 불상사를 피하고자 했을 것이기 때문이다.

몸을 웅크리고 포식자가 배불리 먹을 때까지 기다리며 입맛을 다졌다. 그들은 먹다 남은 동물의 잔해에 아주 조심히 접근했을 것이 뻔하다. 정교한 손가락으로 만든 뾰족한 도구를 사용해 골수를 파먹음으로써 영양소를 보충해 기력을 자랑했을 법도 하다. 이러한 일련의 과정을 통해 얻게 된 정보가 많아지면서 뇌는 에너지를 활발히 소모하게 됐다. 이와 같이 한 끼 식사를 해결하는 데 먹잇감을 탐색하고 확보하는 필수적인 시간 자체는 늘어났다. 한정된 신체의 에너지를 뇌에 상당량 쏟아 부어 상대적으로 근육양도 줄어들었지만 두발로 우뚝 설 수 있는 장점이 생겨났다.

현생인류가 두 발로 걷는다는 것은 에너지를 절약하는 데 최적의 신체조건인 것이다. 발과 다리, 골반으로 이어지는 탄력적인 추진력에 의해 침팬지보다 약 75%의 에너지를 절약할 수 있었다. 이는 같은 거리를 걸어도 이동 시간을 줄일 수 있음을 의미한다. 또한 이동에 필요한 연료를 얻기 위해선 먹어야 되는데 이 시간도 줄일 수 있게 된다.[16] 두 발로 걷게 되면 한 낮에 태양에 노출되는 부위가 머리와 어깨정도이다. 몸통까지 열을 흡수해야 하는 네 발 동물보다 냉각효과가 크게 나타난다. 직립보행은 몸에 흡수하는 태양의 복사열을 최소화하게 돼 긴 시간을 활동할 수 있는 것이다.[17]

사피엔스 몸의 여정

우린 주위 기온이 변하더라도 일정한 인체 내 온도를 유지해야 한다. 항온동물이기 때문이다. 인체 내에 열은 혈액에 의해 인체 내부에서 피부로 이동한다. 전도, 대류, 복사, 증발을 거치며 주위 환경으로 열을 내보내게 된다. 전도(conduction)는 고체물질에서 다른 물질로 열이 이동하는 것이다.[18] 뜨겁게 달궈진 아프리카 초원에 맞닿은 사피엔스의 발바닥 면적은 작기 때문에 현대 환경생리학자들의 의견처럼 열 교환 수준을 무시할 수 있다.

다만, 대류(convection)는 얘기가 달라진다. 신체 주변의 공기는 계속해서 움직이므로 주위 공기가 피부 온도보다 높으면 대류현상으로 인체는 열을 받는다. 반대로 주위 공기가 피부 온도보다 낮으면 인체

열은 피부로부터 빠져나간다. 복사(radiation)는 인체의 과잉 체열을 제거하는 수단이다. 태양에 노출되면 많은 양의 복사열을 받게 되는데 이를 최소화하기 위해선 두 가지 방법을 떠올릴 수 있다.

첫째, 복사열 흡수를 제한하는 엷은 색깔의 옷을 입거나 피부표면을 최대한 노출시켜 체열을 발산해야 한다.[19] 당시 의복을 입고 다녔던 수준은 아니었기 때문에 알몸으로 지냈을 두 발로 걷는 머리 큰 그들을 생각해봐야 한다. 다른 영장류와 비교되는 대표적인 차이가 몸에 털이 없다. 둘째, 땀을 흘리는 능력이다. 이는 신체 활동을 하는 동안 체열을 발산하는 증발(evaporation)과도 관련이 있다. 체온이 상승하면 땀 증발은 더욱 중요한 요소가 된다. 다시 말해 땀 증발을 통해 냉각의 효과를 살리기 위해선 털북숭이보다 다소 초라해보일지 몰라도 검거나 희멀건 피부가 낫다.

사피엔스는 뇌가 커지며 생각이 많아졌다. 대신 루시(Lucy) 때부터 두발로 걸으며 에너지를 최소화하는 능력을 키웠다. 지구력을 기를 수 있게 돼 네 발 보행 동물보다 오랜 시간을 활동하는 데 주저함이 없게 됐다. 게다가 정교한 근육이 양 손에 집중하게 되면서 만지작거리는 수준을 뛰어넘어 복잡한 도구를 만들고 사용할 줄 알았다. 물론 뾰족한 촉을 끼운 나무와 손잡이를 연결하는 수준의 도구가 나오기까지는 약 16만 년을 더 가야하지만 말이다. 그들이 21세기까지 걸어오게 된 몸의 길을 서서히 완성하게 된 순간이기도 했다. 그들의 여정은 이제부터 시작이다.

02

백오십 명의 비밀

기묘한 숫자, 백오십

기껏해야 150명이다. 무슨 숫자이
고 어떤 의미가 있을까. 대중적인 진화인류학자 로빈 던바(Robin
Dunbar)가 제시한 던바의 숫자(Dunbar's number)로 잘 알려진 개념이
다. 즉, 동질감을 서로 인정하는 내부인의 경계가 바로 150명 규모란
사실을 다양한 연구결과로 밝혀졌다. 이 숫자를 넘어가면 바깥에 포진
된 부류에게는 동질감을 느끼지 않는다고 한다. 사피엔스가 만들어왔
던 그 어떤 문화도 예외가 없다. 영장류가 뇌를 통해 자연스럽게 형성
한 사회적 집단 규모다.[1]

흔히 오지랖 넓은 게 미덕처럼 여기기도 하지만 인간관계는 기껏해
야 150명 내외다. 현대인의 삶을 살아가는 기준을 놓고 보더라도 가족,
친지, 과업 파트너 등을 빼면 집중해야 할 대상은 그리 많지 않게 된

다. 소셜 미디어로 대표되는 공허한 관계에 집중하다 보면 정작 신경을 써야 할 자신, 가족, 지인, 고객을 잃을 수도 있다는 가능성이 생긴다. 이 기묘한 숫자를 20만 년 전 상황에 의식적으로 대입해 봐도 결과는 같다. 그들은 무의식적으로 사회적 뇌 관계를 형성했기 때문이다. 인간의 뇌 크기가 그 이후로 크게 달라지지 않았기에 중요한 숫자라고 할 수 있다.

어느 계곡 깊숙이 자리 잡은 동굴이 있다. 거기서 사피엔스가 몸을 웅크리며 나왔다. 어스름한 새벽에 눈을 비비며 가족이 잠을 자는 모습을 힐끗 돌아봤다. 네다섯이 자고 있다. 그는 어디론가 가고 있다. 요샛말로 절친이라 부르는 가장 친한 친구들을 찾아 나선 것이다. 모아보니 대여섯 정도가 됐다. 쌀쌀한 새벽 공기를 데우고자 불을 피웠다. 가족처럼 각별히 지내는 사이라 무한한 신뢰를 주고받는다. 두 발로 걸으며 도구를 능숙하게 사용했던 그들은 서로 기술을 공유하기도 한다. 특히 포식자의 시각과 후각을 피해 요리조리 도망치는 데 성공한 경험담을 오래 간직하고 있다. 자기 가족을 위해 뭔가 부탁을 하면 흔쾌히 들어주기도 한다.

웃으며 일과를 시작하는 사피엔스

간단히 요기를 할 무렵, 한 손엔 묵직한 몽둥이와 다른 손엔 뾰족한 창을 들고 또 다른 친구들이 왔다. 합쳐보니 대략 열댓은 됐다. 오랜 추억을 함께 하고 있어 금세 활기를 띠었다. 뾰족한 돌을 찾아 날카롭게 만들려고 애썼던 일, 돌멩이로 나무 뒤편까지 세게 던지며 웃던 일, 연장자가 잡아 온 포유동물을 빙 둘러서서 쳐다봤던 일, 벗겨진 동물의 너덜너덜한 가죽을 헤집어 봤던 일,

피와 체액이 바닥에 홍건히 젖는 걸 흥분하며 봤던 일, 불에 그슬려 새까맣게 탄 먹잇감을 신기한 눈으로 봤던 일, 무엇보다 불 피운 곳을 둘러앉아 요리한 음식을 나눠 먹었던 일 등이 주마등처럼 스쳐 지나갔다.

연장자가 되고 난 후에도 서로 공유할 기억을 만들어갔다. 그들이 몸으로 행했던 수많은 일들의 연속이었다. 어스름한 새벽 기운을 걷어내자 어김없이 날이 밝았다. 일과를 알리는 신호였다. 수렵과 채집을 해야 하는 뻔한 일상이지만 그들에겐 가장 중요한 생존게임이었다. 그들 중 누군가는 보름 전에 생긴 상처가 덧나 불편해진 어깨를 허공에 빙빙 돌리기도 했다. 옆에서 걷던 친구는 짓궂게 손가락으로 꾹꾹 찌르며 웃었다. 이를 보며 서로가 끽끽거리며 걸었다. 물론 그들의 뒷모습은 비장했다.

웃음이 그들에겐 유대감을 형성하는 데 한 몫을 했다. 영장류의 뇌에서 엔도르핀이 활성화되려면 신체적 자극을 받아야 한다. 뇌와 척수를 연결하는 뇌간의 중심부에는 수많은 핵으로 이루어진 망상체(reticular formation)란 특수화된 구조물이 자리하고 있다. 바로 이 망상체에 묘한 장치가 있다. 그것은 통증조절시스템으로 뇌간의 신경섬유 다발이다. 장기간 운동을 통해 엔도르핀과 같은 물질을 증가시킨다고 알려져 있다.[2]

흔히 원숭이와 유인원 구성원들 사이의 관계는 그루밍을 통해서 유대감을 형성한다고 알려져 있다. 정확하게는 소셜 그루밍(social grooming)으로 털 고르기를 하면서 편안한 감정을 교류하는 것이다. 사회적 교류 행위의 근원이라 할 수 있다. 실제 연구결과에서도 그루밍을 통해 뇌에서 엔도르핀 분비가 촉진되고, 사랑의 호르몬이라 불리는 옥시토신과 같은 신경전달물질이 분비되는 것으로 밝혀졌다.[3] 우리도 가족이 머리를 손질해주고 귀를 파주면서 등까지 긁어줄 때 강한 애착을

유인원이 웃는 모습

느끼지 않는가.

　또한 웃음만큼 뇌를 자극하는 요인도 드물다. 인간과 대형 유인원은 웃을 수 있는데 방식이 다소 다르다. 유인원은 날숨과 들숨을 반복하면서 웃는다. 반면 인간은 웃을 때 날숨만 반복하는 특성이 있다.[4] 우리는 종종 '웃다가 숨넘어간다'란 표현을 쓰듯이 폐를 비우는데 몰두하게 된다. 이와 같이 사피엔스는 맹수에 물려 죽을지도 모르는 하루 일과를 웃으며 시작했을 수도 있다. 이러한 상황을 상상해보면 그들이 사회적 뇌 관계에 따라 형성한 의미 있는 인맥망을 찾게 된다.

문제 해결자, 다섯 명

　　　　　연구 결과에 따라 조직의 평균규모를 살펴보면 거의 정확하게 150명 내외다. 참으로 놀라운 숫자이다. 숫자 자체의 놀라움보다 현생 인류로부터 인지했던 '관계'가 크게 변하지 않았다는 사실에 더욱 관심을 끈다. 전형적인 집단규모를 몇 가지 살펴보면 다음과 같다. 신석기시대(기원전 6500년~기원전 5500년)의 마을 규모 150~200명, 고대 로마시대(기원전 350년~기원전 100년)의 보병중대 규모 120~130명, 중세 영국의 토지대장에 기록된 평균 군 단위 마을 규모 150명, 18세기 영국의 군 단위 규모 160명, 영국 국교회의 예배 권장 인원수 규모 200명, 테네시 주 동부 산악마을 공동체 규모 197명, 제2차 세계대전 참전국의 중대 평균 규모 180명, 현대사회에서 과학과 인문학 연구팀의 구성원 규모 100~200명 등으로 분석됐다.[5]

고대 로마 중대

뇌는 그 크기가 급격히 팽창한 호모 사피엔스 이후 약 4만 년 전에 출현한 해부학적 현생 인류(호모 사피엔스 사피엔스)를 거쳐 오늘에 이르기까지 크게 달라지지 않았다. 이 점을 감안하면 동질감을 인정하는 경계 기준이 150명 정도로 봐도 무방하다. 즉, 현대 인간 사회의 경우도 예외일 수 없다는 것을 알 수 있다. 우리는 사회적 노력(비용)을 지불하며 살아간다. 홀로 살아가는 것이 불가능하진 않지만 매우 힘들다. 약 20만 년 전에 출현한 호모 사피엔스도 함께 살았는데 무슨 수로 평생 독야청정을 할 수 있을까. 우린 어찌됐든 사회적 동물이기 때문이다.

연구결과에 따르면 가장 안쪽에 포진된 5명은 가족을 포함해 아주 친한 친구로서 총 사회적 비용의 40% 가량을 쏟는다. 그 다음 층의 15명에 해당하는 친한 친구를 포함하면 전체 노력의 60%를 투자한다. 나머지 135명에겐 40%를 분산하여 감정적 친밀감을 드러낸다.[6] 21세기 현대사회에서의 일상은 소셜 미디어를 통해 초연결사회란 것을 실감하게 한다. 지금 당장이라도 지구 반대편의 소식을 들을 수 있고, 오지에 거처하는 친구와 대화를 나눌 수 있다.

그럼에도 불구하고 개인의 문제를 도출하고 해결할 가능성에 영향을 줄 수 있는 범위는 가장 안쪽의 5명 내외 정도가 된다. 다시 말해 그 범주 내에서 문제를 발견하고 해결책을 찾는 것이 바람직하다는 결론이 나온다. 상호 동질감 수준이 현격히 떨어지는 관계에선 그리 현명한 해답이 나올 수 없다. 다시 말하지만 개인적 문제에 국한하는 것이다. 사회적 관계를 아무리 넓혀봐야 광활하고 막연하게 느껴질 수 있는 외부의 세계다.

150명 수준이란 점에서 '관계'는 결국 뇌 크기의 관계를 의미한다. 정확하게 분류하자면 의식적인 뇌인 대뇌피질(cerebral cortex)의 크기다. 대뇌 표면에 위치한 신경세포들의 집합체이다. 이곳에서 생각하고 감각자극을 인식하며 움직임을 자발적으로 조절한다.[7] 더 정확하게 분류하자면 대뇌피질에서 가장 큰 부분을 차지하는 신피질(neocortex)이다. 이곳은 운동명령을 생성하고 공간을 추론하게 한다. 무엇보다 언어를 사용할 수 있는 고차원적인 뇌 기능이 이루어진다.[8]

말귀 알아듣는 그들

　　　　　　　　　　　　　　DNA 복제자는 사람 몸뚱이를 생존 기계로 활용했다. 세계적인 진화생물학자인 리처드 도킨스(Clinton Richard Dawkins)가 표현한 이기적인 유전자에 의해서다. 사피엔스에겐 컴퓨터 기능을 하는 뇌를 진화시켰다. 언어와 문화적 전통을 전달하기 위해 특히 뇌의 능력을 진화시킨 것이다.[9] 뇌는 짧은 시간 안에 이루어지는 사건을 사고하기에 적합한 구조로 발전했다. 영원한 기억을 갖게 하는 대신 개인적으로 경험하는 사건과 몇몇 사람들이 경험하는 사건들에 관해서만 사고하도록 설계됐다.[10]

　생존기술의 명수인 유전자는 사람의 몸을 그들의 생존을 위한 창조된 기계로 사용했다. 살기 위한 맹목성은 매우 이기적이고 비정하며 심지어 속임수가 가득한 것이다. 아마 오늘날 의학기술의 발전으로도 100년 남짓만 가동될 수 있게 한 것이 사피엔스의 지속 가능성을 높여주는 주요한 원인이 될 수도 있는 것이다.

　서로 끽끽거리며 집단 사냥에 나선 그들의 표정은 어느새 자못 비장했다. 그들의 몸뚱이를 두 발로 잘 지탱해주는 것은 돛단배의 돛처럼 생긴 척주기립근(spinal erector muscle, 脊柱起立筋)이 중요하다.[11] 척주(vertebral column)는 몸통의 증축을 이루는 뼈와 연골 기둥으로 척추뼈와 척추원반으로 구성돼 있다.[12] 이를 둘러싼 근육이므로 두 발로 걷기 위한 필요조건이다. 꼿꼿하게 상체를 세울 수 있고 필요할 때는 순간적으로 숙여야 하는 동작을 반복할 수 있다.

척주기립근

그런데 그들 일행 중의 누군가는 허리를 다쳐 거동이 불편한 상태였다. 그런데도 굳이 집단 사냥에 함께 했다. 누가 봐도 상태가 좋지 않았다. 두 명이 양쪽에서 손을 부여잡고 허리를 펴주려고 하면 괴성을 질렀다. 고통으로 일그러지는 얼굴을 통해 직감적으로 도움이 되지 않는 존재였다. 이번 사냥에서 팀워크를 저해할 수 있다고 말리기도 했지만 도통 말을 듣지 않았다.

인간이 직립자세일 때 척주가 적당한 각도로 휘어져 있어야 편안함을 느낀다. 너무 뻣뻣하거나 구부러져 있으면 척추(spine)에 가해지는 충격을 완화해주기가 힘들다. 목, 등, 허리, 엉덩이, 꼬리 부분까지 이어진 척추 안에는 뇌에서 나온 신경다발인 척수(spinal cord)가 있다. 척수는 중추신경계인 뇌와 말초신경계인 말초기관을 연결하는 역할을 하는데 손상되면 마비가 올 가능성이 크다. 집단 사냥에 나선 그들이 이를 알 리가 없었다. 한 명이 유사한 경험을 얘기했다. 마비의 원인에 대해선 모르지만 허리를 다쳤을 때 통증과 그에 수반했던 감각을 전했다. 용맹함을 드러내고 싶었지만 허리 통증을 호소했던 자는 꽤 알아듣는 듯했다.

개별적 교감

언어는 현생인류 간에 사회적 유대를 강화하기 위한 수단이 됐다. 또한 자신이 경험한 물리적 세계에 대한 사실 정보를 교환하기 위해서도 진화했을 것으로 보고 있다. 약 4만 년 전, 해부학적 현생인류가 출현한 이후 그들은 현대적 사고(思考)의 증거를 남겼다. 예를 들어 정교한 무기, 동굴 벽화, 매장 문화의 흔적과 같은 인공물이 있다. 물론 '대화를 했다'라는 검증할만한 사실이 화석으로 남아 있을 수 없기 때문에 완벽한 입증은 불가능하다.[13]

마찬가지로 동아프리카에서 약 7만 년 전까지 터를 잡고 있던 호모 사피엔스 집단 내의 언어 소통방식에 대해선 알 길이 없다. 어떤 방식으로 개별적 교감을 이뤘는지는 추측만 할뿐이다. 아마도 등이 가려우면 긁어달라고 했거나 집단의 일원이 아프면 나서지 말라고 할 수준은 되지 않았을까. 집단 사냥터에서 본능적으로 도움이 안 된다고 느꼈을 수도 있다. 더 나아가 서로 동질감을 느끼는 관계에서 친한 친구의 죽음을 원치 않았을 수도 있다. 이 정도 수준이면 포식자의 이빨에 짓이겨지는 처절한 상황을 목격하게 됐을 때 잔상에 남아 괴로워했을 것이다.

감각이 없어지거나 움직임이 불편한 상태를 경험한 그가 말했다. 손짓과 발짓도 동원했다. 허공에 막대기로 큰 원을 그리며 어떤 실체를 보여줬다. 동행한 일원들은 뭔가 알아차렸다는 듯 고객을 끄덕였다. 그 중에는 집단 사냥의 경험이 적은 친구도 있었다. 유독 공포에 가득한 표정을 지으며 가만히 듣고 있었다. 이야기를 주도하는 자는 두 눈을 치켜세우고 두 팔로 차디찬 공기를 갈랐다. 아마 이들처럼 온순한 먹잇감을 노리는 포식자를 흉내 내는 듯했다. 어디선가 노리고 있을법한 맹수의 강력한 앞 다리의 움직임을 연상시키고자 하는 것 같았다.

연이어 몸을 숙이고 전진하는 모습을 연출했다. 저 앞엔 아프리카 초원에 우두커니 서 있는 나무가 있었다. 한 손으로 그 나무를 가리키며 두 번 찌르는 동작을 했다. 요리를 할 초식동물이 있는 위치에 대해 나름 거리를 환산하는 것 같았다. 기껏해야 그들보다 몸집이 작은 동물이겠지만 야생의 위험을 경험한 터라 꽤 진지했다. 눈빛은 마치 종일 기다리고 있을 가족을 떠올리는 것 같았다. 그가 몸짓으로 보여준 동작은 안정성에 대한 것이었다. 맹수의 눈에 띄지 않을 때도 유용했고 먹잇감을 잡기 위해 천천히 접근할 때도 필요한 동작이었다.

몸의 안정은 무게 중심이 낮을수록 향상된다. 또한 기저면(基底面)까지 넓어진다면 더욱 안정한 상태를 유지할 수 있다. 즉, 물체가 지면에 접촉하고 있을 때 그 접촉점들을 상호 연결시킨 면적을 확보하면 넘어지지 않고 잘 버틸 수 있다.[14] 두 발을 모으는 것보다 벌려 서 있는 자세가 안정성을 높일 수 있다는 사실에 대해 그들도 잘 알고 있었을 것이다. 원래 네 발로 기어 다니다가 오랜 진화를 거치면서 불완전한 직립을 했다. 이후 어느 정도 완숙한 직립에 이르렀다. 그 과정에서 몸을 어떻게 사용해야 효과적일지 모를 리 없다. 허리를 숙인 자세에서 한 손엔 돌망치를 들고 다른 한 손으론 땅을 짚는 동작에서 보다 안정성을 유지했다. 중심을 낮추면서 신체의 바닥이 되는 면을 최대로 확보하며 슬금슬금 먹잇감을 향해 기어갔다. 유난히 그날따라 고즈넉하게 해가 저물어갈 무렵까지 쉽지 않은 사냥이 이어졌다. 이와 같이 사피엔스의 여정은 계속된다.

03

호모 사피엔스의 이동

아무도 못 말리는 탐험 의지

　　　　　　　　어기적거리며 걷고 있었다. 팔다리
는 다소 부자연스러웠지만 크게 움직였다. 신체 구조는 골반이 넓어졌
고 앞으로 들렸다. 척주(脊柱)는 에스(S)자로 형성돼 충격을 흡수했다.
하지(下肢)는 길어지면서 걷고 달릴 수 있게 됐다. 이 과정에서 엄지발
가락은 짧아져 유인원처럼 외전(abduction)할 수 없게 됐다.[1]

　　인체는 관절운동을 한다. 좌우면에서의 관절운동으로 외전(abduction)
과 내전(adduction)이 있다. 외전은 인체를 좌우 대칭으로 나누는 중심
선에서 멀어지는 움직임이다. 내전은 반대로 인체분절이 중심으로 가
까워지는 움직임이다.[2] 우리는 발가락을 쫙 폈다가 오므릴 수 있는 정
도의 외전과 내전이 가능하다. 하지만 침팬지처럼 물건을 완벽하게 집
을 수 있을 만큼 외전을 하지 못한다.

직립보행의 확실한 증거를 보여줬던 '루시'는 약 300만 년 전에 아프리카를 배회했던 오스트랄로피테쿠스 아프리카누스로서 인류의 조상이다. 하지만 현생 인류의 직접적인 선조는 아니다. 그럼에도 불구하고 오늘날 인류로 진화계통을 이어준 매우 소중한 존재였다는 사실은 틀림이 없다. 대표적인 특성으로 현재 유인원처럼 큰 송곳니가 없다. 소위 '원숭이 틈'이 없었던 그들은 두 발로 걸으며 대초원에서 먹을 것을 찾았다. 상대적으로 두 손은 다른 임무를 수행하게 되면서 먹잇감을 찾기에 편리한 동작으로 완성됐을 것이다.[3]

사람 속(Genus Homo), 즉 호미닌으로 진화한 초기 종은 '솜씨 좋은 사람'이란 뜻의 호모 하빌리스(Homo Habilis)다. 약 200~250만 년 전부터 출현했는데 아프리카에서만 살았다. 반면, 그들의 뒤를 이은 호모 에렉투스(Homo Erectus)는 아프리카를 떠나 유라시아 전역으로 이동했다. 이들은 약 180만 년 전부터 약 40만 년 전까지 살았다. 키가 대략 150센티미터 이상인 것을 보면 현대 인간과 닮아 있다. 물론 100센티미터 정도의 호모 하빌리스보다 연장을 만드는데 보다 정교한 기술을 보여주었다. 사슴의 뿔로 만든 망치를 사용했을 정도다.[4]

'똑바로 서 있는 사람'이란 뜻의 호모 에렉투스는 아직도 논란의 여지가 있으나 길게는 200만 년 가까이 살아남은 것으로 추정한다. 긴 여정을 마다하지 않았던 그들은 가장 오래 이 지구상에서 살아간 인간 종이다.[5] 머나먼 곳으로 이동한 것을 보면 이미 탐험에 대한 의지를 불태운 것이다. 오늘날 인류는 달까지 사람을 보냈고 앞으로 화성까지 보낼 작정을 하고 있다. 과학적 탐구와 지적 호기심의 발로이기도 하지만, 현생인류 조상처럼 생존을 위해 새로운 환경을 찾아 나섰던 DNA가 녹아있는 것은 아닐까. 우주까지 가는 거창한 세계가 아니더라도 누군가는 오지를 탐험한다. 지금 이 순간에도 살인적 추위를 견디며 최고

봉 등정을 하고 있다. 익스트림 스포츠를 즐기며 초소형 디지털 카메라로 자신의 모습을 담기 위해 최선을 다한다. 아무리 말려도 소용없다.

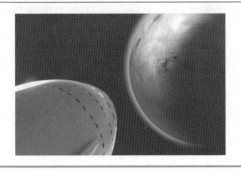

화성탐사

단 한 번 출현한 우리

　　　　　　　선사시대에는 약 15종의 초기 인류가 살았다고 한다.[6] 호모 사피엔스(Homo Sapiens)만이 오늘날 유일한 인류 종으로 전 지구를 뒤덮고 있다. 우리 말고는 언어로 소통하고 문화를 교류하는 다른 인간은 없지 않은가. '다른 인간'이란 어감 자체가 그 누군가를 한번이라도 마주치거나 눈빛이라도 교환한 적이 없기 때문에 와 닿지 않는 용어다. 유럽에서 번성하며 약 2만 8천 년 전까지 함께 살았던 네안데르탈인이 만약 지금도 존재한다면 참으로 흥미진진할 것이다. 언뜻 떠올리게 하는 장면이 있다. 힘이 세다고 알려진 그들과의 힘겨루기, 스피드 그리고 높이를 경쟁하는 스포츠 세계에서 어떤 결과를 낼까.

　　호모 사피엔스는 현명한 사람 혹은 유식한 사람이란 뜻의 라틴어로부터 나왔다. 조금 낯부끄럽지만 우리 스스로 그런 학명을 붙였다. 앞서 '유일하다'란 어감에서 경외감을 갖게 한다. 우리 스스로에 대해 공경하면서도 두려워하는 감정을 갖게 한다. 도킨스의 말마따나 '우리가 알고 있는 사실은 오로지 지구에 우리가 단 한 번은 출현했다는 것일 뿐,'[7] 뭐 그다지 특별한 것은 없다. 즉, 자연 선택에 따른 오랜 진화과정의 결과로서 우리가 있다.

우리란 존재, 그리고 지구란 공간의 의미를 되새겨 보는 이유다. 우리가 매우 특출하다는 이유로 하나 밖에 없는 지구를 무자비하게 지배해야 할 명분은 없다. 많은 사람들이 이런 종류의 질문을 던지는 근거 중 하나다. 또한 자연의 일부로 살아가야 하는 이유다. 병원균이든 무엇이든 간에 외부의 요인으로부터 인류는 오랫동안 치명적인 피해를 받고 극복하며 살아가고 있다. 이 치열한 다툼은 어쩌면 지구란 생명체가 살아남기 위한 자연의 섭리일 수 있다. 원론적이지만 가장 중요한 화두가 될 수 있다. 만약 이 생애에 지구를 벗어나 새로운 행성에 정착하는 꿈같은 상상을 하고 있다면 접어두자. 꿈의 헐리웃 공장을 통해서 체험할 수 있으면 충분하다. 모든 문제는 아웅다웅하는 바로 이곳에서 싫든 좋든 풀어야 한다. 인간은 자연을 거스르면 안 되고 공존해야 한다는 점이다.

약 20만 년 전 아프리카에서 나타난 호리호리한 몸매의 호모 사피엔스가 '공존'이란 개념을 끄집어냈을 리는 없다. 아프리카에 출현한 후 꽤 빠른 속도로 호미닌 종을 대체한 사피엔스의 행보는 여전히 미스터리다. 아마 기후변화로 인한 새로운 종의 탄생이 있었을 것이다. 이들은 생존 능력을 거듭 높이며 인구학적 팽창을 했을 것이다.[8] 이는 곧 먹는 문제와 직결된다. 다른 고인류 종에게도 매우 중요했던 먹고 살아가는 문제를 놓고 충돌했을 것이다. 물론 추정할 뿐이다. 그들이 남긴 매우 희박한 흔적 말고는 명쾌한 것은 단 하나도 없기 때문이다.

길고도 먼 여정의 시작

아프리카 전역을 급속히 지배하게 된 사피엔스가 변화의 움직임을 보였다. 그들이 대대로 살았던 터전을 버리는 순간이 온 것이다. 약 7만 년 전에 아프리카에서 무슨 일이 일어났는지는 정확히 알 수 없다. 밝혀진 바로는 그들이 갑자기 길고도 먼 여정을 시작했다는 사실이다. 이 시기의 아프리카에는 이미 고인류 집단은 사라지고 없었다. 물론 무슨 일이 일어났는지 정확하게 알려진 바는 없다.

아마 먹이사슬의 맨 꼭대기 자리를 놓고 경쟁을 했을 개연성이 크다. 사자와 같은 포식자가 차지했던 자리를 인구가 팽창함에 따라 그 지위를 대체할 개체로서 가능성을 키웠다. 고인류 간에는 서로 매우 빠른 속도로 그 자리를 탐냈을 것이다.[9] 늘어지게 낮잠을 즐기다가 배고프면 어슬렁거리며 적정수준의 먹잇감을 찾았던 사자와는 다르게 말이다. 맨 꼭대기에 가부좌를 틀어도 만족해하지 않고 그 정점을 유지하기 위해 지나친 경쟁을 했을 가능성이 있지 않았을까. 더군다나 고인류 집단과 공존을 논하며 적절한 분배를 따졌을 리 만무하다. 그러다가 어느 순간 보다 살기 적합한 지역을 찾아야 했던 절박함이 있었을 것이다.

사피엔스의 일부 집단이 한 차례 동아프리카를 벗어난 적이 있다. 약 10만 년 전쯤으로 추정하고 있다. 오늘날 지중해 동쪽인 레반트에서 이미 굳건히 자리를 잡고 있던 힘 좋은 네안데르탈인과의 첫 조우일 수도 있다. 결과는 사피엔스의 패배이다. 만나자마자 치고 박고 싸웠는지는 알 길이 없다. 하지만 척박한 환경을 이겨내는 데 힘이 센 그들보다 역부족이었던 것은 분명하다.[10]

물론 단순한 근력의 우위가 아닌 보다 복잡하게 작용했던 환경 적응력에서 결정됐을 것이다. 3만 년 동안 전열을 재정비했을까. 뇌가 보다 영민한 방향으로 조금이라도 진화했을 수도 있다. 하늘에서 벼락을 맞은 듯 갑자기 각성에 이르지는 않았을 테니 말이다. 또는 고인류 집단과의 경쟁에서 살아남기 위한 효과적인 방법을 알아가는 과정이었을 수도 있다. 함께 힘을 합쳐 살아가거나 임무를 나눠 효율적인 작업방식을 서로 인지하고 있었다면 어떠했을까. 물론 자유로운 상상의 세계다.

이러한 사피엔스는 약 7만 년 전경에 두 번째 탈출을 감행했다. 이들은 아프리카와 유라시아를 연결하는 레반트를 가로질러 끝도 없는 이주행렬을 했다. '아프리카 기원설(Out of Africa)'[11]이라 불리는 이 탈출 사건을 통해 호모 사피엔스가 본격적으로 이동하는 순간을 맞이한 것이다. 이 시기에 호미닌 종은 몇 군데 존재하고 있었다. 유럽에서는 네안데르탈인과 데니소바인이 있었고, 아시아 동쪽 끝에는 호모 에렉투스가 남아 있었다. 다시 말해 사피엔스가 이동하면 언젠가는 만나게 될 수밖에 없는 집단인 것이다. 서로 비슷했으니 기묘한 감정을 가졌을 이들의 만남을 상상해보자. 눈물 없이는 볼 수 없는 이산가족의 만남과 같았을까. 혹은 어딘가 자신들과 비슷하긴 한데 낯선 이방인의 느낌을 지울 수 없는 대면이었을까.

여기서부터 의구심에서 확신으로 바뀔만한 이슈가 있다. 우리 내면에는 미지의 세계를 거침없이 내닫는 기질이 있다. 생존에 대한 강력한 욕구, 탐구에 대한 주체할 수 없는 호기심 등이 범벅이 돼 있다. 반면 생김새가 다른 인종에 대한 낯섦도 간직한다. 경험하지 않았던 환경에 곧잘 적응을 하면서도 돌이킬 수 없을 정도의 거침없는 파괴를 일삼기도 한다. 보편적 사고로 충만 됐다는 오늘날에는 반목대신 공존을 외치며 우리 스스로 거듭나고 있다. 하지만 그 외침이 간혹 공허할 때도 있다. 함께 해야 한다는 당위가 완벽하게 잘 세워지지 않고 여전히 갈등이 상존한다. 하물며 약 7만 년 전부터 수 만년 동안 겪었을 대형 집단 사이의 만남에서 친근함을 먼저 느꼈을까. 나 혹은 우리와 다른 개체에 대해 이질감에 가까운 감정을 가졌을까. 후자에 방점을 둔다면 이웃나라 손님이 아니라 듣도 보도 못한 왠지 비슷하면서도 이상한 존재들로 인식했을 것이다. 또 살벌한 먹이사슬 경쟁을 해야 한다는 말인가.

시련의 극복과정

인간은 영장류 중에 유일하게 발가락이 절반만 나와 있고 나머지는 발의 내부에 있다. 다른 영장류는 발이 손과 비슷한 구조로 물건을 잡기엔 편하게 돼 있다. 하지만 우리처럼 성큼성큼 걷기에 유리하지 않다. 사피엔스는 땅과 접촉하는 발바닥 전체의 면적을 최대한 확장할 수 있어 이동시간 대비 거리를 늘리는데 유리했을 것이다.[12]

이들은 걷기와 달리기를 적절히 섞으며 이동을 했을 것이다. 수십 명을 거느린 어느 사피엔스가 앞으로 내달렸다. 한 번도 가보지 않았던 곳이라 경계심을 한시도 늦출 수가 없었을 것이다. 다시 돌아와 누군가에게 정확한 묘사를 했다. 어느 지점에 어떤 형태의 무언가를 설명하려고 노력했다. 기초적인 언어, 손짓과 발짓 그리고 표정에서 충분히 읽을 수 있었다. 그들 모두 크게 놀라지 않는 것을 보면 이 집단의 이동에 방해가 되는 요인은 아니었던 것이다. 무언가 묘사할 때 다소 멈칫했던 그들은 다시 걷기 시작했다. 아직 해가 길게 늘어서있어 서로 얼굴을 쳐다보며 소통할 수 있는 시간대이다. 해가 중천에 떠 있을 때 나무뿌리와 토끼 요리로 배를 채웠던 터라 여유가 있었다. 다음 거주지까지 이동할 수 있는 에너지인 것이다.

걷기와 달리기는 신체가 어떤 장소에서 다른 장소로 진행하는 이동 운동(locomotion)이다. 걷는 동작의 중요한 원리로 지지기(支持期, supporting phase)가 있다. 또한 지면에 접촉하고 있는 발에는 인체의 중심선보다 앞에 있는 억제기(抑制期, restraining phase)와 뒤에 있는 추진기(推進期, propulsive phase)가 있다. 걸을 때 한 쪽 다리가 제어가 되는 시점에 다른 쪽 다리는 앞으로 나가기 위해 추진을 하는 동작을 반복하게 된다.[13]

보행 속도를 높이기 위해 보폭(1보의 거리)을 넓게 하고, 1보의 소요 시간을 단축해야 한다. 뉴턴의 작용과 반작용 법칙에 따라 지면반력이 발생한다. 걷는 속도가 빠르고 보폭이 클수록 수직 지면반력이 커진다. 걷는 속도가 빠르면 시간당 이동거리가 증가한다. 이때 몸의 에너지 소비량도 증가하게 된다. 그러나 일정거리를 걷는 데 소비되는 에너지양은 걷는 속도에 크게 영향을 받지 않는다. 두 발로 걸을 때 역학적 에너지로 설명하자면 위치 에너지와 운동 에너지가 동시에 발생하기 때문이다. 마치 진자운동처럼 말이다. 다시 말해 위치 에너지와 운동 에너지를 보여주는 곡선의 증가와 감소가 반대 현상을 보여주는 것이므로 각 시점에서의 두 에너지 합은 일정하게 된다. 결론적으로 외부로부터 에너지가 추가로 공급될 필요가 없는 것이다.[14]

걷기 동작에서 시차적 분석이 필요한 진각기(振脚期, non–supporting phase)도 있다. 즉, 진각기의 마지막인 발뒤꿈치가 지면에 닿는 순간 억제기가 시작되면서 체중이 땅에 가해진다. 이 영향으로 수직 지면반력이 급증하게 된다.[15] 이러한 걷기 원리에 따라 다리가 길어진 현생인류가 한 걸음을 최대한 내딛을 수 있게 됐다. 최소한 두 다리를 뻗는데 걸리적거리는 방해물은 없다. 그릇 모양의 골반과 발바닥뼈를 연결하는 연골부가 스프링 역할을 하며 추진력을 비축하는 기능까지 얻었다.[16]

하지만 사피엔스 집단 구성원 모두가 이 반복된 동작을 능숙하게 하면 좋으련만, 그리 쉽지 않았다. 원치 않았던 아기를 살해하거나 무리에서 뒤처지는 노인이나 장애인을 버렸을 수도 있다. 이동을 했기 때문에 농업사회 이후 창궐하게 된 전염병의 위험은 어느 정도 피해갈 수 있었지만, 토착 기생충으로 고생하거나 수렵 채취에 실패해 영양섭취의 문제가 발생했을 수도 있다.[17] 터전을 버리고 대를 이어가며 새로운 거주지를 찾아 나선 그들의 시련은 여기서 그치지 않았다.

성큼성큼 걸으며 효율성을 높일 수 있었던 직립보행 방식이었지만, 파생적 시련과정을 극복해야 하는 것이었다. 무엇보다 '출산의 딜레마(obstetric dilemma)' 문제가 있다. 두 발로 걷게 되면서 골반은 몸과 내장의 무게를 감당할 수 있는 그릇 모양으로 진화했다. 뇌 용량은 커졌지만 골반 입구와 산도 입구는 더 좁아지게 됐다.[18] 여기서 시련은 멈추지 않는다. 힘들게 태어난 아기는 장기간의 보살핌이 필수이다. 야생에서 피 냄새를 맡고 어디서 튀어나올지 모르는 맹수를 떠올리면 매우 위험한 환경인 것이다. 태어나자마자 바로 걸어 핏자국이 흥건한 그 장소를 피해야 되는데 그럴 수가 없었다. 최소 생후 12개월 동안 지극정성으로 돌봐주며 인지능력을 높여주고 걸을 수 있게 도움을 줘야 한다.

현생인류의 출산과정은 다른 영장류에 비해서도 매우 힘든 과정이다. 원숭이 새끼도 몇 시간이 지나면 뒤뚱거리며 걷는다. 현생인류는 태어난 이후 꼼지락 거리는 수준의 움직임만 가능하다. 하지만 뇌는 계속 성장하며 보고 듣고 냄새를 맡으며 따가움에 대한 외부환경을 인지한다. 대를 이어가며 새로운 거주지에서 축적한 경험을 전달받고 지각, 인지, 사고, 기억, 학습에 필요한 언어능력을 키운다. 이는 대탈출 사건 이후에도 환경을 적응하는 매우 중요한 생존 수단이 된 것이다.

04

우리가 누굴 더 닮았을까

훌륭한 관찰자들

지금, 사피엔스의 몸에 대해 팔자 좋게 편안한 책상 앞에서 어줍게 논하고 있다. 바로 이들 덕택이다. 세상 사람들에게 무궁무진한 호기심을 불러일으킨 세 명의 여전사들이 있다. 침팬지 연구가 제인 구달(Valerie Jane Morris-Goodall, 1934~), 고릴라 연구가 다이안 포시(Dian Fossey, 1932~1985), 오랑우탄 연구가 비루테 갈디카스(Birute Galdikas, 1946~)이다. 세계적으로 널리 알려진 영장류 학자이다.

또한 그녀들의 라인업을 구성한 저명한 화석 탐험가 루이스 리키(Louis Leakey, 1903~1972)가 있다. 그는 그녀들을 통해 사람 볼 줄 아는 혜안을 가진 학자란 사실을 증명했다. 특히 여명의 아프리카 초원을 어슬렁거렸던 호모 하빌리스(Homo Habilis) 화석을 발견하면서부터 더

구달, 포시, 갈디카스

욱 주목받았다. 물론 '도구를 사용한 인간'이란 영예로운 명칭도 그가 명명했다. 아프리카 동쪽에 위치한 탄자니아 북부의 올두바이 협곡에 서 1959년 7월 17일 아침에 일어난 대사건이다.

올두바이 협곡 위치

정확하게는 탁월한 고고학자이기도 한 그의 둘째 부인인 메리 리키 (Mary Leakey, 1913~1996)가 거의 손상되지 않은 두개골을 발굴했다. 루이스 리키가 마침 감기에 걸려 앓아누웠을 때 희열의 순간을 만끽한

제1부 여명의 불꽃

주인공은 메리가 됐다.[1] 어쨌든 루이스가 집요하게 매달렸던 아프리카 땅에 꾸린 연구 캠프에서 벌어진 일이었다. 선사시대 지도가 전무한 곳을 헤맨 끝에 기념비적인 사건을 만들었던 것이다. 1931년 조사를 시작했을 당시 그 외에는 아무도 인간 조상 뼈가 아프리카에서 나올 것으로 믿지 않았다.[2]

루이스 리키가 오랜 기간 동안 대형 영장류를 근거리에서 관찰할 수 있는 사람을 남성이 아닌 여성을 선택한 이유는 무엇일까? 그가 대형 유인원에 관한 연구를 본격화한 것은 말년에 이르러서야 급물살을 탔다. 평생 연구해 오면서 느꼈던 리키의 직관은 무엇이었을까. 여성이 남성보다 더 훌륭한 관찰자라는 사실이다. 그는 야생이론이라 표현했다. 제인 구달을 현장에 보낼 때 그의 나이는 쉰일곱(1960년), 다이안 포시를 위해 연구자금을 확보한 때는 예순셋(1966년), 비루테 갈디카스를 낙점한 때는 예순여섯(1969년)으로 마지막 열정을 불사르고자 했던 노년기였다.[3]

특히 그는 말을 하지 못하는 영장류를 관찰할 때 뭔가 감지할 수 있는 능력을 봤다. 다른 사람이 신경을 거의 쓰지 않거나 모르고 지나칠 수 있는 세세한 특성을 여성이 남성보다 잘할 것으로 확신했다. 연구자 면접에서 학위나 전공보다는 관찰력 테스트가 보다 중요했다.[4] 어떤 측면에선 신적인 존재를 불러들이는 무당처럼 샤먼을 통한 동물세계를 알고자 했다. 남성은 전통적으로 문화의 세계와 공고하게 구축돼 왔지만, 여성은 자연, 야생, 천상의 세계와 제휴해 온 것이다. 주변을 둘러봐도 종교에서 신을 섬기는 성직자는 남성이 많다. 반면 죽은 자와 산 자의 세계를 넘나드는 무당 혹은 영매라 불리는 근대 샤먼은 대개 여성이다.[5]

노학자가 젊은 여성들만 찾으니 오해를 살 법도 했을 것이다. 그는

50대에 이미 지팡이가 필요할 정도로 엉덩이 관절염으로 고생했다. 외적으론 늙고 볼품없는 그의 주변에 여성을 모이게 한 매력에 대해서도 많은 증언이 있다. 평소 고뇌에 쌓여 있는 노학자는 여성의 직관과 감수성을 이해했다. 유독 남성에게 결여된 직관을 예외적으로 그가 지녔다는 점에서 늘 관심의 대상을 자처하게 된 요인이 된 것이다.[6]

물론 혹독한 평가도 있다. 인사하지 않고 사람을 지나치거나 자기 생각에 푹 빠져 있는 모습을 통해 무례해 보인다는 평을 받기도 했다.[7] 또한 툭하면 화를 잘 내고 상대에게 가혹할 정도로 비판을 가하는 모습에서 때로는 잔인한 사람으로 비치게 했다.[8] 그럼에도 불구하고 과학적인 믿음에 물들지 않은 사람을 찾아내면서 놀랄만한 성과를 얻기에 이른다. 사람 보는 눈이 남달랐다는 점만은 분명하다.[9]

우리와 닮은 그들

동아프리카에서 매우 조심스럽게 빠져 나왔던 사피엔스가 네 발로 기던 유인원들을 의식했는지는 알 수 없다. 더욱이 꼬리가 있는 원숭이보다 침팬지, 고릴라, 오랑우탄과 같이 꼬리가 없는 유인원이 자신들과 더 닮았는지 대략적이나마 인식했을 리도 만무하다. 대략 700만 년 전에 공통의 선조로부터 자신들과 분리된 침팬지의 진화를 알 리가 없다. '누가 우리를 더 닮았을까가 아니라 우리가 누굴 더 닮았을까'란 질문이 어색하지 않았을 것이다.

사람의 몸은 어쨌든 다른 영장류와는 다르다. 손으로 물건을 잡을 수 있다는 점에서 도구 활용이 능숙하다. 엄지손가락으로 감쌀 수 있는 구조다. 비록 조잡한 돌도끼를 대략 196만 년 동안 사용했지만 말이다. 호모 하빌리스 출현 시기인 200만 년 전에서 크로마뇽인이라 불리는

제1부 여명의 불꽃

침팬지, 고릴라, 오랑우탄

진정한 현생 인류가 출현한 4만 년 전을 산술적으로 계산해 본 수치다. 20만 년 전에 출현한 경계심이 많았던 호모 사피엔스도 혁신을 이루는 데 16만 년이 걸린 셈이다. 어설픈 도구 제작과 활용 능력으로 전 지구로 뻗어나갈 생각을 했으니 담대한 구석은 조금은 있지 않았을까 싶다.

잘 잡고 잘 걸어야 되니 손톱과 발톱모양도 평평하다. 다른 영장류와 같이 갈고리처럼 휘지 않은 점도 특징이다. 페니스도 대롱대롱 매달려 있다. 다른 영장류처럼 복부에 달라붙은 구조가 아니다.[10] 성행위를 할 때 사람만큼 다양한 자세를 구사하는 영장류가 없는 직접적인 이유일 것이다. 몸의 구조가 자세를 잡고 행동을 유도하는 데 영향을 줄 수밖에 없기 때문이다. 물론 불편함을 감수하면서도 여러 시도를 하는 것을 보면 호기심도 한 몫 했겠지만 말이다.

과학의 발전으로 우리는 침팬지를 가장 닮은 것으로 결론이 났다. DNA 차이가 불과 1.6%에 불과하다는 사실이 밝혀졌다. 나머지 98.4%를 공유하고 있다는 얘기다. 혈액 내 헤모글로빈의 단위 수도 287개로 똑같다. 침팬지와 다른 인간의 특징 중 큰 두뇌, 말하는 능력, 숱이 적은 체모, 독특한 성생활 등이 1.6% 속에서 판가름 난 것이다.[11] 최근 들어서도 사람의 마이크로 RNA 배열 1595개와 유인원 유전자를 분석한 결과 인간에서만 발견되는 4개의 변종 마이크로 RNA를 발견했다. 결론은 1% 내외의 차이에서만 일어났다는 사실을 과학적으로 입증한 것이다.[12]

서로 도와야 했던 무대

해부학적으로 현대인과 똑같은 사람이라 할 수 있는 크로마뇽인은 나름 세련된 무기를 만들었다. 나무 막대기에 박은 화살촉과 나무 손잡이에 매달은 도끼처럼 몇 개 부분을 연결할 줄 알았다. 먹잇감을 찌르고 베기 위해 필요한 무기의 날카로움도 훨씬 정교해졌다. 그들은 선조와 달리 들소와 멧돼지 같은 맹수를 비롯해 북아메리카의 매머드를 포획할 정도로 대담해졌다.[13]

이러한 사냥과정에서 심한 부상을 당하기도 부지기수였을 것이다. 크로마뇽인은 현대 서양인의 모습과 흡사하다. 피부색이 햇빛량과 관련돼 있어 현재 프랑스와 스페인 일대의 이들 피부색이 동아프리카에서 빠져나온 선조에 비해 흰빛을 띄었다. 헐리우드 영화에서 맹수와 싸우다 극적으로 치료하는 장면을 삽입해도 어색하지 않을 정도다. 이들이 흘리는 붉은색의 혈액이 시각적으로 대비효과가 컸을 법도 해 괜찮은 영화 소재로 삼기에도 충분하다. 게다가 심하게 부상당한 잘 생긴 주인공을 사냥캠프로 옮겨와 침팬지 혈액을 수혈해 극적으로 회생하는 장면을 넣어도 어색하지 않을 과학적 근거까지 갖추게 된 것이다.

이들이 격렬하게 움직였을 몸 안의 혈액은 매우 중요한 기능을 담당한다. 신체기능을 조절하기 때문이다. 혈액의 가장 친숙한 기능은 산소와 연료를 운반한다. 또한 몸을 움직임으로써 발생하는 근육의 열을 흡수하여 피부 쪽으로 혈액을 보낸다. 이로써 체온조절을 담당하게 된다. 오늘날 일반인은 제지방량(lean body mass)을 증가시키고, 지구력 트레이닝을 통해 혈액량을 많게 할 수 있다.[14]

산소는 일차적으로 적혈구 내에 있는 헤모글로빈과 결합하여 운반된다. 적혈구 수가 증가하면 산소운반도 최대화할 수 있다. 다만 혈장량을 함께 증가시키지 않고 적혈구 수만 증가하게 되면 오히려 혈류 감소를 초래할 수 있다. 혈액의 끈끈한 정도를 의미하는 혈액 점성이 높아지기 때문이다. 또한 끈적임이 생기면 혈관에 흘러갈 때 저항이 커진다. 우리가 헌혈을 하면 약 500ml 정도 하는데 전체 혈액량과 적혈구 세포 양의 약 8~10% 손실을 뜻한다. 헌혈자에게는 물을 많이 마시라고 권고한다. 혈장의 대부분이 물이므로 수분만 공급해주어도 하루이틀이면 혈장량을 정상치로 돌릴 수 있기 때문이다. 전체 혈액량의 대략 60% 정도 차지하는 혈장은 더운 날씨에 강한 운동을 하면 혈장량이 10% 이상 감소할 수 있다. 반면, 덥고 습한 환경에 적응한 상황이라면 10% 이상 증가시킬 수 있다.[15]

현생 인류는 지금은 멸종된 매머드를 비롯해 남아프리카의 대형 들소와 커다란 케이프말을 능숙하게 잡았다. 이 외에도 유럽에서 서식하다가 소멸된 털이 무성한 코뿔소를 포획했다. 이 과정에서 숨이 막힐 정도로 엄청난 에너지를 썼을 것이다. 현대 운동선수들에겐 지구력 트레이닝을 통해 적혈구와 혈장량이 일반인보다 높게 나타난다. 이와 같이 인위적 장치를 가미했을 리 없지만, 현생 인류들의 처절한 싸움에서 생존하기 위해선 서로 협동하는 것 외에는 딱히 방법이 없었을 것이다. 남다른 체격 크기와 신체조성이 타고났다면 그나마 행운인 셈이다. 그래도 대형 포유류와의 결투는 홀로 치를 수 없는 무대였다.

닮은 본성

DNA 일치 수준은 침팬지가 인간을 혹은 인간이 침팬지와 가장 닮았다는 과학적 증거이다. 세계적인 석학인 제레드 다이아몬드(Jared Mason Diamond, 1937~)가 본인 저서에 붙인 '제3의 침팬지(The Third Chimpanzee)'란 제목이 타당한 이유인 것이다. 제인 구달 역시 99%에 달하는 유전물질의 동일성으로 그녀가 연구한 침팬지가 인간과 가장 관련이 깊다고 했다. 물론 다이안 포시는 인간처럼 고릴라가 지닌 탄탄한 가족 결속력이 인간과 가장 닮은 점이라고 했다. 또한 비루테 갈디카스도 오랑우탄의 눈자위가 흰 근거로 인간과 가장 비슷하다는 견해를 밝히기도 했다.[16]

과학적 근거로 침팬지는 영광(인간이 그들을 닮았다고 하는 점)이라고 하면 영광인 자리를 차지했지만, 세 영장류의 특성은 인간과 매우 비슷한 특성을 지니고 있다. 비루테에 의해 밝혀져 큰 호응을 얻었던 '생태학적 분리'란 개념이 있다. 이는 침팬지와 마찬가지로 오랑우탄의 수컷과 암컷이 각자가 다른 음식 자원을 이용하는 점에서 인간의 노동 분업을 연결할 수 있었다. 남성은 사냥을 하고 여성은 식량을 찾아다니는 노동 분업의 기원으로 삼고자 했다.[17]

구달은 침팬지 새끼가 어미가 죽었을 때의 상실로 인해 슬픔에 겨워 죽는 장면도 목격했다. 심리적, 생리적 장애로 인해 병에 대한 저항력을 떨어뜨리며 스스로 죽음으로 몰아간 것처럼 슬픔에 젖었다.[18] 오랑우탄은 어린 새끼가 죽은 후 정성껏 돌본다. 시체에 구더기가 꼬이기 시작하자 어미는 그걸 꺼내 먹고, 시체 눈알을 부드럽게 핥아 주는 행동을 한다. 오랫동안 새끼를 꼭 안고 다니다가 결국 밤잠을 자던 나무 꼭대기에 새끼를 놓고 조용히 떠난다.[19]

오랑우탄은 고독한 삶을 즐긴다. 인도네시아와 말레이시아의 보르네오섬과 수마트라섬에서만 서식하는 이 종은 다른 포유동물보다 비사회적이다. 침팬지와 고릴라처럼 떼를 지어 다니지 않고 홀로 영역을 차지하고 지낸다. 수컷은 교미할 때만 나타난다고 하니 현대인 기준으론 참 뻔뻔스럽기도 하다. 암컷 역시 부양하는 새끼와만 다닌다. 이들의 별거생활은 기본 중의 기본인 것이다. 숲 여기저기 널려 있는 과일을 주식으로 하기 때문에 유리한 생존환경을 선택했을 것이다. 자신의 내면세계에 있을 때 유독 평온함을 느끼는 온순한 이들도 자기 영역에 침범한 다른 수컷과는 피 터지게 싸운다고 한다.[20] 고릴라는 가족 집단이 체계적으로 형성돼 있다. 우두머리, 남자형제, 자녀, 조카, 여러 암컷과 더불어 심지어 배다른 남자형제까지 집단을 이루며 지낸다.[21]

무엇보다 침팬지의 전쟁 상황을 보면 우리가 생각한 것보다 훨씬 더 우리를 닮았다는 구달의 말에 수긍이 간다. 동족 간의 잡아먹기를 하는가 하면 영아살해도 이루어진다.[22] 어쩌면 98.4% DNA를 공유하고 있는 우리가 그들을 닮아도 참으로 많이 닮았다는 생각을 하기에 이른다. 하지만 1.6%의 차이가 더욱 무서운 현실로 다가온다. 침팬지의 집단 살육은 이웃 집단의 개체를 살해하고 세력권을 힘으로 뺏기 위한 계획적 행동이다. 인간은 집단살육의 전략적 계획과 지력(智力)이 그들보다 비교할 수 없을 정도로 월등하다.[23] 그런 이유로 침팬지 간의 전쟁에서 어느 한쪽이 절멸하는 결과를 초래한 적이 없지만, 인간은 번번이 종으로서의 몰락을 가져올 만큼 대량 살육의 기술을 키워오는 게 사실이다.

걸출한 고고학자인 루이스 리키는 세 여인과의 관계에서 학문적 동지 이상으로 발전하기도 했다. 결국 이루어지지 않았던 비운의 사랑 이야기이지만 그 주인공은 다이안 포시였다. 우울한 유년시절을 보낸 포시에 대해 루이스가 남긴 말이 있다. 그녀의 인생은 과거에도 비극이었지만, 미래도 항상 비극일 것이고 생을 마치는 순간도 비극이 될 거라고 했다.[24] 실제 인간의 돈벌이 광기가 고릴라 사냥으로 이어지고 결국 포시도 연구캠프에서 처참하게 살해됐다. 그녀가 자신의 연구대상이었던 고릴라 가족집단이 무자비하게 살해되는 것을 목격한 후, 밀렵꾼 퇴치를 위한 활동 중에 발생했다. 세 명의 여성 학자의 감수성과 직관으로 일궈온 영장류 연구의 과정과 결과에 경의를 표하지 않을 수 없다.

05

협업과 죽음에 대한 인식

전략 부재

           대략 20만 년 전에 출현한 호모 사피엔스를 완전한 인간이라고 부르기에는 무리가 있을 수 있다. 이 중석기 아프리카인은 현대인과 몸체는 거의 같은 유전자를 지녔다는 것 외에는 행동 양식의 일치성을 찾기에 한계가 있기 때문이다.[1] 반면, 약 4만 년 전에 출현한 크로마뇽인(호모 사피엔스 사피엔스)은 현실로 돌아와 헐리웃 영화배우를 해도 똑같은 모습일 정도로 닮았다. 그들은 호모 사피엔스와 뇌 크기의 차이가 거의 없었지만 창의력이 폭발적으로 증가했다. 급격한 형질변화를 뜻하는 대전이(大轉移)가 약 4만 년 전에 일어난 것이다.[2]

    사피엔스는 두 발로 걷고 머리가 커진 대가를 치렀다. 식량을 찾는 데 필요한 열량을 뇌에 집중시켰다. 효율적으로 임무를 수행해야 했으니 뇌를 가동해야 했던 것이다. 직립보행을 하고 손에 도구를 쥐며 머리를 잘 쓸 수 있었다. 그 대신 네 발로 걷는 동물보다 근육이 퇴화될 수밖에 없었다.[3]

사피엔스의 무리 중 누군가 꽤 당찬 성질을 가졌다. 부모세대는 나무뿌리를 캐고 몸집이 작은 초식동물을 집중 공략하며 자신들을 먹여 살렸지만 그는 달랐다. 자신이 성장하고 부양해야 할 가족이 생겼으니 사납기 그지없는 대형 들소와 멧돼지에 눈독을 들였다. 부피가 큰 먹잇감을 확보해야 몸의 쓰임을 최소화하며 오랫동안 동물성 단백질과 칼로리를 보충할 수 있었기 때문이다.

당면한 과제는 효과적으로 대형 동물을 포획해야 하는 데 그리 쉽지가 않았다. 사피엔스는 이 과정에서 격렬한 움직임으로 에너지가 금방 방전됐다. 뾰족한 창에 뒷다리에 찔린 들소는 성질이 났는지 가장 가까이에 있던 사피엔스를 앞발로 밟고 그 위에서 펄쩍펄쩍 뛰었다. 이 싸움을 주도했던 그 누군가이다. 초죽음으로 몰고 간 사태는 순식간에 벌어져 동료가 손쓸 틈이 없었다.

널브러진 그를 부축해 나무 그늘로 옮겼다. 들소는 시야에서 사라지고 없었다. 전략적 탐구를 하지 않은 채 섣불리 공격했다가 당한 일이었다. 그는 허공을 멍하니 쳐다보며 숨을 헐떡거렸다. 공기가 폐 안으로 들어가고 난 후 폐 밖으로 원활하게 빠져나가질 못했다. 동료들은 이러지도 저러지도 못하고 있었다. 그들을 따라 몸집이 큰 동물을 잡기 위해 동참했지만 무기력한 광경만 목격하게 된 것이다.

흡식(inspiration)은 횡격막과 외늑간근이 관여하는 능동적인 과정이다. 공기가 들어오면 폐와 흉곽의 용적이 증가한다. 호식(expiration)은 흡식으로 이완된 근육과 폐 조직의 탄성복원력으로 발생하는 수동적인 과정이다. 횡격막이 이완되면 본래 형태인 위쪽으로 이동해 아치 모양으로 돌아가며 폐 용량이 감소된다.[4] 아마 들소가 늑골을 강하게 밟아 호흡 영역에 문제가 생긴 것이다. 그가 호흡을 제대로 하려고 노력해도 잘 되지 않았다. 흡식과 호식을 잘 하기 위해 필요한 부가적인 근육사용이 잘 이루어지 않았던 것이다.

죽음의 기억

　　　　　　　　　동료들은 사냥에 실패하고 그를 들쳐 업고 거처지로 돌아왔다. 아무 소득 없이 돌아온 그들은 걱정스러운 눈빛으로 바라볼 뿐 어찌할 도리가 없었다. 해가 질 무렵 그는 숨을 몇 번 헐떡이더니 이내 조용해졌다. 어스름한 동굴 안에서 여럿이 그의 죽음을 목도했다. 고개를 숙이는가 하면 시체를 어루만지며 소리를 지르기도 했다. 가뜩이나 그의 어린 자식이 알 수 없는 병에 걸려 숨을 거둔지 오래되지 않았던 터라 분위기는 매우 가라앉았다.

크로마뇽인은 60세쯤 살았던 것으로 추정한다. 40세를 넘기지 못했던 네안데르탈인과 달리 손자도 볼 수 있던 라이프사이클이다.[5] 물론 일생이 평온해야 달성할 수 있는 최대치이다. 죽음의 문제를 받아들인다는 것은 매우 철학적인 문제다. 생물학적인 몸의 한계를 죽음에 대한 물음과 의미를 사고하는 것이다. 죽음의 문제는 오로지 인간에게만 제기되는 문제이고 인간만이 죽을 것이란 사실을 인지한다. 이로써 인류 최초의 문화 형식은 죽음에 대한 의식에서 찾을 수 있다.[6]

약 2만 8천 년 전까지 크로마뇽인과 공생했던 네안데르탈인의 유적지에도 죽은 사람을 매장한 흔적이 있다. 이뿐만 아니라 병에 걸린 사람과 늙은 사람을 보살펴 주었다.[7] 여기서 잠깐 짚고 넘어가자면 이들도 사람이었다. 사람처럼 생긴 우락부락한 미개인이나 괴물 따위를 상

매장의 흔적

상하면 안 된다. 학명으로 호모 사피엔스 네안데르탈렌시스로서 통상 네안데르탈인이라고 부른다. 1856년 독일의 네안데르 골짜기에서 발견되면서 붙여진 이름이다. 현생 인류의 학명은 호모 사피엔스 사피엔스이다. 1868년 프랑스에서 처음 발견된 크로마뇽인(Cro-Magon man)이 대표적이다. 둘 다 20만 년 전에 동아프리카에서 출현한 호모 사피엔스에서 분류돼 진화한 것이다.[8] 결국 우리만 남았기 때문에 사피엔스로 칭해도 무리가 없고 그들을 네안데르탈인으로 부르고 있다.

구덩이를 파고 죽음을 맞이한 용맹스런 그를 눕혔다. 곁에는 평소 사용했던 도구와 뾰족하게 잘 다듬어진 단검을 놓았다. 얼마 전 시름시름 앓다 생명을 다한 그의 아이 곁에는 장식 머리띠, 단추, 펜던트가 달린 목걸이, 팔찌를 넣었다. 그 집단에서 장수한 노인 시체 옆에는 사슴뿔로 만든 지팡이와 상아 조각품을 두었다. 또한 일부일처제인지 다처제인지 아직 명확히 밝혀진 바는 없지만, 죽은 여성 곁에는 조개껍데기로 만든 팔찌와 그녀가 즐겼던 각종 장신구를 같이 묻었다.

중기 구석기시대의 네안데르탈인의 무덤 대부분은 시신을 아무렇게나 던져 넣었다. 후기 구석기로 오면서 시신을 편 상태로 반듯하게 눕

제1부 여명의 불꽃

히고 매장했다. 또한 많은 부장품을 함께 매장함으로써 공들인 흔적을 남겼다. 집단 매장도 특징이다. 집단 묘지를 조성함으로써 모두 함께 하나의 영적인 세계로 갈 수 있다고 믿었던 것으로 추정한다.[9]

인지된 그림

크로마뇽인이 네안데르탈인보다 죽은 자에 대한 관심이 높았다. 현생 인류가 종교적 믿음을 가졌다는 증거로 동굴에서 발견된 그림이 있다. 물론 오늘날 수준의 종교적 의례로 볼 수는 없다. 기도라는 의식이 있다거나 신성한 힘이나 존재를 숭배했다는 증거는 없다.[10] 그럼에도 불구하고 그들이 몸으로 표현한 예술은 감각보다는 이지(理智)의 소산이다. 그들은 눈에 보이는 것을 그리는 것이 아니라 알고 있는 것을 그린 것이다. 즉, 대상에 대한 이론적인 종합을 제시한 거라 볼 수 있다.[11]

이러한 동굴벽화는 최초로 스페인 북부의 알타미라(Altamira) 동굴에서 발견됐다. 약 1만 2천 년 전에 그려진 들소 그림이다. 이후 150개 넘는 후기 구석기 시대의 예술 작품을 발견했다. 약 3만 년 전에 남긴 프랑스 남서부 쇼베(Chauvet) 동굴의 암사자들 그림, 약 2만 7천 년 전으로 추정되는 프랑스의 코스케(Cosquer), 약 1만 5천 년 전에 그려진 프랑스의 라스코(Lascaux) 동굴 벽화가 있다. 스페인 북부와 프랑스 남부에 집중된 것은 깊게 뚫린 유럽의 동굴이 풍화작용을 피할 수 있었기 때문이다.[12]

동굴 벽화에는 수많은 그림이 있다. 남아프리카 수렵 채집인이 그린 암석화에는 인간의 형상이 흔하지만, 크로마뇽인이 남긴 그림에는 동물들이 대부분이다. 인간을 묘사한 그림이 매우 드물다. 말, 들소, 사

라스코 벽화

슴, 염소, 코뿔소, 매머드를 비롯해 사자, 물고기, 물새 등도 표현돼 있다. 대체로 떼를 지어 있는 모습이다. 이 외에도 추상적이고 기하학적인 모양과 다양한 무늬가 그려져 있다.[13]

그들은 꽤 진지한 매장 절차를 마치고 나서 하늘을 멍하니 바라봤다. 서로 손을 어루만지며 뭔가 얘기를 했다. 손으로 하늘에 떠 있는 머나 먼 별과 땅 속에 있는 사람들을 가리켰다. 마치 눈을 감으면 저 별처럼 된다고 하듯이 말이다. 격렬한 사냥에 동참했던 동료들은 긴 한숨을 내쉬기도 했다. 가뜩이나 능선 건너편 계곡 양 쪽에 네안데르탈인 집단이 자리 잡고 있어 식량 공급의 문제에 예민한 터였다. 다부진 체격을 가진 그들과 오고가며 조우를 했기 때문에 성향을 짐작할 수 있었다. 더군다나 갑작스럽게 다가온 추위를 이겨내야 하기에 전략을 새롭게 짜야 했다.

발터 벤야민(Walter Benjamin, 1892~1940)이 제시한 예술작품의 두 가지 동인(動因)이 있다. 하나는 남에게 감상될 목적으로 작품을 만들고 또

손바닥 벽화

다른 하나는 자신을 위해서 만든다. 후기 구석기인들 스스로 심리적 부담을 덜어낼 목적으로 동굴벽화를 남겼을 거라 추측되는 수많은 작품이 있다.[14] 수만 년이 흐른 후 우연히 찾게 될 후대인을 위한 감상용으로 그리지는 않았을 것이다. 이처럼 주술적 예술을 통해 디테일한 짐승의 모습을 남겼다. 그림 속 짐승을 죽임으로써 실물을 죽인다는 뜻을 넣었던 것이다. 그들 나름대로의 마술적 효과를 기대했다.[15]

프랑스 코스케와 페슈 메를(Pech – Merle) 동굴, 스페인의 산 빈센테 (San Vincente)와 칸타브리아(Cantabria)의 푸엔테 비에스고(Puente Viesgo) 동굴 등에는 모두 합해 무려 507개의 손바닥 자국이 있다. 스페인 북부 푸엔테 델 살린(Fuente del Salín)은 대략 2만 년 전쯤으로 추정되는 손도장이 있는데 스텐실 기법으로 그렸다고 한다. 즉, 손바닥을 동굴 벽면에 대고 염료를 입으로 뿌려서 그린 것이다.[16]

진화된 사냥 도구와 협업

약 200만 년 전 솜씨 좋은 인간이 출현했다. 수만, 수십만 년을 거치며 진화한 사피엔스는 도구의 능숙한 활용이 매우 중요한 테마였다. 나무 막대기에 박은 날카로운 화살촉을 끼우는 데 전적으로 두 손에 의지할 수밖에 없었을 것이다. 멀리 떨어져서 안전하게 맹수를 잡기 위해선 보다 정교한 활과 화살이 필요했다. 북아메리카의 매머드 같은 초대형 짐승을 잡기 위해선 세련된 무기를 제작해야 했다. 또한 사피엔스는 살아남기 위한 전략으로 협업의 중요성을 어느 때보다 인식하게 됐다. 개인의 용맹성에만 의지했다가는 멧돼지와 같은 맹수 앞니에 물려서 치명적인 상처를 입었을 게 뻔하다.

네안데르탈인도 매복식 사냥이 가능할 정도로 협력적 관계를 구사했다. 그들은 삼각형 모양의 돌날이 달린 무거운 창을 주로 사용했다. 또한 무리를 지어 사냥감을 한 쪽으로 몰고 가서는 묵직한 창으로 찔렀다. 고통에 발악하는 대형 짐승이 날뛰지 못하도록 먹잇감을 에워싸고 창으로 일제히 찔렀다. 거대한 동물의 유골에 충격의 흔적이 남아있어 이런 추론이 가능해졌다.[17] 오늘날 독일 인근의 유적지에는 멸종된 코끼리의 늑골에 무려 230 센티미터나 되는 창이 꽂혀 있었던 것으로 보아 이들도 대형동물 사냥을 했음을 알 수 있다. 다만 크로마뇽인보다 이러한 유적지가 현격히 적어 능숙했던 것 같지는 않다. 얼떨결에 그리고 운 좋게 잡는 날도 많았을 것이다.[18]

후기 빙하시대의 인류는 대형 동물 사냥에 탁월했다는 증거로 많은 유적지를 들 수 있다. 초기 네안데르탈인이나 중석기 시대의 아프리카인의 것보다 훨씬 많다. 순록, 야생 염소, 큰사슴, 말 등 상대적으로 유순한 동물을 비롯해 들소와 멧돼지와 같은 맹수의 뼈가 다수 발견됐다.

제1부 여명의 불꽃

사피엔스의 협업은 날로 정교해지면서 지구상에 존재하는 다른 동물들에게 치명적인 영향을 미쳤다. 이들이 한번 마음을 먹었다고 하면 빠른 시간 안에 멸종에 이르게 했다.

북아메리카의 매머드, 유럽의 큰사슴과 코뿔소, 남아프리카의 대형 들소와 커다란 케이프 말, 오스트레일리아의 대형 캥거루 등은 현재 지구상에 없다.[19] 침팬지 학자들 간에는 이들의 절멸 사태가 급격히 악화된 기후 문제라고 보기도 한다. 하지만 사피엔스 집단의 협력적인 문화도 치명적인 무기이었을 것이다.

인간과 가장 닮거나 혹은 우리가 가장 닮은 침팬지도 팔의 완력은 인간을 훨씬 능가한다. 사자와 같은 맹수가 앞다리로 희멀겋게 생긴 사피엔스를 치면 목뼈가 부러질 수도 있다. 자칫 코끼리 발에라도 밟히는 날이면 온 몸의 뼈가 바스러진다. 이와 같이 사피엔스 개인이 동물들과 비교해선 강한 어깨라고 얘기할 수 없다. 다만 두 발로 걷고 두 손으로 무기를 잡고 사용했다는 점과 협력을 했던 문화가 이를 보완했을 것이다.

사냥에 나선 사피엔스 집단은 얼마 전 슬픔을 안겨다 주었던 들소를 우연히 발견했다. 멀리서 봐도 한쪽 다리를 절룩거리는 모습이었다. 몸을 숙이고 천천히 다가가서 보니 아직도 넓적다리에 창이 꺾인 채 꽂혀 있었다. 날카로운 돌칼이 근육 안쪽 깊숙이 박혀 있던 것이다. 수십 명이 협업을 통해 돌진할 태세를 갖추고 공격을 본격화했다.

본진이 나서기 전에 길고 날카로운 창을 들고 있던 예비부대가 재빨리 접근해 들소 옆구리와 등에 대여섯 개를 꽂고 달아났다. 지난번과 같이 고통에 날뛰는 들소 뒷발에 치일 뻔 했지만, 이미 거리를 유지한 터라 위험한 상황을 피할 수 있었다. 거동이 불편해진 들소는 앞발이 꺾이며 주저앉았다. 아직까지 숨이 붙어있어 본진 여럿이 단검을 들고 들소 목 주위를 마구잡이로 찔렀다. 들소는 바닥에 자빠져 있는 상태로

네 발을 허공에 허둥대며 숨을 헐떡거렸다. 발버둥치기엔 이미 대세가 기울어졌다. 시뻘건 피가 흥건히 흘러내리며 긴 마지막 숨을 내쉬었다. 사피엔스 집단은 이 지독한 혈투에서 승리의 기쁨을 맛봤다.

전략적 사냥과 신체조건

사피엔스뿐만 아니라 이미 침팬지의 사냥기법에 인류학자들은 충격을 받았다. 1960년대 초 제인구달에 의해 탄자니아 곰베 국립공원에서 버젓이 일어났던 사실이다. 이전의 대부분 학자들은 사피엔스가 침팬지에서 갈라져 나온 후 사냥기법이 진화한 것으로 믿었다. 하지만 침팬지 무리도 전략적인 방식으로 고기를 얻기 위해 사냥을 한다는 점에서 상식을 깨뜨린 것이다.[20] 호모 하빌리스란 학명을 붙일 만큼 도구사용에 대한 유일성을 강조하고 싶었지만, 침팬지가 똑같은 행동을 한다는 사실도 밝혀졌다. 연장 사용과 전쟁은 인간 사회에서만 존재하는 것이 아니란 점이 명백해졌다.[21]

완전한 직립은 아니지만 침팬지의 신체구조가 인간과 많이 닮았다. 관절의 운동범위는 연령, 성별, 신체자세, 체중 등에 따라 상대적인 차이를 보인다. 해부학적인 측면에서 관절의 운동범위를 결정하는 요인으로 관절에 접한 뼈의 구조, 관절 주위에 있는 근육, 인대의 탄력성을 비롯해 운동을 제한하는 관절 근처의 근육 등에 따라 결정된다. 인체는 구조상 두 개의 분절이 하나의 관절로 연결돼 있다. 대표적인 관절운동으로 굴곡(flexion)과 신전(extension)이 있다. 굴곡은 관절을 중심으로 두 개의 분절이 이루는 각이 감소하는 경우다. 신전은 반대로 굴곡된 상태로부터 원래의 해부학적 자세로 되돌아가는 것이다.[22]

지력에 따른 전략적 사고와 신체구조의 특이성으로 매우 효과적인 공격이 가능하다. 우선 어깨의 가동범위가 네 족 동물과 달리 한 바퀴를 돌릴 수 있는 구조이다. 길고 무거운 창을 들고 찌르며 빼는 동작을 할 때 어깨 관절뿐만 아니라 손목과 어깨관절의 굴곡과 신전은 매우 중요하다. 물론 굴곡만 가능한 팔꿈치 관절도 역할이 크다. 재빠르게 전진하고 후퇴하는 동작을 할 때는 고관절과 무릎관절의 굴곡이 중요한 역할을 한다. 또한 발목관절의 굴곡과 신전을 통해 움직임의 강약을 조절할 수 있게 됐다.

굴곡과 신전은 인체의 앞과 뒷면에서의 관절운동이다. 이 외에도 인체의 좌우면에서의 관절운동은 외전(abduction)과 내전(adduction)이 있다. 팔과 다리를 벌리거나 손가락, 발가락을 쫙 펼칠 때는 외전에 해당되지만 반대는 내전이다. 인체의 수평면에서의 관절운동은 회전(rotation), 회내(pronation), 회외(supination), 외번(eversion), 내번(inversion) 등으로 세분화할 수 있다.[23]

사피엔스가 주변 경계수위를 늦췄다가 포식자의 먹잇감이 되지 않기 위해선 목과 몸통을 재빨리 돌릴 수 있어야 한다. 물론 짐승을 공격할 때도 마찬가지다. 양 눈의 위치가 얼굴 정면에 달려 있기 때문에 회전에 능해야 한다. 양쪽 손으로 쥔 창을 깊숙이 찌르고 빼기 위해선 손 모양이 몸쪽 아래 방향으로 돌리거나 위쪽으로 향하게 해야 한다. 바로 회내(回內)와 회외(回外)에 관한 설명이다. 또한 발바닥이 몸 바깥으로 향하게 하는 외번(外飜)과 몸 안쪽으로 향하게 하는 내번(內飜)이 있다. 발모양은 격렬한 싸움에서 수시로 변동된다. 이에 대응해 유연하게 바꿔야 하는 필수적인 신체 움직임이다.

사피엔스의 해부학적 자세의 특징은 두 가지다. 시선은 정면에 두고 두 발로 우뚝 서서 인체를 곧게 세우고 있다. 이에 따라 근육과 골격이 서로 연결되어 움직임에 도움을 줄 수 있도록 설계됐다. 그럼에도 불구하고 야생에선 혼자 할 수 있는 일이 많이 없었을 것이다. 오로지 살아남기 위해선 머리를 써서 전투태세를 갖춰야만 했다. 침팬지보다 한참 뒤떨어지는 완력을 보완하기 위해선 몸의 움직임을 최대한 효율적으로 활용해야만 했다.

또한 서로 협력을 함으로써 에너지를 분배하여 효과적으로 움직여야 했을 것이다. 치열한 생존경쟁에서 살아남은 사피엔스의 행보는 거칠 것이 없었다. 더군다나 초대형 매머드까지 거뜬히 잡아들이는 용맹함에 두려울 것 없는 자아가 됐다. 제레드 다이아몬드의 말처럼 인류가 진보하려는 가장 찬란한 순간에 인간 멸망의 원인이 되는 씨앗을 싹트게 하고 있었는지 모른다.[24]

06

네안데르탈인과의 동거

낯선 환경의 적응

동아프리카로부터 머나먼 여정을 떠났던 사피엔스 집단은 새로운 환경에 적응했다. 오늘날 약 77억 명으로 추산되는 인류가 존재하게 한 성공적인 여정이었던 것이다. 옛날 옛적 아프리카 숲속에서 살다가 사바나로 이동한 후, 대략 7만 년 전경에 그곳을 등지고 떠난 그들에겐 모든 게 낯선 환경이었을 것이다. 세계적인 바이러스 전문가인 네이선 울프(Wolfe, N.) 말마따나 현대인이 지구를 떠나 화성으로 이주지를 옮기는 수준과 맞먹었을 것이다.[1]

왜 그랬는지 많은 부분이 미스터리이지만 생존문제와 직결됐을 것이다. 기후문제, 먹잇감 수요 문제, 폭발적으로 팽창한 인구문제 등이 겹쳐졌을 것으로 추정할 뿐이다. 아프리카 대륙을 벗어나며 맞닥뜨린 대단히 낯선 환경에 어떻게 적응했을까. 한 번도 접하지 못했던 동식물에 대해 먹을 수 있는지, 입에 씹다가 뱉어야 할지 모든 게 실험이었을 것이다. 또한 자신도 모르게 시름시름 앓다 비명횡사하게 하는 이름 모를 기생충 등에 적응해야 했다.

고기를 불에 익혀 먹으면서 맛도 즐겼겠지만 병원균도 죽이고 신체조성에 필수적인 단백질과 칼로리도 보충했을 것이다. 탐험 정신으로 무장했던 호모 에렉투스(Homo Erectus)는 약 185만 년 전부터 약 40만 년 전까지 살았던 초기 인류의 한 종으로 아프리카를 벗어나 유럽과 아시아 전역으로 뻗어나갔다. 이들이 대략 75만 년 전 경에 불을 처음 사용한 것으로 알려졌다.[2] 그러나 아프리카 발굴지에서 약 100만 년 전의 것으로 추정되는 불에 탄 뼈가 발견됨에 따라 일련의 시각이 보수적이란 평가도 있다.[3]

이들은 번개에 맞아 불에 탄 나무를 봤거나 폭발하는 화산에서 뿜어져 나오는 용암이나 뜨거운 재로 인해 초목이 타는 것을 목격했을 수도 있다. 어떤 연유로 불을 사용했는지는 명확하지 않다.[4] 다만 몸집에 비해 턱도 작고 소화관이 작았던 호모 에렉투스에게는 요리를 해서 먹는 것 자체가 생존을 오랫동안 이어가는 데 도움을 주었을 것이다. 질긴 고기가 씹기 편해야 하고 소화도 잘 되어야 했기 때문이다.[5]

어쨌든 고인류로부터 전수되어 내려 온 불의 사용으로 몸속에 기생하는 대다수 병원균을 죽일 수 있었다. 맹수로부터 위협을 저지할 수 있거나 추위를 견디게 하는 따뜻한 기운을 주는 것 외에 보이지도 않았던 병원균을 사라지게 했다.[6] 물론 그들이 그런 조건을 알았을 리 없지만, 놀라운 생명력을 이어갈 수 있었던 매우 중요한 요인이었음에 틀림없다.

그럼에도 불구하고 개체수가 급격히 줄어들어 절체절명의 순간도 있었을 것이다. 거기서 막을 내렸으면 현재 지구상에는 누가 문명을 이

제1부 여명의 불꽃

불의 사용

루며 살았을까. 오랫동안 이어진 긴 여정은 대략 4만 년 전 경에 유럽에 정착하면서 많은 변화가 일어났다. 급격한 형질변화를 통해 놀랄 만큼 달라진 호모 사피엔스 사피엔스(Homo Sapiens Sapiens)가 됐다. 결론적으로 끝까지 살아남은 종은 노마디즘(유목민적인 삶과 사유)을 완성한 그들이다.

대표적으로 프랑스 도르도뉴(Dordogne) 지방에 있는 크로마뇽 계곡 바위 아래에서 유골이 발견되면서 명명된 크로마뇽인들이다. 이들은 해시계판과 비슷한 것을 이용하며 최초로 시간을 측정했다고 하니 놀랄만한 변화다.[7] 생긴 것만 현대인과 닮은 것이 아니라 생각하는 수준이 놀랍게 발전한 것이다. 이런 변화는 언어로 소통하고 공동체 생활을 꽤 체계적으로 이어갈 만큼 문화를 형성한 것이 된다.

네안데르탈인의 등장

하지만 그들이 오기 훨씬 이전에 매우 잘 적응한 종이 있었다. 짐작했겠지만 바로 네안데르탈인이다. 대략 38만 년 전경에 중동에서부터 생존을 이어갔다. 호모 사피엔스의 하위종인 그들은 호모 하이델베르겐시스를 이어가며 거듭났다. 오늘날 이스라엘과 이라크에 있는 동굴에서 살았던 흔적이 있다. 이후 중앙아시아, 폴란드, 독일을 비롯해 약 25만 년 전에는 영국까지 건너갔다. 대륙이 연결되어 있지 않은 한 항해도 했다는 의미다.[8]

최소 25만 년 이상 유럽을 성공적으로 점유했던 네안데르탈인은 약 2만 8천 년 전경에 갑자기 사라졌다. 도대체 무슨 일이 일어났을까? 풀리지 않은 수수께끼로 남아있다. 크로마뇽인에 비해 동굴에 남겨놓은 유적지 수가 적다. 이는 인구수가 네안데르탈인에서 크로마뇽인으로 대체됐음을 알 수 있다.[9] 즉, 크로마뇽인이 그들의 자리를 급속히 대신해 왔다는 것은 분명하다. 호모 사피엔스가 대체 왜 그리고 무슨 수로 그토록 빠르게 고인류 집단을 대체했을까. 명쾌한 답이란 없다. 늘 변화할 수밖에 없는 결론이다. 학자들 사이에서도 여전한 의문으로 남아 있다. 현생 인류가 존재했던 기간보다 오래 번성했던 네안데르탈인은 누구일까.

그들은 앞서 언급했던 매장문화도 간직할 만큼 진화된 공동체 삶을 살았다. 불을 사용했고 협업을 통해 동물을 사냥할 줄도 알았다. 빙하기를 극복했을 만큼 뛰어난 환경 적응 능력을 보여준 이들이다. 이토록 환경에 잘 적응했던 그들은 어떻게 됐을까? 호모 사피엔스와 공존했다면 지금 인류의 종은 호모 사피엔스만 존재하는 것이 아니라, 다양한 종과 섞여 문화를 만들고 문명을 이루었을 것이다. 물론 그게 어떤 결과를 가져올지 장담할 수 있는 부분은 없지만 말이다.

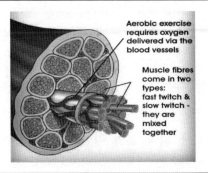

Aerobic exercise requires oxygen delivered via the blood vessels

Muscle fibres come in two types: fast twitch & slow twitch - they are mixed together

근육 구조

네안데르탈인의 신체적 특성을 보면 평균 신장은 165센티미터 정도였다. 같은 키의 현대인보다 몸무게는 10킬로그램 정도가 더 나갔다. 근육량의 차이일 것이다.[10] 하나의 근골격에는 두 가지 형태의 근섬유가 있다. 이른바 지근섬유(Slow-twitch fiber)와 속근섬유(Fast-twitch fiber)이다. 생리학자들이 Type I(지근), Type II(속근) 용어로 선호하는 이 두 가지 형태의 근섬유는 수축 속도에 따른 차이로 명명됐다. 주로 마이오신 에이티피아제(ATPase)라고 하는 효소가 수축과 이완에 필요한 에너지를 방출하기 위해 아데노신삼인산(ATP)을 분리하는 역할을 한다. ATP는 근육활동을 하기 위한 에너지의 화학적 공급원으로 속근섬유가 지근섬유보다 더 빠르게 분리된다. 즉, 더 빠르게 수축한다는 것을 의미한다.[11]

닮은 점과 다른 점

근육수축은 기본적으로 에너지를 요구하는 활동이다. 누가 더 빨랐을까? 혹은 누가 끈질기게 먼 거리를 달릴 수 있었을까? 네안데르탈인과 크로마뇽인을 놓고 던지는 질문이다. 근육수축에 따라 분명 차이가 있을 법하다. 알려진 바로는 우락부락한 신체형태는 네안데르탈인이 한 수 위다. 필요한 힘을 받기 위해 조성된 신체 특성 상 뼈도 인간보다 튼튼했을 것이다.

최초의 근대올림픽 경기장인 아테네 스피로스 루이스 스타디움에서 두 종이 맞닥뜨린다면 단거리 승자는 누구일까? 딴딴한 체구를 가진 네안데르탈인일 가능성이 높지 않을까. 인원질 과정 시스템(ATP – PCr)으로 대표되는 무산소성 과정은 매우 빨리 ATP를 생성할 수 있다. 100m 달리기, 높이뛰기, 역도와 같은 10초 이내의 고강도 근수축에 필요한 에너지를 공급해준다. 이들의 괴력으로 짧은 시간 내에 승부를 거는 종목에서 두각을 나타냈을 것이다. 그들의 시대에는 사냥을 동반한 생존 기술이겠지만 말이다.

상대적으로 호리호리한 크로마뇽인은 어떨까. 그리스 목동 스피로스 루이스처럼 마라톤에서 첫 월계관을 쓸 가능성이 높다. 어쨌든 그의 이름을 딴 경기장에서 이름을 날린 모든 이가 호모 사피엔스 사피엔스(Homo Sapiens Sapiens)의 후예들이다. 산소를 이용하지 않는 폭발적인 에너지가 요구되는 움직임에선 피로를 초래하는 물질인 젖산이 축적된다. 특정 농도 이상이 되면 근수축에 제한돼 강한 힘을 발휘할 수 없다. 네안데르탈인이 뭉툭한 창으로 멧돼지를 여러 번 공격을 하다가도 짧은 시간 안에 승부를 보지 못하면 날카로운 송곳니에 복부가 찔릴 게 뻔하다.

단거리 달리기(1896년 최초 근대 올림픽)

 연구결과에 따르면 네안데르탈인은 주로 육상 포유류를 먹었다. 현재 북극여우와 늑대와 같은 포유동물처럼 뼈에 함유된 동위원소 수준과 유사한 점을 들어 육식을 즐겼다고 보고 있다. 물론 불을 활용해 요리를 했다. 강인한 상체를 활용해 근거리 사냥에 유리했을 그들은 다양한 사냥 전략을 구사했다. 사슴과 토끼와 같은 초식동물 외에도 코뿔소 뼈가 동굴에서 발견된 것으로 보면 꽤 당찬 면도 있었던 것 같다. 물론 전략적으로 덩치가 작은 새끼들을 노리기도 했다. 발견된 뼈에 이빨 자국이 없는 것을 보면 사체보다는 살아있는 먹잇감을 직접 사냥한 것이다.[12]

 격렬한 움직임 동안 혈액 젖산염이 반복 축적되다가 더 많이 축적되는 지점(젖산역치)에 이른다. 이들이 더 이상 괴력의 소유자가 안 됐을 때의 방어를 어떻게 했을까. 오늘날에는 심폐지구력을 향상시키며 최대산소섭취량을 높일 수 있도록 운동 강도를 높이면서 젖산역치를 늦춘다.[13] 이러한 개인적 훈련의 중요성을 알았을 리 없었던 그들의 자연스러운 극복방법은 협업이었다. 언어로 소통하며 협동심을 발휘하는 생각을 했다는 점에서 열등한 종이 아니었던 것이다. 더군다나 늙고 병든 동료를 보

살핀 흔적과 장례문화를 가졌다는 점에서 이타성을 갖고 있다.[14]

심지어 그들은 말하는 능력과 발성을 진화시켰을 뿐만 아니라 공동체 안에서 흥얼거릴 줄도 알았다. 즉, 그루밍과 웃음 외에 유대감 형성 수단으로 어울려 노래를 부르기도 했던 것으로 알려졌다. 엔도르핀 분비가 가속될 수 있는 조건인 그루밍 파트너와 대화하듯, 부르고 답하기를 반복했을 만큼의 감성을 가진 소유자들이다.[15] 어떤 연유로 갑자기 절멸했는지 매우 궁금하기 짝이 없지만 살아남았다면 꽤 매력적인 이웃으로 우리와 더불어 살고 있을지도 모른다.

네안데르탈인의 모습에서 좀 특이한 점은 머리 모양인데 현생인류보다 오히려 뇌가 10% 정도 크다.[16] 머리가 크다고 해서 인지와 창의력에 직결되지는 않은 듯하나, 오랜 세월을 유럽과 중동 지역을 성공적으로 점유한 것으로 보아 사피엔스가 오기 전까지는 가장 똑똑한 종이었다. 네안데르탈인을 동굴에 사는 사람(穴居人, 혈거인) 쯤으로 여긴 우둔한 이미지를 낳은 것이 머리 모양도 한 몫을 했을 것이다. 다시 한 번 언급하지만 머리가 둔한 종이 아니었다.

그들의 머리 모양은 눈이 움푹 들어갔고 코와 턱은 돌출돼 있다. 이마는 현대인보다 낮고 뒤로 후퇴돼 있고 아래턱은 뒤쪽으로 빠져 있다.[17] 침팬지와 유사하게 뒤통수에 혹처럼 툭 튀어 나온 모습이다. 오랫동안 아둔한 이미지로 그려진 이유이다. 현생인류보다 안구의 크기가 20% 정도 더 컸다고 알려져 있다. 뛰어난 진화 인류학자인 로빈 던바(Dubar, R.)는 안구의 용적과 두개골의 용적을 놓고, 그들이 살았던 지역의 위도와의 상관관계를 파악했다. 적도 지역보다 위쪽에 거주했던 집단의 안구와 두개골이 컸다.[18]

시각적인 메시지를 입력하고 해석하는 뇌의 후두엽의 발달은 그들이 살아가는 데 유리한 진화과정이었다. 더운 아프리카보다 여름과 겨울의 낮은 조도에서는 시력이 중요할 것이다.[19] 특히 겨울철 짧은 낮의 길이는 멀리 있는 물체를 잘 식별을 해야 후각이 매우 뛰어나고 민첩한 맹수들에게 당하지 않았을 것이다.

반면 해부학적으로 우리와 닮은 현생 인류(크로마뇽인)는 전두엽과 측두엽이 발달했다. 전자는 일반 지능과 운동조절에 관련한 기능을 가진다. 후자는 청각입력과 해석에 관련한 기능이 있다. 전두엽을 조금 더 들여다보면 일차 운동 피질이 있다. 이곳은 신체의 반대쪽 근육 움직임과 근육의 정확한 움직임을 조절한다. 다시 말해 어떤 동작을 할 것인지를 결정한다.[20]

불편한 동거

공존을 얘기하다 문득 떠올리게 되는 끔찍한 상상이지만 두 종이 일대일 결투를 해서 죽기 아니면 까무러치기로 싸운다면 어떤 일이 벌어질까? 즉, 네안데르탈인과 크로마뇽인이 창을 들고 싸움을 했다면 누가 승산이 있었을까? 밤에도 시력이 발달했던 네안데르탈인일까 혹은 상대방의 움직임을 예측하고 동작을 조절하는 데 유리했던 호모 사피엔스 사피엔스일까.

특히 인간은 동물세계에서는 찾아보기 힘든 영토 확장의 욕망이 매우 강하다. 또한 동족에게도 냉혹한 정복자로 군림하는 일은 다반사다.[21] 침팬지 호모 간의 싸움에서 어느 한쪽은 반드시 죽음을 목도해야 했다. 아마 이 싸움은 들소 뒷발에 치이거나 멧돼지 송곳니에 들이 받쳐 불의의 사고로 목숨을 잃는 장면과는 매우 다르게 느꼈을 것이다.

크로마뇽인 집단은 능선 건너편 수량이 풍부한 물줄기를 따라 네안데르탈인의 공동체가 자리 잡은 곳을 익히 알고 있었다. 그들이 대략 4

만 년 전에 유럽에 도착했을 무렵, 얼마 지나지 않아 주변 환경을 파악한 것이다. 현생 인류가 그들의 공동체 규모를 대략적으로 알기 까지는 수십 수백 혹은 그 이상의 왕래를 통해 어림짐작으로 알게 됐다. 또한 무리 지어 사냥을 하던 중 동선이 꽤 겹친다는 사실도 파악하게 됐을지도 모른다.

연구결과 현생 인류보다 네안데르탈인의 공동체 규모가 3분의 2수준으로 작았다. 전자의 한 공동체 규모가 150명 정도이면 후자는 100~110명 수준이다.[22] 크로마뇽인 집단은 원래 터를 잡고 있었던 그들이 자신들보다 수적으로는 밀린다는 생각을 했을 수도 있다. 그렇다면 동료들 간에는 자신들이 유리할거라는 공감대가 형성됐을 것이다.

종종 두 호모 간에 싸움이 일어나곤 했다. 어느 집단이든 혈기 왕성한 젊은이끼리 치고받는 경우에는 아무래도 힘이 장사인 네안데르탈인에게 밀리지 않았을까. 크로마뇽은 그들의 민첩한 몸놀림에 의외의 승산을 얻기도 했겠지만, 근거리 사냥에 익숙한 사냥꾼에 잡히는 날이면 뼈가 으스러질 정도로 얻어맞거나 창에 찔려 죽임을 당했을 것이다.

사피엔스와 네안데르탈인은 꽤 오랜 기간 동안 동거를 했다. 그러나 약 4만 년 전에 도착한 현생 인류의 발자취 뒤에는 네안데르탈인의 멸종의 시작이 시기적으로 일치한 것처럼 보인다.[23] 약 2만 8천 년 전까지 살았다는 그들의 존재가 입증됐기에 동거 기간이 오래 지속됐지만, 결국은 이 지구상에서 사라졌다는 점에서 많은 의문을 낳는 것이다.

유전자 공유

네안데르탈인 절멸의 이유자체가 미스터리인 만큼 원인도 다양할 것이다. 그중의 하나로 개인의 체력보다 무기의 차이에서 원인을 찾을 수도 있다.[24] 네안데르탈인은 동물을 사냥할 때 근거리에 유리한 체격조건을 갖추었고 무거운 창에 의지했다. 그 조건을 뛰어넘는 것은 무기의 경량화와 거리조절을 들 수 있다. 크로마뇽인은 약간 멀리 떨어져서 동물을 죽일 수 있는 세련된 무기를 사용했다. 보다 날카로운 돌칼을 비롯해 나무 막대기와 손잡이를 연결한 복합적 도구를 통해 짐작할 수 있다.[25]

또한 한 공동체 규모가 상대적으로 작았기 때문에 집단 간 싸움에서 밀렸을 수도 있다. 전투에 투입된 인원 규모와 전술적인 면에서 현생 인류의 협업 시스템을 극복하지 못했다면 매번 졌을 것이다. 패배했다는 것은 집단 학살을 의미하기 때문에 개체수의 급격한 변동을 초래할 수 있다.

크로마뇽의 유적지에는 눈금이 새겨진 나무나 뼈가 발견된다. 교환물의 양을 측정하는 셈법이 필요했을 것이다. 공동체 내의 물물교환이 이루어졌음을 의미한다. 또한 서로 간의 일을 분배해야 한다는 개념이 생긴 것이다. 창을 만드는 일, 상아 화살을 뾰족하게 다듬는 일, 동물을 탐색하는 일, 사냥에 직접 나서는 일, 노획물을 자르고 야영지로 고기를 나르는 일, 요리하는 일, 소화를 촉진시킬 수 있는 야채와 과일을 확보하는 일, 아이를 돌보는 일, 가죽 옷을 만드는 일 등 생활에 필요한 업무가 나누어졌다.[26]

집단 싸움에서 네안데르탈인의 수많은 주검을 어떻게 처리했을까. 같은 호모 종이므로 예의를 차리고 매장을 했을까. 혹은 먹고 사는 문제가 최우선시 됐던 상황이 극단으로 갔을까. 예를 들어 인육을 통해 단백질과 칼로리를 보충하게 했을까. 몇몇 살아남은 여자나 아이를 제물로 바쳤을까 혹은 인류 발자취의 오랜 전쟁 역사처럼 슬하에 두었을까.

공동체 생활이 규모가 커지고 친사회적 문화를 형성하면서 크로마뇽인은 사람고기를 이전보다 덜 먹었다. 자기도 언제 죽임을 당해 식량으로 먹힐지 모른다는 두려움을 갖고 있었기 때문이다. 실제로 여자나 아이를 제물로 바치기도 했다. 죽은 자를 매장할 때 수천 개의 구슬이 달린 띠, 세공한 돌, 상아나 사슴뿔로 만든 조각, 보석 등을 함께 묻었다. 동물 가죽 옷과 신발, 카약을 만들어 사용했고 나무나 매머드 뼈로 세운 오두막도 지었다.[27]

이와 같이 의식주의 필수조건, 공동체 내에서 보다 정교한 협력 관계, 지적 능력의 우위 등을 통해 약점을 보완하며 강점을 부각시켰다. 그럼에도 불구하고 오로지 학살과 같은 끔찍한 일을 통해서만 네안데르탈인이 절멸했다고 보기엔 의문점이 여전히 많다.

오늘과 내일도 모르는 일이 남녀관계이듯 호모 사피엔스 간에는 성적 교류를 했다. 네안데르탈인을 혈거인(穴居人)으로 폄하하고자 했던 마음이 무색해진 과학적 사례로 거론된다. 현대인은 현생 인류인 크로마뇽의 순수한 후예로 자처하고 싶겠지만, 네안데르탈인의 유전자 4% 정도가 현재 유럽인에게 있다. 물론 과학기술의 발전으로 명백히 밝혀진 사실이다. 또한 현재 아프리카 이외의 지역에 사는 모든 사람들은 3% 정도 유전자를 공유한다. 우리가 순수한 호모 사피엔스 사피엔스(Homo Sapiens Sapiens)의 후예로 주장을 해야 한다면 검은색 피부를 가진 아프리카인만이 거기에 속한다.[28]

현생 인류와 네안데르탈인의 염색체를 비교한 결과 불과 0.1~0.5% 정도만 다르다. 교배가 가능한 같은 종이란 의미로 해석될 수 있다.[29]

제1부 여명의 불꽃

러시아 알타이 산맥에 위치한 데니소바 동굴에서 발견돼 명명된 데니소바인은 제3의 호모종이다. 즉, 현생 인류와 네안데르탈인과 아주 가까운 종이다.[30] 유럽과 꽤 가까운 곳이므로 새로운 호모종의 출현이라 추정할 수 있다. 앞으로도 언제 어떻게 발견될지 모르는 호모종이 있을 수 있다. 확실한 것은 모두 일부분의 유전자를 공유하고 있다는 점이다.

어떤 연유로 서로 만나 성적 교류를 했는지는 알 길이 없다. 그렇다고 현대인들이 설렘을 갖고 즐기는 연예처럼 낭만적이지는 않았을 것이다. 어쨌든 생존에 매우 강했던 유전자를 교환했다는 것은 분명하다. 그토록 강한 유전자를 오로지 독점한 사피엔스의 여정은 앞으로 어떻게 펼쳐질까. 무시무시한 일이다. 돌아보면 그들은 없고 우리만 남아있기 때문이다.

07

절멸한 호미닌

사피엔스의 스태미나

　　　　　　　약 7만 년 전에 호모 사피엔스가 동 아프리카를 대거 빠져나올 때도 아프리카엔 이미 다른 고인류 종은 없었다. 물론 약 20만 년 전에 출현한 그들이 어떤 영향을 미쳤는지는 정확하게 알 길은 없다. 다만, 여러 호미닌(hominin) 종을 빠른 속도로 대체한 것만은 분명하다. 기후와 식량 문제 등이 겹쳐 사피엔스 외의 종들이 스스로 소멸했다고만 믿기엔 무리가 있다. 영리한 호미닌 집단이 그동안 벌였던 일들을 생각하면 더욱 그러하다. 동족을 무참히 살해하거나, 지금의 환경 파괴와 같은 일들만 둘러봐도 짐작할 수 있다. 그칠 줄 알아야 위태롭지 않다는 사실을 깨닫지 못하는 일이 태반이다.

　　지상에서만큼은 인간보다 먼 거리를 신속하게 이동한 종은 없다. 생명의 역사에서 인간의 이동성은 전례를 찾아볼 수 없는 현상이다.[1]

오늘날의 교통 혁명을 봐도 그렇다. 현재 지상에는 5만여 곳의 공항이 있다. 3,200만 킬로미터가 넘는 도로와 110만 킬로미터 이상의 철로를 통해 무수히 많은 사람들이 이동하고 있다. 해상은 어떤가. 정확한 숫자를 파악하기도 힘든 수십 만 척의 크고 작은 배들이 떠 있다.[2] 상공은 어떤가. 지금 이 순간에도 웬만한 도시 숫자에 버금가는 사람들이 하늘에 떠 있는 것이다.

사피엔스가 헤집고 다닌 이유는 살기 적합한 지역을 찾고자 한 것이다. 말과 같은 이동 수단을 이용한 시기가 아니므로 오로지 걸어서 다녔던 것이다. 대략 1만 6천 년 전에 이미 알래스카에서 아메리카 최남단까지 두 발에 의지해 다녔던 흔적을 보면 기적에 가깝다.[3] 광대한 대지에 활보한 속도뿐만 아니라 적응력도 놀라울 뿐이다. 모든 게 새롭지 않았겠는가.

이들은 약 4만 년 전에 유럽에 진입했다. 이미 오래 전부터 억척스럽게 환경을 극복하며 살고 있었던 네안데르탈인과의 조우에서 어떤 감정을 지녔을까. 동물세계에서 좀처럼 찾아보기 힘든 영토 확장의 욕망을 유일하게 갖고 사는 두 호미닌 사이의 만남이다. 아마 왠지 모를 친숙함도 어느 정도 느끼면서도 팽팽한 긴장감을 갖고 있지 않았을까. 사람이 느끼는 보편적 감정으로 상상해볼 뿐이다.

끔찍한 폭력성

과학기술의 발전으로 침팬지가 우리를 혹은 우리가 그들을 매우 닮았다는 유전자 정보도 익히 알게 됐다. 또한 선구적인 동물학자인 구달 박사를 통해 침팬지 무리 간의 살벌한 살육도 인간 세상에 알려졌다. 침팬지는 오래 전부터 살육을 계획

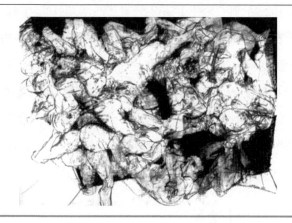

제노사이드 이미지

적으로 했다. 또한 인접 집단을 몰살하고 성적 매력이 있는 젊은 암컷을 약탈해 왔다.[4]

다만, 침팬지의 집단 살육은 분명히 존재하나 인간처럼 다른 집단을 절멸하는 데까지 이르지 않는다. 만약 침팬지가 그들 사이의 전쟁을 치를 때 창과 같은 무기를 손에 넣고 사용할 줄 알았다면 어땠을까. 아마 보다 더 효율적인 살육을 했을 것이다. 다시 말해 인간이 절멸을 서슴지 않고 감행했던 역사를 조금만 뒤져봐도 금세 알 수 있듯이 우리에게는 학살본성이 있다. 도구를 다룰 줄 알았던 조상으로부터 물려받은 직접적인 유전자인 것이다.

20세기는 제노사이드의 역사라 해도 과언이 아닐 정도로 끔찍한 살육이 여러 차례 있었다. 도구를 다룰 줄 알았던 기술이 대량학살이 가능한 파괴의 기술이 된 것이다. 2차 세계대전을 일으킨 히틀러는 정치노선을 반유대주의로 대놓고 주창했다. 1920년대 바이에른에서 행했던 초기 연설에서 유대인을 인종적 폐결핵, 해로운 영장류, 악마 등 노골적으로 표현했다. 1922년에는 본인이 권력을 잡으면 유대인의 절멸을 통해 과업을 이룰 것이라고도 했다.[5] 1933년에 정권을 장악한 후 실제로 홀로코스트를 자행했다. 공식적인 기록으로는 무려 5,949,000명에 이른다.[6] 어디 그뿐이랴. 다른 인종에 대한 폭력 외에도 하나의 국가 내에서 이뤄진 민간인 학살 사건까지 포함하면 수를 헤아릴 수 없다. 더군다나 아직도 역사적 정리가 해결되지 않은 미완의 학살 사건이 얼마나 많은가.

두 호미닌 사이의 충돌

크로마뇽인과 네안데르탈인의 두 집단 간 격렬한 전투가 벌어진 것은 어스름한 새벽이었다. 밤에 유독 시력을 자랑하는 네안데르탈인의 특성을 피했을지도 모른다. 해부학적 현생 인류의 능숙한 도구 사용은 전략적인 매복을 가능하게 했을 것이다. 근거리와 원거리 조절을 통해 몸집이 훨씬 큰 짐승을 사냥하기에 효과적이란 사실을 알았다. 무턱대로 덤벼들었다가는 오히려 공격을 받을 수 있다는 경험치를 갖고 있다. 매우 신중한 행보를 했음에 틀림없다. 더욱이 자신들과 비슷하게 생긴 집단을 상대해야 하는 상황이니 말이다.

새벽부터 동작이 민첩한 선발진과 비장한 심정으로 따라가는 본진은 매우 조심스럽게 능선을 따라 이동했다. 동이 틀 무렵 서서히 몸을 낮추며 능선 뒤편에 위치한 큰 바위 뒤로 몸을 숨겼다. 작은 언덕만 넘으면 자신들보다 오랫동안 터를 잡고 있었던 호미닌 집단을 마주하게 된다. 집단 사냥을 하던 중에 여러 차례 마주친 적은 있지만, 이와 같이 특정한 목적을 갖고 움직인 것은 처음이다. 그들은 항상 신중한 생각과 정교한 몸놀림으로 몸에 밴 습성을 잘 활용했다.

특히 이들이 갖고 있었던 도구는 당시에는 가장 혁신적인 무기였다. 일단 돌로 만들어진 화살촉과 단검은 매우 날카로웠다. 작살, 활과 화살, 창을 쏘는 기구 등 거리가 어느 정도 떨어져 있어도 명중시킬 수 있는 세련된 무기도 있었다. 오늘날 그들의 거처지에서 자신들보다 민첩하고 완력이 훨씬 뛰어넘는 맹수들의 뼈가 다수 발견되면서 알려진 사실이다.[7]

반면 네안데르탈인의 도구는 상대적으로 단순했고 오랜 기간 동안 변화가 없었다. 인류의 가장 큰 특징인 혁신이란 개념을 부여할 수 있는 수준이 아니었던 것이다.[8] 즉, 두 호미닌 종의 물질문명은 차원을 달리했다. 도구의 다양성, 창조성과 정교함 면에서 현생 인류를 따라가지 못했다.[9]

여기서 두 종 사이의 전쟁 양상은 확연한 차이를 드러냈을 것이다. 오늘날 재래식 무기와 최첨단 무기가 다르듯 말이다. 군인들이 무기를 현장에서 사용해야 하는 전쟁 상황과 미사일 궤적만 보게 된 환경이 얼마나 큰 차이를 보이는가. 12세기 경 중국 송나라 군사가 불꽃놀이로 사용했던 화약을 무기로 사용하게 되면서 놀이와 전쟁의 결과는 하늘과 땅 차이가 됐다.

지금 시각으로는 두 종이 사용한 모든 무기류가 거기서 거기였겠지만 당시 관점에서는 파격이라 불릴만 했을 것이다. 더욱이 뭉뚝하고 무거운 네안데르탈인의 창에 찔리거나 돌망치에 머리를 맞게 되면 치명상을 입었을 것이다. 이를 극복하기 위해선 동작과 거리가 중요한 요인이 됐다. 민첩한 동작과 함께 근거리보다 원거리에 능숙한 그 나름의 전략이 있지 않았을까. 이렇듯 도구의 혁신 차이는 물리적 충돌에서 어김없이 대세에 영향을 미쳤을 것이다.

두 종 모두 요리를 하는 데 불을 능숙하게 사용했다. 여기서 더 나아가 화살에 불을 붙여 멀리 날려 보내는 생각을 누군가는 했을 법한 상상을 해볼 수도 있겠다. 마른 물체에 불을 붙이면 잘 타고 빠른 시간 안에 주변을 뜨겁게 할 수 있다는 불의 속성을 알았을 것이다. 상대방에게 최소한 겁을 주기 위해서라도 사용하지 않았을까. 중국 삼국지 제갈량의 지략으로 알려진 적벽대전의 불화살 수준은 아니더라도 꽤 유용했을 법하다.

어떤 상황이었든 공동체 규모가 상대적으로 작고, 산발적으로 흩어진 네안데르탈인의 거주지에선 전열을 가다듬지 못한 채 속수무책으로 당했을 수도 있다. 크로마뇽인 집단은 일대일 대결에선 감당하기 힘들었을 완력을 극복하기 위해 집단 간 대결로 유도했을 것이다. 한 두 차례는 현생 인류 집단도 치명적인 패배를 당했을 수도 있지만, 보완점을 찾아 만회를 하기 위한 생각을 했을 것이다. 아무래도 미래에 일어날 일을 짐작하고 계획을 짜는 데 필요한 뇌의 전두엽은 네안데르탈인보다 발달했기 때문이다.

개체의 흡수

대략 5만 년 전 사피엔스, 네안데르탈인, 데니소바인 간에는 완전히 다른 종은 아니지만 대체로 별개의 종으로 존속돼 왔다.[10] 그럼에도 불구하고 네안데르탈인의 30억 염기쌍을 해독한 결과 유럽인들은 그들로부터 4% 정도의 유전자를 물려받았다.[11] 이종교배를 통해 공존을 하기도 했지만 현생 인류가 번창하는 속도에는 미치지 못했다. 아마 식민지 건설자의 여성을 강제로 강탈한 수많은 역사적 사례처럼, 선사시대에도 아무 거리낌 없이 자행했을 폭력에 급속하게 개체수가 많은 쪽으로 흡수됐을 수 있다.[12]

'던바의 수'로 알려진 150명이란 임계치를 훨씬 뛰어넘게 됐다면 어땠을까. 동질감을 서로 인정하는 내부인의 경계가 예상치 못한 환경 변화로 급격히 다가왔다면 어떤 동요가 일어났을까. 갑자기 공동체 단위의 수가 주변으로 불어나면서 수백, 수천 명으로 늘어났다면 그들이 체감했던 생존 환경의 변화는 남달랐을 법하다.[13] 매우 빠르게 현생 인류의 인구가 늘어나면서 먹잇감이 몰려 있는 영역을 균형 있게 분배하기엔 어려웠을지도 모른다. 두 종 사이에 언어 소통을 했는지는 확실하지 않지만 어느 한 쪽의 경고 메시지는 있었을 것이다.

야밤에도 포식자를 잘 피하고 다녔던 네안데르탈인이 여러 측면에서 한 수 위인 크로마뇽인들을 현명하게 피하지는 못했던 것 같다. 물론 끔찍한 대량 학살을 통해서만 닮은 종을 이 지구상에서 사라지게 했다고 볼 수는 없다. 아프리카로부터 갖고 온 질병에 의한 감염도 가능하다. 1980년대에 시작된 것으로 인식하는 에이즈를 일으키는 병원균인 인간면역결핍 바이러스(HIV, Human Immunodeficiency Virus)가 있다. 하지만 정확히 말하면 약 800만 년 전 유인원 조상으로부터 시작됐다. 즉, 중앙아프리카에서 침팬지가 붉은 콜로부스 원숭이를 사냥하면서부터 시작됐다는 사실이다.[14]

침팬지는 원숭이 종을 집중적으로 사냥한다. 물론 집단 간 전쟁을 일으키듯이 무리를 지어 꽤 전략적으로 사냥을 한다. 협력을 통해 확보한 사냥은 서로 나눠 먹는다. 사냥술이 뛰어난 침팬지 무리가 한 해 1톤정도의 원숭이 고기를 섭취할 정도라고 하니 거의 인간과 다를 바 없다. 사냥 기술이나 육고기의 섭취에 대한 욕망 말이다.[15]

현대에 들어와서도 침팬지는 숲 인근에 사는 집안에 있던 갓난아기도 사냥한 사례가 꽤 있다. 원숭이든 작은 체구의 인간이든 그들에겐 중요한 칼로리원을 얻을 수 있는 확률이 높은 사냥감인 것이다. 이러한

침팬지의 원숭이 사냥

과정에서 원숭이의 살점이 뜯기며 피와 체액을 침팬지에 옮기며 새로운 병원균이 출현한다. 사피엔스도 침팬지를 사냥하는 과정에서 두 종의 병원균 레퍼토리에 중대한 영향을 미칠 수 있다.[16] 심지어 침팬지로부터 공격을 당하면서 방어할 때 긁힌 상처에 의해서도 감염이 이루어질 수 있다.

사피엔스도 새로운 대륙에 안착하면서 뜻하지 않던 병원균을 만나 자신들도 소멸 직전까지 갔을 수도 있다. 다만 운 좋게 살아남게 되면서 오히려 아시아나 아프리카에서 가져온 새로운 질병이 다른 호미닌에게 치명적인 영향을 줄 수도 있었던 것이다.

제1부 여명의 불꽃

환경 적응 조건

현생 인류가 대략 4만 년 전에 도착한 시점부터 네안데르탈인의 멸종은 시작됐다. 그 시기에 있었던 마지막 빙하기를 극복하지 못하는 과정에서 원인을 찾기도 한다. 또한 연이은 화산 폭발을 통해 오래 지속되는 핵겨울을 매해 맞이하게 되면서 영민하게 그 환경을 벗어나야 하는 요건을 스스로 지켜내지 못했을 수도 있다.[17] 그 시기에 코카서스 산맥에서 폭발한 대규모 화산이 연쇄적으로 발생함으로써 유럽 한복판까지 영향을 미쳤다. 그것이 해부학적 현생 인류의 유럽 진출을 앞당기게 한 원인이 될 수 있다. 또한, 이미 화산 폭발로 인한 생태계 파괴로 네안데르탈인들도 전멸의 가속화에 동참했을지도 모를 일이다. 다시 말해 신경에 거슬리는 존재가 아니었을 수도 있다는 말이다.[18]

현생 인류의 정교한 제작 기술은 곳곳에서 엿볼 수 있다. 송곳을 이용해 조개껍데기를 뚫어서 제작된 목걸이와 같은 부장품은 여러 유적지를 통해 발굴됐다. 반면 네안데르탈인의 유적에선 그 정도 수준의 증거는 어디에도 없다.[19] 이는 추운 겨울을 나기 위해 필수적인 의복과 신발에 관한 문제와도 직결된다. 누가 더 빠르고 효율적으로 제작해 입고 다니느냐의 질문을 던지게 된다.

의복에 관한 증거로 현생 인류의 몸에 기생했던 서로 다른 아종에 속한 두 종류 즉, 머릿니와 몸니가 있다. 이 두 아종이 발견되면서 예상보다 훨씬 일찍 정교한 옷을 입고 다녔다는 사실이 밝혀졌다. 한 몸에 기생해도 이종교배를 하지 않는 이 두 아종을 통해 옷을 만들고 다녔던 시기를 가늠할 수 있게 된 것이다. 분자유전학을 통해 옷을 습관적으로 입고 다닌 시기를 추정할 수 있게 됐다. 이들은 아프리카를 벗어나 유라시아를 점유하기 시작한 시점보다 이른 시기에 옷을 입었다. 약 4만 년 전 유럽에 도착해서 네안데르탈인과 한동안 동거하고 있을 무렵에는 이미 몸에 잘 맞는 옷을 입고 있었던 것이다.[20]

두 호미닌 종이 동시에 간직했던 콘텐츠는 도구와 불의 사용, 죽은 자에 대한 매장 의식 등이다. 정신세계에 대한 복잡한 심리를 드러냈다는 증거다. 학자들은 의도적인 태도와 관점을 취하는 능력에 대해 '의도성 층위(orders of intentionality)'로 표현한다. 여기에는 다섯 가지의 층위로 구분할 수 있다. 제1층위는 자신의 심리를 이해하는 단계다. 제2층위는 자신과 남의 심리도 이해하는 단계다. 다른 누군가의 심리에 대해 의견을 갖는 능력이 포함된 것이다. 층위가 올라갈수록 나의 심리, 타인의 심리, 제3자의 심리까지 이해하고 의견을 제시할 수 있다.[21] 네안데르탈인은 해부학적 현생 인류보다 뇌의 크기가 유사하거나 오히려 컸다. 큰 크기에 비해 생각의 폭과 깊이는 해부학적 현생 인류보다 못 미쳤다. 그들 간에 차이가 났던 의도성 층위는 몸을 움직이게 하는 수준과 범위의 차이를 불러왔을 것이다.

어쨌든 매우 다양한 원인에 의해 약 30만 년 동안 개체수를 늘려갔던 네안데르탈인은 약 2만 8천 년 전 어느 시점에 완전히 멸종됐다. 마치 이 세상에 존재한 적이 없던 것처럼 매우 미스터리한 사건이다. 자연선택과 의도적 인종청소와 같은 많은 요인들이 복잡하게 뒤섞여 있는 것이다. 크로마뇽인은 한쪽이 완전히 말살될 때까지 살벌한 살육을 감행하면서도 자신들 입장에선 다산(多産)을 상징하는 몸의 표현을 했다.

대표적으로 자신들의 몸을 유심히 관찰하며 재현한 '빌렌도르프의 비너스'가 있다. 이는 최초의 인간상으로 대략 2만 5천 년 전경에 제작된 것으로 추정되는 예술작품이다. 손안에 들어갈 정도의 11.1 센티미터의

빌렌도르프의 비너스

크기로 여성의 풍요로운 몸을 재현하려는 의도가 담겨있다. 풍만한 엉덩이와 허벅지, 커다란 젖가슴, 자세하게 표현된 성기 모습 등 과장된 몸을 이상화시킨 형체이다. 반면 이목구비를 전혀 표현하고 있지 않아 오로지 자기 종을 번창시키고자 하는 욕망을 드러낸 것이다.[22]

이에 반해 네안데르탈인은 급격하게 숫자가 줄어드는 사태를 서로 목도했다. 이들이 느꼈을 절망감을 어떤 형태로라도 표출을 하고자 했을까. 혹은 속절없이 지켜만 봤을까. 어떤 방식이든 급격한 스트레스를 받았을 것이다. 요리를 즐기고 죽은 자에 대한 의식까지 지녔던 그들이다. 심지어 혹독한 빙하기의 시련을 극복한 원인으로도 추정되는 발성과 말하는 능력, 그리고 노래하기와 웃음을 통해 신체에 저장했던 엔도르핀을 공유했던 그들이다.

인간이 받는 스트레스는 우선 주변 환경이나 사람으로부터 오는 다양한 자극(stimulus) 스트레스가 있다. 또한 이러한 원인에 따라 신체적 변화를 동반한 반응(response) 스트레스도 있다. 마지막으로 현대인이 가장 많은 영향을 받는 환경과 개체 사이의 상호작용(interaction) 스트레스도 있다.[23] 그들은 자신들이 살던 땅에서 다른 호미닌을 처음 조우했다. 누구든 낯선 환경이 연출되면서 자극을 받았을 것이다. 이러한 경험치는 두통, 소화불량을 비롯해 심장이 두근거리는 느낌도 간직했을 것이다.

기억과 망각

기억과 망각에 대한 차이도 있지 않았을까. 학습경험을 사실과 내용으로 저장하여 간직했다가 필요할 때 다시 꺼내서 쓸 수 있는 것은 기억이다. 반면, 망각이란 기억의 정보가 시간이 지나거나 사용하지 않아서 악화되는 경우를 말한다. 더 나아가 기억 자체가 소멸돼 다시 재생되지 않는 현상이다.

사람은 자극을 지각하거나 정보를 받아들이는 과정을 거친 후, 일정기간 동안 기억의 흔적으로 간직하고자 한다. 또한 이를 생각해내어 의식화하는 과정에 이른다. 마지막으로 의식화된 내용이 일치하는지를 다시 생각하기도 한다.

새벽녘에 슬금슬금 움직였던 수십, 수백 명의 집단 간에는 미리 공유된 기억을 간직했다. 일대일보다 단체행동이 유리한 점, 몸을 드러낸 전면전보다 몸을 숨기며 급습하는 게릴라전이 유리한 점, 용감무쌍한 대결보다 상대의 허를 찌르는 심리전이 유리한 점, 둔탁하게 걸쳐 입는 옷보다 몸에 맞는 옷을 입고 움직이는 것이 유리한 점 등 다양한 측면의 유리한 고지를 점한 것은 크로마뇽인의 몫이었을 것이다.

망각은 또 어떤가. 기억의 흔적이란 시간이 지나면서 더 좋은 형태로 간직하지 않게 되면 점차 소멸된다. 하루하루를 살아가면서 새로운 기억을 만든다. 소소한 기억이라도 축적된다거나 유독 강렬한 기억으로 인해 예전의 기억을 밖으로 꺼내기가 어려울 수 있다. 이때는 간섭을 통해 망각의 길로 가게 된다. 마지막으로 아무리 간직하고픈 기억이라도 시간이 지나면 수정되거나 왜곡되는 경향을 드러낸다. 꺼내고 싶은 기억과 하루빨리 잊고 싶은 망각은 항상 병존한다. 이렇듯 활발한 뇌의 활동은 곧 생존 경쟁에서 누구도 넘볼 수 없는 자리를 차지하기 위한 필수조건이 됐다.

다만, 뛰어난 역사학자인 유발 하라리(Yuval Noah Harari)가 지적했듯이 너무 빨리 정점에 도달했기 때문에 문제인 것이다. 누구든 최고의 포식자가 될 수 있지만 인간은 동물의 세계처럼 생태계가 자리 잡힐 시간적 여유를 부여하지 않았다.[24] 사피엔스의 이 거침없는 행보는 어디까지 갈 것인가.

08

마구잡이 사냥과 병원균 출현

사냥의 결말

　　　　　　　사피엔스의 거침없는 행보를 누가
막으랴. 중석기 시대 아프리카인(호모 사피엔스)들은 활과 화살과 같은 혁
신에 해당하는 무기가 없었다. 그들의 유적지에서는 영양(羚羊)과 같은
온순한 동물 뼈들이 발견됐다. 몸집은 중형급이지만 무리들을 쫓는 데
어렵지 않은 대상을 골랐다. 성질이 사나운 들소, 멧돼지 류는 아주 어리
거나 늙은 것이 대부분이었던 만큼 짐승사냥의 경중(輕重)을 파악했다.[1]

　해부학적으로 확실히 현대인과 닮은 크로마뇽인(호모 사피엔스 사피엔
스)들은 정교하고 복잡한 도구를 사용했다. 이들이 두 발로 뚜벅뚜벅 걸
어 도착한 곳에서는 거의 예외 없이 대형 포유류가 멸종됐다. 긴 칼 같
은 이빨을 가진 검치 고양이, 곰만한 크기의 설치동물들, 말과 낙타떼,
대형 사자 등에 이른다. 특히 영화에서나 종종 볼 수 있는 매머드도 사

매머드의 뼈

라진 종이다.[2] 대략 4만 5천 년 전에 호주에 도착한 현생 인류는 몸무게가 2백 킬로그램이 넘고, 2미터의 큰 키를 자랑하는 대형 캥거루의 멸망도 이끌었다.[3] 이들에겐 가축화보다는 당장 먹음직스러운 짐승 사냥이 더 중요했다. 개체수 보존이 보다 안정적인 영양분을 공급할 수 있을 거라는 생각을 하지 못했을 것이다.

이 뿐만이 아니었다. 생태계의 최정점에 무서울 정도의 속도로 내달린 결과는 대형 동물에 기생했던 모든 진드기 종도 지구상에서 사라지게 했다.[4] 하라리가 표현한 생태계의 연쇄살인범 혹은 지구라는 행성의 연대기에서 가장 치명적인 종이란 오명을 인류가 짊어질 만하다. 학자들 간에는 아메리카와 오스트레일리아의 대형 포유류의 멸종을 급격한 기후변화로 여기기도 한다.[5] 하지만 열 번 이상의 빙하기에도 살아남으며 150만 년 이상 번식을 이어갔던 대형 디프로토돈은 사피엔스가 도착할 즈음에서 사라졌다.[6] 아무래도 두 발로 걷고 머리가 커진 이들의 소행일 거라는 합리적 추론을 하게 한다. 심지어 고인류가 자리했던 곳을 급속하게 대체한 이들인데 무엇을 못했을까.

이들과 첫 대면한 굼뜬 대형 동물들은 어땠을까? 두 손에 뾰족한 창을 들고 있던 이들을 멀뚱멀뚱 바라봤을 것이다. 떼로 몰려다니며 슬금슬금 접근하는 듣도 보도 못한 이들에 대한 경계를 하지 않았을 것이다. 시간이 흐르며 본능에 따라 도망을 쳤겠지만 이미 때는 늦었다. 멸종의 속도가 사냥꾼을 피해 다니며 종을 보존하는 속도보다 빨랐다. 호미닌 사이에 있었던 경계심과 같은 팽팽한 긴장감도 없었기에 상대적으로 쉽게 사냥을 했을 것이다. 포획하는 데 다소 버거웠을지라도 수차례 혹은 수십 차례의 경험치로 금세 극복했을 것이다.

영양소 확장

동물성 단백질과 풍부한 칼로리원을 제공하는 대형 동물들을 찾아 북쪽으로 가는 데도 거침이 없었다. 한 번 잡고 나면 몇 개월 동안 시식을 할 수 있다. 효율적인 몸의 쓰임을 알게 되면서 매일 나가 사냥해야 하는 시시한 초식동물에서 큰 동물들로 눈을 돌렸을 것이다. 추운 지방의 영하로 내려가는 기온은 먹다 남은 동물의 자연 냉장 보관이 됐을 것이다. 즉, 상하지 않은 음식을 섭취하는 데 유리한 환경도 알게 됐다.

오늘날 현대인의 식이에는 탄수화물, 지방, 단백질을 골고루 포함한다. 통상 55~60%의 탄수화물, 35% 이하의 지방, 10~15%의 단백질 섭취 환경을 권장한다. 이 외의 영양소에는 비타민, 무기질, 수분 등도 있다.[7]

탄수화물은 주 에너지원이다. 지방과 단백질의 신진대사를 조절하는 기능이 있다. 특히 신경계는 전적으로 탄수화물에 의존한다.[8] 오늘날에 운동선수는 경기력 향상을 위한 충분한 탄수화물 섭취를 통해 근 글리코겐의 부하를 유도한다.[9] 이 시대에 곡물 재배는 없었기 때문에 주로 채소와 과일 등을 통해서 보충했다. 이 시기의 식단 자체로만 놓고 본다면 탄수화물 대사 장애로 알려진 당뇨에 시달리지는 않았을 것이다. 그들은 현대 비만인들과 달리 원래 호리호리한 몸매이기도 하다.

지방은 세포막과 신경섬유의 필수 구성분이다. 과도한 지방 섭취는 암, 당뇨, 비만과 같은 질환으로 연결된다. 이들에게도 동물성 지방과 식물성 지방 섭취를 통해 체내에서 중요한 기능이 이루어졌을 것이다. 오늘날 운동선수의 경우는 지방이 에너지원으로 매우 중요하다.[10] 집단 사냥을 담당해야 하는 이들 역시 급격한 탈진상태를 지연시켜야 한다. 이를 위해선 체내에 저장된 근육과 간 글리코겐의 한정된 양을 잘 조율해야 한다. 에너지 생산을 위한 지방사용은 매우 중요한 것이다.

기록에 따르면 기원전 3천 년경부터 오랜 기간 동안 이집트 파피루스에 암과 유사한 증후군이 여러 차례 기술돼 있다. 기원전 1,900년경 청동기 시대에 한 여성의 머리뼈에서 발견된 종양의 흔적이 가장 오래된 암의 신체적 증거로 알려져 있다. 현대 의료과학의 발전으로 만성질환에 대한 치료 성과에 비해 암은 매우 더디다. 패스트푸드, 가공식품, 공해에 따른 환경오염물질 등에서 부쩍 그 원인을 찾고 있다. 물론 암은 현대병이란 타이틀을 쥐고 있지만 고대 이전부터 우리 몸이 가져야 할 숙명일 수 있다.[11] 단백질은 세포의 주요 구성 성분이다. 우리 체내의 주요한 에너지원은 아니지만 지구성 운동에 필요하다. 질환예방을 위한 항체와 에너지가 단백질로부터 형성된다.[12]

극한의 환경

사피엔스가 누볐던 곳은 덥고 추운 기후를 가리지 않았다. 타고난 모험가 정신은 호모 에렉투스가 아프리카를 발 벗고 나설 때부터 발현됐다. 풍부한 육고기와 매머드의 상아와 같은 부장품을 얻을 수 있다면 가릴 이유가 없었다. 그들은 몸이 활동하기 편한 옷을 잘 만들어서 입었고, 집단 사냥을 위한 협조 기술이 우수했다. 모험심 발동의 동인(動因)이 됐을 법하다.

더운 환경에서의 격한 움직임은 그들에게도 많은 부담을 주었을 것이다. 더운 곳에선 서늘한 환경보다 심박출량이 증가한다. 심장 박동과 수축력이 증가하기 때문이다. 이럴 때 심한 탈수가 일어나지 않도록 근육 속의 혈류를 잘 유지해야 한다. 이를 위해 간과 신장, 소화기관과 같은 필수적이지 않은 부위로의 혈류를 줄여 피부로 혈액을 보내면서 열 방출을 보낸다.[13]

추운 지방은 어떤가. 보통 추위에서 운동할 때는 옷을 너무 많이 입지 않는 것이 좋다. 두꺼운 옷 내부는 체온을 상승시키고 땀을 흘리게 한다. 땀이 옷을 적시면 증발 작용으로 빠른 속도로 열이 손실되기 때문에 건강에 좋지 않은 것이다.[14] 코와 입으로 들어온 차가운 공기는 기도를 지나면서 계속 데워진다. 이 과정은 찬 공기를 호흡해도 호흡기도나 폐가 얼지 않게 한다. 하지만 극한추위에 노출되면 호흡률과 호흡량이 감소한다. 극한 추위에는 동상에 걸릴 수 있다. 이는 우리 몸의 노력에 따른 결과다. 피부 혈관을 수축시켜 열 손실을 막으려고 하기 때문이다. 혈관 수축이 길어지면 피부가 차가워지고 혈류가 감소하게 된다. 산소와 영양소가 부족해지면서 결국 피부 조직이 괴사로 이르게 된다.[15]

극한 추위를 견디는 산악인

지금 이 순간에도 극한 추위에 맞서 고지대를 등반하는 산악인들이 많다. 운동선수들도 해수면에서의 지구력을 높이기 위해 고지대 훈련을 강행한다. 물론 고지대 트레이닝이 효과가 있는지는 미지수다. 지나치게 높은 곳에서는 혈액량과 근육량을 잃게 만들기 때문에 체중감소와 식욕 저하 등의 부작용을 동반하기 때문이다.[16]

그들이 기적과 같은 속도로 전 지구를 누비고 다닌 이유는 다양할 것이다. 우선 식량자원 확보의 목표가 뚜렷했을 것이다. 급격한 자연재해를 피하거나 혹은 영역 싸움에서 패배한 후 살아남은 자들이 내몰렸을 수도 있다. 다시 언급하자면 인류에겐 제노사이드 본성이 있다.

누구나 선호했던 따뜻하고 온화한 지역에서는 인구가 폭발적으로 증가했겠지만 먹잇감 개체수가 줄어드는 것을 인지했다. 그들 중 용감한 일부는 과감한 선택을 했을 것이다. 만년설로 뒤덮인 곳을 넘고자 시도했을 수도 있다. 물론 두통과 메스꺼움에 시달리다 고지대 폐부종이나 뇌부종과 같은 치명적인 고산병도 얻었을 것이다.

협업의 첫 경험

그럼에도 불구하고 포기하지 않고 여기서 저기로 유목하고 방랑했다. 사피엔스 집단이 거둔 성과는 실로 놀라웠다. 마음만 다잡으면 몇 차례 시행착오는 있었지만 반드시 먹잇 감을 포획했다. 상대적으로 유순하고 느린 소나 양을 잡는 것은 식은 죽 먹기였다. 경험이 많은 연장자가 사냥 기술을 전수하기에는 덜 위험 한 동물을 대상으로 했을 것이다. 이웃 부락에 거주하는 날렵하게 생긴 사냥꾼은 이름을 날렸다. 매우 민첩한 몸놀림을 가진 자이다. 이러한 장 점 외에 무엇보다 다양한 동물의 특성을 파악하는 데 탁월한 정보를 전 해주었다. 그 집단에서 유독 학습과 행동 변형을 기억(memory)을 통해 응용하는 데 뛰어났던 것이다.

그를 따라 몇몇 남자아이들이 사냥에 나섰다. 몸은 성인만큼 성장 했지만 경험이라곤 없는 햇병아리들이다. 종종걸음을 걸으며 호기심과 두려움을 간직한 표정을 그 누구라도 읽을 수 있었다. 서로 끽끽거리며 새로운 모험지에 대한 환상도 갖고 있었다. 사냥을 하고 난 후 불에 그 슬린 고기 맛과 향기를 기억하고 있다. 동물에 따라 맛과 향기가 다르 다는 것도 익히 알고 있다.

이러한 사실기억(declarative memory)은 짧거나 긴 시간을 간직한다. 집단 사냥 현장은 그들에게 기술기억(skill memory)의 토대를 마련할 것이다. 용맹한 사냥꾼으로부터 기술을 배우고 자주 경험을 쌓게 된다. 처음 배울 때를 상기하는 것보다 실제로 행할 때 가장 잘 기억하는 순 간을 맞이할 것이다. 물론 기술을 전수하는 사냥꾼은 나이가 들어 사실 기억의 상실인 건망증(기억상실, amnesia)을 간직하게 된다. 혹은 격렬한 생존활동 중 머리에 충격을 받아 해마와 편도액이 손상돼 기억상실이

빨리 찾아올 수도 있다.[17]

솜씨 좋은 사냥꾼 말마따나 특정한 구역에서 한가롭게 풀을 뜯는 양떼와 마주할 수 있었다. 양떼 사냥을 하며 격렬하게 저항하는 몸부림에 몇 차례는 나가떨어지긴 했으나 해볼 만한 싸움이었다. 첫 번째 무리가 재빨리 긴 창으로 복부를 찔렀다. 누군가는 비틀거리며 도망치는 양을 따라갔다. 몸놀림이 가벼운 그는 한 손으로 뿔을 잡고 다른 한 손으로는 단검을 갖고 마구잡이로 목 주위를 찔렀다. 무릎을 꿇고 더 이상 저항할 기력이 없어지자 사피엔스 무리 모두가 달려들어 숨통을 끊었다.

해가 질 무렵 포획한 짐승을 잡고 신속하게 돌아왔다. 온 몸에 뒤집어 쓴 피 냄새를 맡고 달려들지 모르는 맹수를 피해야 했다. 불을 사방에 피우고 호위하며 여러 마리의 양을 둘러메고 왔다. 첫 사냥에 나선 이들은 흥분에 찬 표정으로 영웅담을 떠벌렸다. 한쪽에선 능숙한 솜씨로 가죽을 벗기고 고기를 발랐다. 이 과정에서 피와 체액이 사방으로 튀었다. 구성원 전체의 연장자에게는 김이 모락거리는 피를 받아 건넸을 수도 있다.

뜻하지 않는 손님

며칠이나 갔을까? 어떤 노인이 자꾸 기억력이 감퇴하고 평형감각이 둔화되는 모습을 보였다. 나이가 들었으니 모두들 그러려니 했다. 조금 지나고 나서 첫 사냥현장에 따라갔던 젊은이에게서 이상한 반응이 나타났다. 감각이 조화를 이루지 못하는 증상을 보였다. 이후 말을 하거나 움직이지 못하다가 갑작스럽게 죽음을 맞이했다.

소위 광우병으로 알려진 소해면상뇌증이다. 1980년대 중반 처음으로

광우병 걸린 소

발견됐지만 연구에 따르면 양이 그 기원일 확률이 높다고 한다. 양은 스크래피라 불리는 프리온 질병을 갖고 있다. 이 사실은 오래전부터 알려져 있다. 사람도 이 병에 걸리면 소와 양처럼 뇌에 구멍이 숭숭 뚫린 것을 확인할 수 있다. 사람에겐 크로이츠펠트 야콥병으로 불린다.[18]

이들 집단은 병에 걸린 동물을 먹는 데서 그치지 않았다. 죽은 자를 기리고 영혼을 자유롭게 하기 위해 뇌를 조금씩 나눠먹었다. 이번에 기묘한 반응을 보인 대상은 사냥을 이끌었던 탁월한 자다. 근육이 마비되고 온몸에 경련을 일으켰다. 운동장애가 심각해지고 특히 얼굴 근육을 마음대로 움직일 수 없게 됐다. 마치 웃는 모습을 하는 것처럼 지내다가 그도 역시 죽음을 맞이했다.

최근까지도 인류에게는 식인풍습이 있었다. 파푸아뉴기니의 동부 고원지대에 사는 포어족은 1950년대 식인풍습을 금지할 때까지 자행했다. 프리온에서 비롯된 또 다른 질환인 쿠루병이다. 퇴행성 신경질환으로 알려져 있는데 죽은 자의 뇌를 나누어 먹고 몸에 문질렀던 식인풍습에서 비롯됐다. 이를 금지시킨 이후에 쿠루병은 사라졌다.[19]

쿠루병 걸린 사람

천연두, 홍역, 결핵과 같이 전염병은 가축이 된 동물에 기원을 둔다. 농경사회 이후 정착하게 되면서 사람 간 전파가 됐다. 다시 말해 고대 수렵채집인은 전염병의 영향을 덜 받았다.[20] 하지만 사냥이 사피엔스에게 유리한 결과를 가져다주었지만 치명적인 병원균의 왕래는 피할 수가 없었다. 인간 외에도 침팬지는 사냥을 하고 육고기를 섭취하는 욕망이 강하다. 그들이 원숭이 사냥을 하면서 사방에 튀었을 피, 침과 배설물이 침팬지 몸에 있는 구멍으로 스며들었다. 눈, 코, 입 심지어 몸에 긁히고 베인 곳으로 말이다.[21]

반면 고릴라, 오랑우탄, 긴팔원숭이 종은 얼핏 침팬지나 인간과 닮은 듯하지만, 사냥을 한다는 증거를 여태껏 찾지 못했다. 반면 보노보원숭이는 능동적인 사냥을 한다. 유인원 간에도 과일과 잎을 주로 먹는 종에 비해 사냥을 즐기는 쪽이 활동량이 많을 수밖에 없다.[22]

현존하는 동물 중에서 우리를 감염시키는 거의 똑같은 병원균을 안고 사는 종이 있다. 바로 침팬지다. 중앙아프리카에서 다양한 종을 사냥하는 침팬지는 인간에서 바이러스를 옮긴다. 인간이 그들을 사냥하고 도축해 왔기 때문이다.[23] 현재 전 세계를 하나로 묶은 사피엔스와 친척뻘인 침팬지란 두 영장류의 결합이 팬데믹(pandemic, 전염병이 세계 여러 나라 사람들에게 동시에 감염되는 현상)의 주범으로 입증되는 것을 우려하는 이유다.[24]

기적에 가까운 생존

사피엔스의 거침없는 여정에는 병원균과 동반했다. 시름시름 앓다가도 무서울 정도의 속도로 개체수가 감소하기도 했다. 또한 개체군 크기가 작게 되면서 감염이 확산되기가 무척 어려워 운 좋게 사피엔스 집단이 살아났을 수도 있다. 이른바 개체군 병목현상(population bottleneck)으로 해당 종은 병원균으로서의 다양성을 상실하게 된다.[25] 어쨌든 숲의 환경에서 사바나로 옮기고 대륙을 떠나 새로운 거처지를 찾아 다녔던 그들이 살아남은 것은 기적에 가깝지 않았을까. 포식자와의 대결, 고인류와의 경쟁, 기후와 환경문제 심지어 병원균까지 극복해야 했으니 말이다.

현대 사회의 특징 중 하나는 요리상품이 넘친다. 지금 이 순간에도 우리 식탁에는 적당히 구워진 스테이크가 있을 것이다. 전문적인 도축과정에 대해 알 턱이 없기에 시각적, 후각적, 미각적으로 극대화된 상품이 놓여있는 것이다. 요리를 통해 육고기 섭취도 매우 쉬워졌고 필수적인 영양분을 제공받고 있다. 하지만 도축은 사냥과 더불어 병원균(microbe)이 드나드는 통로이다. 사람이 다니는 길에 비유하자면 고속도로인 셈이다.[26]

또 다른 특징 중 하나는 전 세계 곳곳을 누비고 있는 여행상품을 빼놓을 수 없다. 온대지방에서 열대지방으로 가는 여행자들은 거의 절반이 설사에 시달린다. 대장균이라고 하는 박테리아 때문이다. 동물의 배설물로 오염된 물을 마시거나 제대로 익히지 않은 요리를 먹을 때 발생한다. 또한 흔히 걸리는 말라리아는 기생충에 의해 걸리는 질병이다. 파리나 모기 같은 곤충을 통해 옮긴다.[27] 한 해에 설사와 말라리아에 의해서만 각각 3,100만 명, 270만 명 이상이 사망한다. 폐렴, 바이러스성 인플루엔자 등의 여러 호흡기 감염과 설사만으로도 전 세계에서 한 해 1억 명 이상이 발생할 정도로 감염병은 영원한 적이라 할 수 있다.[28]

사피엔스는 함부로 건들지 말아야 할 밀림과 야생동물에 자꾸 손을 댔다. 이런 침범을 통해 공생해 본적이 없는 기생충, 박테리아, 바이러스 덩어리가 자꾸 인류 사회에 들어왔다. 77억이 넘는 엄청난 종은 생명체로 살아가기 위한 바이러스 입장에선 최적의 숙주인 셈이다. 20세기 들어 그 인구 절반이 도시에 살고 있으니 얼마나 좋은 환경인가.

인간의 식량공급을 위한 집약적 축산, 인간의 의복 재료를 위한 가죽과 모피 수집, 인간의 건강을 위한 의료과학기술의 동물 실험 등 종차별주의는 맹위를 떨치고 있다. 피터 싱어(Singer, P.)는 이익평등고려의 원칙을 주장하고, 톰 리건(Regan, T.)은 동물 권리론을 외치기도 했지만 인간의 이기 앞에선 공허했다.

생태중심주의란 인간과 자연과의 관계에서 인간도 자연의 일부분으로 간주하는 생각을 바탕으로 한다. 이를 꼭 들먹이지 않더라도 자연의 균형 없이는 살아갈 수 없다는 것을 알았다. 생명외경사상이란 신비롭고 경이로운 존재인 생명을 두려워하고 존경하는 마음이다. 알버트 슈바이처(Albert Schweitzer, 1875~1965)가 제시한 개념을 꺼내지 않더라도, 우리가 도덕적 존재라면 어떤 생명에게라도 도덕적 배려를 해야 한다는 것을 알았다.

약 4만 년 전부터 존재감을 부쩍 부각시킨 해부학적 현생 인류는 어떤 동물과도 살지 않았다.[29] 요즘 흔한 개와 고양이 같은 반려동물이 없었다. 말을 타거나 개를 풀어 사냥을 하는 효과적인 기술을 간직하지 않았다. 오로지 두 발로 걷고 두 손을 사용했다. 마치 레슬링과 같은 스포츠 종목처럼 원초적이다. 물론 매우 강한 동물을 상대해야 하기에 도구를 들고 무기로 사용했지만 말이다.

시간이 흐르고 흘러 이들은 잡아먹기 편한 방식을 고민했을 것이다. 기껏 사용해 왔던 동력(動力)인 인력(人力)의 효과적인 제어가 필요하다는 사실을 깨달았을 것이다. 또한 동물과 교감하거나 놀이를 만들고자 하는 기본적 욕망을 표출했을 것이다. 자발적 재미를 위해 다양한 오락거리를 만들고자 했을 것이다. 그들이 걷고자 하는 몸의 길, 한 걸음 더 들어갈 준비를 마쳤다.

09

사냥의 동기부여 변화

경쟁의 우위

사피엔스를 비롯한 동물은 포식자이면서 피식자이다. 마지막까지 살아남았다면 어떤 생물의 개체군과 그것을 먹는 개체군과의 치열한 공방전의 세계에서 버틴 개체들이다. 사피엔스 역시 먹고 먹히는 상호작용을 했다. 그들은 생태계의 객체였다가 급작스럽게 주체가 됐다. 그 누구도 그들이 행하는 일상적 파괴의 속도를 제어하지 못할 지경이 됐다. 역사학자 하라리 말마따나 지구라는 행성의 연대기에서 가장 치명적인 종으로 남았다.[1]

오늘날 문명 세계에서 그들이 보인 행보도 예외가 아니다. 같은 종끼리 살벌하게 이기고 지는 싸움을 반복했다. 20세기에 들어와서 유럽 사회에 매우 큰 충격을 안겨다 준 사건은 단연코 제1차 세계대전(1914~1918)이다. 기계의 발전이 사회의 생산력만을 높이는 방향이 아니었던 것이다.

엄청난 숫자의 동족을 순식간에 살상하는 전쟁기술의 발전을 넋 놓고 바라봤다. 제2차 세계대전(1939~1945)은 어떠한가. 인류 역사상 가장 많은 인명 피해를 안겨다 준 전쟁이다. 같은 종을 절멸에 이르는 데 주저함이 없다는 사실을 깨우쳤다.

어쨌든 이 종은 문명의 전초전에 등장한 바퀴와 문자가 발명되기 한참 전에 지구상에 존재하는 대형동물의 절반가량을 없앴다.[2] 그들은 시대를 막론하고 어김없이 죽든 살든 경쟁을 해야만 했다. 공동체 밖에서는 맹수들의 눈을 피하면서 빠르지만 어리숙한 초식 동물을 잡아야 했다. 갈수록 대담해진 발군의 협조 체계가 효과를 발휘하면서 매머드와 같은 초대형 짐승도 거뜬히 해치웠다. 포식자의 최상위 자리를 두고 살벌한 맹수와도 여러 차례 붙었을 것이다.

공동체 안에서는 어떠한가. 저 멀리 지평선으로 해가 뉘엿 질 무렵에 어김없이 차려진 밥상을 만끽했을까. 먹잇감을 선임자가 알아서 가져다주고 뜨거운 불에 그을린 맛있는 요리를 즐길 만큼 여유가 있었을까. 그들 개개인의 존재감을 어떤 방식으로 표출했을까. 오늘날과 같은 페어플레이를 기대하기는 무리가 있겠지만 경쟁을 통해 증명하고자 했을 수도 있다. 자신의 뛰어남을 보여주고 그 집단에서 필요한 존재임을 드러내고자 하지 않았을까.

경쟁의 원초적 우월감을 보여줄 수 있는 것은 힘과 기술이다. 이 DNA가 수십, 수만 년이 흐르면서도 잘 전달된 듯하다. 현대 남성의 마초 기질에서도 수시로 엿보이니 말이다. 홀로 힘자랑하는 것을 뭐라 할 수 없지만 법적·제도권 내에서 어설프게 감정 드러내 형(刑)을 사는 경우도 심심치 않게 목격한다. 적대적인 몸의 남용을 허용하지 않는다.

서양 지성사의 한 획을 그은 요한 하위징아(Johan Huizinga, 1872~1945)에 따르면 경쟁은 무엇인가를 위해 무엇인가와 함께하는 과정에서 수행되는 것이다. 문명 세계가 도래한 후에도 경쟁은 지속됐다. 지식과 부, 영광과 자유 외에도 자랑을 늘어놓거나 남을 속이는 행위에까지 경쟁의 범주가 넓어졌을 뿐이다.[3]

경쟁양상의 변화

도구를 쥐고 수렵채취를 200만 년 이상 이어온 이들의 경쟁 양상이 변화할 시기가 왔다. 힘과 기술을 토대로 먹잇감을 확보하기만 하면 인정받았던 경쟁이 달라졌다. 동물들을 잘 다스리는 데까지 확장된 것이다. 이는 동물을 키우면서 가축의 노동력을 적극 활용할 수 있느냐의 문제로 발전한 것이다. 오늘날엔 집약적 축산을 통해 주거지 인근에서 쉽게 고기를 구할 수 있게 됐다. 갑자기 유통이 중단돼 공급 파동이 일어나지 않는 한 끊임없이 제공을 받을 만큼 기계적 생산량을 보유한다. 마치 현대기아자동차가 컨베이어 벨트에서 자동차를 생산하는 것처럼 말이다. 원천 부품 공급처와 조립 가공의 메커니즘은 지속된다. 또한 세련된 이미지 뒤편엔 무참하게 자행되는 종차별주의가 있다는 사실도 외면하면 안 되는 현실에서 살아가고 있다.

대략 1만 2천 년 전쯤 유랑 생활에 변화가 일어났다. 지긋지긋했던 이동에서 정착으로 관심을 두었다. 씨를 뿌리는 농업혁명은 수천 년이 지나고 본격화됐다. 왜 정착을 했는지는 여러 원인이 있을 것이다. 사피엔스 집단 간의 습격에 대비했을 수도 있다.[4] 공격을 당했을 시 산발적으로 흩어지지 않고 방어를 하는 데 유리했을 것이다. 대비를 한다는 자체가 가상의 시나리오를 설정할 수 있음을 의미한다.

이 무렵까지도 식인 풍습은 남아 있었다. 인간의 뼈가 잘린 채로 구워진 그들이 남겨놓은 흔적을 통해 알게 된 것이다.[5] 죽은 자의 매장풍

축산 공장

습에 따른 식인일수도 있지만 살아있는 개체의 정복을 의미할 수도 있다. 정착 공동체 안의 생활은 외부의 적을 막기 위한 협조 문화와 서로 간에 경계를 늦출 수 없는 문화가 공존했을 것이다. 이로써 복잡다단한 환경이 만들어졌다.

또한 정착을 한다는 의미는 식량을 공급할 수 있는 에너지원의 확보를 의미한다. 이들은 수렵을 위한 이동이 아닌 가축을 기르기 위한 정착을 선택했다. 그들 입장에선 새로운 도전인 것이다. 수렵채취 생활이 거의 마무리가 될 무렵에 약 1,000만 명 정도의 인구가 살고 있었던 것으로 추정한다. 이들은 이미 기원전 4천년 경까지 양, 염소, 돼지, 젖소, 말로 대표되는 다섯 종을 유라시아 서쪽에서 솜씨 좋게 사육하고 있었다.[6] 이 또한 오랜 기간을 거치면서 겪었을 시행착오 후의 결과물이다. 수십 혹은 수백 차례 사육을 시도했던 사나운 동물 종을 배제한 것이다.

유랑 생활의 생존 방식은 집단이 가장 유리했다. 낙오됐거나 집단으로부터 쫓겨난 개인은 야생에서 홀로 생을 마감해야 했다. 남겨진 개인은 어떠했을까. 공동체 안의 경쟁은 사라지겠지만 광활한 자연에서 겪

제1부 여명의 불꽃

게 될 경쟁 활동은 대단히 두려웠을 법하다. 이러한 노마드(nomad) 집단의 리더는 어떠했을까. 강한 자라기보다는 무리를 잘 이끌어주는 자였다. 어른이 아이들에게 우월적 지위를 내세우지도 않았다. 유랑 생활에서는 위계질서가 희박했다. 생존을 위해 일이 분업화되고 경험을 전수하는 데 몰두했기 때문이다.[7]

정착과정에 생겨난 리더십은 노마드 시기에 비해 다소 달라졌다. 영국의 사회학자로서 흥미진진한 스포츠 이슈를 끄집어낸 엘리스 캐시모어(Ellis Cashmore)는 수렵채취적인 삶의 양식은 스포츠의 기원을 이해하는 데 중요한 요인으로 봤다. 물론 그 견해에 대해 현대 스포츠의 상업적 측면에 초점을 맞추면 스포츠의 원시시대 기원에 대한 얘기가 진부할 수 있다.[8] 그 시대가 어느 때인데 굳이 먹잇감 찾아 집단으로 어슬렁거렸던 몸동작을 스포츠로 봐야 하는지 의구심이 생길 수 있다. 스포츠란 개념은 자본주의 사회에서 살아가는 현대인에게 익숙한 개념이기 때문이다.

하지만 캐시모어가 주장한 사냥 동기의 변화에 대해선 주목할 수 있다. 즉, 사피엔스가 정착하게 되면서 자기 목적적(autotelic) 행위의 사냥을 했을 개연성이 높아졌다는 점이다.[9] 물론 초창기 정착은 오늘날처럼 집약화된 축산이 아니었다. 단지 포획한 동물을 바로 죽이지 않고 가둔다는 행위를 통해 미래의 소비를 보장받고자 했다. 어미와 새끼는 영혼들에게 제물에 바칠 목적으로도 비축했다.[10]

그들은 시간이 꽤 흘러 씨를 뿌려 수확하는 것이 훨씬 효율적이란 사실도 깨달았다. 마찬가지로 사냥방식도 본격적으로 바뀌었다. 힘들게 사냥할 바에는 온순한 동물을 상대로 한 체계적인 가축화 방식이 더 낫다고 확정지었을 것이다. 만약 수백만 년 동안 이어온 사냥의 습성을 어떤 연유로든 발현되지 못하게 막았다면 그들의 몸은 심심해서 못 견

몄을 것이다.

중앙아시아 평원의 수렵채취 집단은 빠른 속도로 목축이란 거주조건으로 대체했다. 수렵채취인 신분으로 남길 원했던 사람들은 순록 떼를 이끌고 북쪽으로 갔다.[11] 200만 년 이상 존속돼 왔던 도구를 사용한 수렵채취란 삶의 양태가 순식간에 바뀔 수는 없었을 것이다. 그들은 이런 변화에 대해 우리가 생각하는 것보다 훨씬 큰 긴장과 스트레스를 받았을 것이다. 보다 나은 삶을 기대하면서 말이다.

우리의 몸 감각(somatic sensation)은 다양한 유형의 수용기로부터 시작된다. 피부에는 수천 개의 감각 수용기들이 있다. 촉각, 압각, 온각, 냉각, 통각에 대한 정보를 제공한다. 자극을 감지하는 자유신경종말(free nerve endings)은 몸에서 가장 중요한 통각 수용기이다. 뇌를 제외한 피부와 내부조직 전체에 수백만 개가 흩어져 있다.[12] 만약 새끼손톱 사이에 눈에 보일 듯 말 듯한 가시가 박혀도 불편함은 이루 말할 수 없듯이 몸 감각은 살아가는 데 매우 중요한 요인이다.

통각 수용기로부터 나온 신호는 물질 P(substance P)라는 통증 정보 전달에 관여하는 화학물질로 나온다. 이때 모르핀과 유사한 물질인 엔도르핀이란 천연 진통제를 분비한다. 정상적 피로 수준 이상으로 운동하면 엔도르핀의 분비가 증가해 높은 쾌감을 선사한다.[13] 이 내인성 아편의 분비를 촉진시키기 위해 지금 이 순간에도 수많은 현대인들은 운동을 멈추지 않는다.

말(馬)의 효용성

수백만 년 동안 두발에 의지했던 사피엔스는 말(horse)을 이용했다. 가축화에 성공한 종이다. 말로 인해 자

말을 타고 이동하는 모습

기 걸음보다 더 빨리 이동하고 무거운 짐을 나를 수 있었다. 인류 역사 상 최초의 일이다. 그들은 일찌감치 활과 화살을 이용해 먼 거리의 짐 승을 사냥할 수 있었다. 집단 협업도 세련되게 분업화되면서 매사 자신 감이 넘쳐났다. 더불어 급작스러운 생활 패턴에 적응하기 위한 새로운 도전도 필요했다.

이 대응방법 중에 하나가 사냥을 재상연하는 것이었다.[14] 이는 식량 획득을 위한 목적에서 벗어나 자신을 드러내기 위한 사냥 동기의 변화 를 의미한다. 사피엔스 어느 부락을 지탱해 오는 젊은이들이 모였다. 가 축을 능숙하게 다룰 줄 알고 그 집단에서 가장 멀리까지 가 본 경험이 있는 소유자들이다. 어느 시절부터 노마드의 삶에 대해 아는 이가 없었 다. 자기 소유의 개념이 강해져 정성껏 훈련시킨 말에 대한 애착이 강 했다. 말을 타고 보다 더 멀리 가고자 하는 욕망과 호기심이 충만한 그 들이다. 그들 중에서 유독 용맹함을 드러낸 이가 있었다. 사냥을 하기 위해 가장 효과적인 전략을 미리 만들 줄 알았다.

가축화에 실패한 큰사슴을 잡기 위해 머리를 짜냈다. 그들은 출정에 나서기 전에 사냥감을 모방하여 추격을 하는 모의 사냥을 시도하기도 했다. 그들 중 일부는 매복하는 시늉을 내며 말을 타고 큰사슴 몰이를 하는 본진의 양쪽을 지켰다. 큰사슴이 도망치다가 멈칫하는 순간을 감안해 잽싸게 창을 던져 일차적 타격을 주는 흉내로 이어졌다. 이후 화살을 여러 발을 쏘며 포획물을 무력화시키는 행동을 했다. 가상의 사냥 현장을 그들 나름대로 그려본 것이다.

먹고 사는 행위에 직결됐던 과거와 달리 모험을 할 만한 여지가 생겼다. 비록 사냥에 실패해도 몇 가지 종의 동물들을 가뒀기 때문에 다소 안심되는 측면도 있었다. 즉, 먹을 양식이 없어 당장 굶어 죽을 일은 없어진 것이다. 오히려 용맹함이 부족해 자기 존재를 부각시키지 못한 자책감이 새로운 걱정거리가 될 수도 있었다. 식량 공급과 무관한 사냥 기술과 습관은 도살의 목적으로 바뀌었다. 식량을 구하는 절체절명의 목적이 아니라 새로운 도전을 추구하는 자기 목적적 행위가 부각되는 순간이다. 사냥감도 얻고 스릴도 즐기게 된 변화는 수백만 년 동안 없었던 새로운 자각(自覺)을 맞이하게 된 것은 아닐까.[15]

문화 유전자와 인정 욕구

진화를 통해 우리의 뇌는 100년 조금 못 되는 수명을 이어갈 미스터리 덩어리로 만들어졌다. 뇌는 짧은 시간 안에 이루어지는 사건을 사고하기에 적합하게 설계됐다. 개인적으로 겪었던 사건과 공동체 안에서 경험하게 된 사건 정도를 사고하는 수준이다.[16]

이렇듯 몇 세대를 거치는 동안 급작스럽게 바뀔 수 있는 삶의 변화는 사피엔스만이 지닌 문화적 특성이다. 언뜻 1만 년이란 기간이 길어 보일 수 있다. 다만 최소 200만 년 전부터 다져온 수렵채취의 기간을 놓고 따져본다면 대단히 짧은 역사다. 인류가 수천 년 동안 이뤄놓은 문명을 생각해본다면 문화적 진화의 속도는 생리학적 진화보다 훨씬 빠르다.[17] 도킨스가 주창한 '밈(meme)'이 여지없이 드러난다. 다른 생물에선 찾아볼 수 없다. 이 문화 유전자는 오로지 사피엔스만의 특성을 나타낸다. 부모가 가진 신체적 특성을 후손에게 전달하는 것을 유전자가 수행한다면, 오로지 인간만이 창출하는 문화, 사상, 예술 등에 이르는 총체적 양식은 밈을 통해 전달되는 것이다.[18]

사피엔스는 생리적·문화적 환경을 유리한 쪽으로 선택하게 하는 유전자를 갖고 있다. 도킨스가 일컬은 생존기계인 유전자(gene)와 문화 유전자인 밈(meme)인 것이다. 이 둘은 당장의 이익보다는 궁극적으로 이로운 길을 선택하는 자기복제자다. 사피엔스의 지적 능력과 이타주의의 매력을 부각시키기보다 그게 종을 보존하기 위해선 이롭기 때문에 오늘에 이르렀다.[19]

오늘날 두메산골에도 자리 잡은 스타벅스 커피숍에는 커피와 시간을 소비하는 인류가 넘쳐난다. 매우 한정된 공간에서 모여 떠들면서도 큰 문제를 일으키지 않는 종이 바로 호모 사피엔스다. 침팬지 세계였으면 얼마 지나지 않아 본인들 세계에 발을 들여놓은 낯선 개체에 대해 잔인하게 죽음을 맞이하게 한다.[20] 우리와 무척 닮은 침팬지는 계획적인 전략을 통해서 어김없이 수행한다.

우린 치명적으로 위험한 종이면서 순화의 길을 갈망하는 복잡다단한 감정의 소유자다. 머리 모양과 옷매무새만 달라도 다른 집단임을 금세 파악할 줄 안다. 다문화를 존중하면서도 혐오하는 감정을 드러낸다. 차별을 금하자면서도 아무렇지 않게 자행한다. 그렇기에 사피엔스의 행보는 늘 희망과 불안을 가져다주기에 충분한 것이다. 더 많은 수의 자손을 낳고 환경에 더 적합한 특정 형질을 갖는 자연선택의 수혜자이기 때문에 더욱 그렇다.

사냥감 포획 작전을 멋들어지게 완수하기 위해 행했던 수차례 연습이 실전으로 이어졌다. 그들이 노리는 것은 사냥감 자체라기보다는 흐트러지지 않는 팀워크의 결과물이었다. 그들 각자 생각이 복잡해졌다. 리더는 성공했을 때보다 실패했을 때를 염려했을 수도 있다. 즉, 팀원들 사기가 꺾이지 않길 바랐다. 이는 한차례 시도해서 종료할 사냥이 아니기 때문이다. 이들을 이끌고 지속적으로 부족의 힘을 키워야 했을 것이다. 팀원들은 어떠했을까. 자신이 용감하게 사냥에 나서 인정받을 수 있길 바랐을 것이다. 과연 각자 맡은 역할을 충실히 이행할 수 있었을까. 모의 사냥을 했던 것처럼 차질 없이 수행할 수 있었을까. 자신은 팀원들보다 먼저 용맹한 모습을 보여줄 수 있었을까. 이들이 원했던 결과물에 대한 인식의 차이는 이미 경쟁의 진지함에 접어들었다. 인정 욕구가 발현되고 있는 것이다.

경쟁과 운(運)

그들 중 한 명은 눈이 안 좋았다. 말을 능숙하게 타서 먼 거리의 사냥감을 포획한다는 것은 불가능한 상태였다. 운이 나쁜 동료에게 활을 쏘지나 않을까 걱정을 할 정도였다. 선천적으로 달고 살았던 결막염(conjunctivitis)이 도졌다. 어릴 때 살았던 음습한 거처지에 잠식한 곰팡이와 세균에 의해 감염된 듯했다. 성인이 된 후에는 알레르기에 의해 재발됐다. 눈이 불편했으니 마구 문질러 댔을 것이다. 툭하면 충혈이 돼 눈의 투명막에 생긴 염증이 가라앉지 않았다. 걸어서 이동하는 데는 크게 불편하지는 않았지만 격렬한 사냥 현장에선 얘기가 달라진다.

예전에 사냥에 나섰다가 눈에 물리적 타격이 가해져 망막이 찢어진 경우도 있었다. 현대 병명으로 망막박리증(retinal detachment)이다. 아마 포획한 사냥감이 몸을 마구 흔들어대는 바람에 단도를 깊숙이 꽂아 꽉 쥐고 있던 동료의 손이 빠지면서 부딪힌 것 같았다. 이로 인해 주변의 시야가 찌그러지게 보이거나 눈부심이 발생해 거동하기가 매우 불편했다. 그날 살아남아 돌아온 게 행운이었다.

인간의 눈은 빛을 탐지하기 위해 설계됐다. 이를 이해하기 위해선 두 가지 측면을 이해해야 한다. 즉, 가시광선을 감지하는 인간의 눈이 빛을 받아들이는 원리와 그것을 뒷받침하는 구조를 통해서다. 빛은 수정체를 통해 망막까지 도달한다. 망막은 눈 안쪽 깊숙한 곳에서 상이 맺히도록 설계돼 있다. 이후 시신경을 통해 뇌에 전달되고, 비로소 '몸엔 털이 나 있고 시커먼 색깔을 지닌 커다란 바위만한 코뿔소를 보고 있다'라고 인식하는 것이다. 사피엔스가 멸종시킨 종을 묘사했다.

인간의 눈이 보다 간편한 구조라면 망막이 바로 빛을 받아 시신경이 모여 뇌와 연결해야 하건만 정반대다. 시신경이 뇌로 연결되기 위해선 일단 한군데 모인 후, 망막을 뚫고 뇌까지 가야한다. 한마디로 매우 복잡하다.[21] 도킨스 말로는 시신경이 망막 뒤에 위치한 문어 눈이 더 발달된 구조란 것이다.[22] 덧붙여 인간의 눈 안에는 수많은 혈관들이 있어 구조 상 망막에 그림자가 생기게 마련이다. 하지만 끊임없이 떨리고 있어 눈앞에 어른거리는 혈관이 안 보이는 것이고, 뇌가 그렇게 인식하는 것이다. 신이 인간을 창조했다면 이토록 어설픈 설계를 했겠냐는 것이다. 아마 눈병이 잦았던 사피엔스 집단의 일원은 눈앞에서 거미줄이 쳐진 것처럼 세상을 바라봤을지도 모른다.

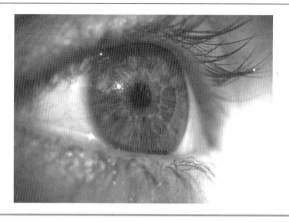

인간의 눈

사피엔스는 그야말로 유구한 세월과 변화무쌍한 환경 속에서 견뎌 냈다. 이들의 몸뚱이는 결코 단단하거나 민첩하지 않았다. 몸집이 크거나 완력이 세지도 않았다. 두 발로 걷고 두 손이 자유로우며 뇌가 큰 것 외에는 딱히 차이를 드러내거나 우월하지 않았다.

단지 그 몸을 소유한 개체에게 이로운 수많은 미세한 변이들을 버리지 않았다. 오히려 이를 축적시키면서 완벽해진 것이다. 인류의 지각으로는 인지하기 어려운 범주의 시간을 통해 점진적인 변화가 이루어졌다.[23] 다행히 인류에겐 언어, 문화적 전통을 이어받을 뇌, 그리고 의사소통을 할 수 있게 진화의 기회를 가졌다.[24] 진화의 궁극적인 목표가 인간이라는 믿음을 굳건히 하고 싶겠지만 그 진리를 파면 팔수록 허영심이 가득한 자신을 발견하게 될 뿐이다.[25] 자연선택을 그 누가 개입할 수는 없는 것이다. 말 그대로 스스로 그러한 상황에서 경쟁과 운에 의해 흘러온 것이다.

동일한 종에 속한 개체들 사이에는 불가피하게 치열한 싸움을 한

제1부 여명의 불꽃

다. 암컷을 소유하기 위해 수컷들끼리 피터지게 싸우는 경우는 흔한 현상이다. 생존 투쟁에 살아남은 개체는 왕성하게 후손을 남기려고 한다. 그 성공여부는 특별한 무기와 방어수단을 가졌는지 혹은 다른 매력 포인트를 지녔는지에 따라 판가름이 난다. 아주 경미한 차이라 하더라도 말이다.[26] 자연선택에 따르면 모든 종은 번식을 통해 수를 과도하게 늘리는 경향이 있다. 어느 하나의 종에서 매우 다양화된 자손을 확장시키려고 한다.[27]

그들은 지구 곳곳을 돌아다니다가 어찌된 연유인지 정착을 했다. 먹을 양식을 미리 축적하면서 생긴 효율화를 인식했다. 또한 습격에 대비해 가장 효과적인 방어수단도 됐을 것이다. 실제 살아남을 수 있는 종보다 더 많은 수의 자손을 낳았다. 다산(多産)을 뜻하는 꽤 많이 남겨진 예술 작품이 이를 방증한다. 많은 후손 중에는 다른 형질을 갖게 된 개체가 등장했다. 이들이 환경을 적응하는 데는 더 적합한 경우가 많아지면서 그 형질의 일부는 후대에 전달됐다. 이미 77억을 돌파한 세계 인구가 2050년경에는 100억에 육박할 것이다. 어떻게 이런 수준으로까지 번창하게 됐을까. 놀랍도록 강인한 사피엔스의 몸은 어디까지 확장될까. 어떻게 표현하고 어느 수준까지 인정받으려고 할까. 이들의 여정은 쉬엄쉬엄 가는 법이 없다.

10

자발적 재미와 게임

주술행위

사피엔스 집단은 고요한 밤하늘 아래 곤히 잠들어 있었다. 수 세대 혹은 수십 세대에 걸쳐 이주와 정착의 갈림길에서 뿔뿔이 흩어지는 무렵이었다. 수많은 집단 간에 운명을 결정짓는 여정을 쉬지 않고 하고 있었다. 고요히 잠이 들었지만 경계심을 늦출 수는 없었다. 아무래도 어리고 순한 양과 돼지를 가두었기 때문에 호시탐탐 노리는 외부의 적이 있었다. 먹잇감을 찾아 매우 조심스럽게 접근하는 맹수 무리뿐만 아니라, 양식을 취득하는 데 무임승차를 하고자 하는 다른 지역의 사피엔스 집단도 있었다.

그날 밤에 유난히 길을 잃은 맹수들이 설쳐 댔다. 장정들이 횃불을 흔들며 멀리 쫓아내곤 했지만 포식자의 본능을 주저앉히긴 쉽지 않은 일이었다. 아마 어젯밤 격렬하게 흔들어 댔던 어린 양과 살집이 오른

돼지의 참수에서 빚어진 피 냄새가 수 킬로미터 떨어진 곳까지 퍼져나간 듯했다.

그 집단의 샤먼은 달빛이 모호한 시기를 골라 주술행위를 했다. 격렬한 발작을 통해 의식을 잃고 갑자기 눈을 떠서 울부짖는 경우는 다반사였다. 그녀가 표현한 악령은 내세에 온갖 부정적 기운을 남긴다고 했다. 쉽게 물리지 못하는 초자연적인 힘에 맞서 그 기운을 떨쳐내기 위한 몸부림을 쳤다. 항상 염려를 해야 하는 맹수들의 흉내를 내기도 했다. 머리엔 거칠게 솟은 나뭇가지를 꽂고 얼굴엔 거룩한 의식에 희생된 짐승들의 피를 발랐다. 하늘을 향해 으르렁거리며 땅을 기어 다녔다. 몇몇은 격렬하게 소리를 지르고 대개는 율동과 박자에 맞춰 발을 굴렀다. 샤먼은 두 손으로 짐승의 앞발을 시늉하듯 땅을 마구 파헤치는 퍼포먼스를 이어 나갔다.

놀이에 대해 심층적으로 연구했던 로제 카유아(Roger Caillois, 1913~1978)가 분류한 전형적인 미미크리(mimicry)이다. 원시사회에서는 가면을 일반적으로 사용했다.[1] 샤머니즘을 통해 내세로의 주술적인 여행을 했다. 환각을 일으키는 야생 버섯을 사용하며 경련적인 동작과 주문을 하며 큰 북을 동원하기도 했다.[2] 이들의 몸짓은 연기와 같다. 제식 집행자의 의식 혹은 기억상실을 통해 악령에 사로잡힌 혼을 구한다.[3]

종교학에서는 미신이란 용어를 사용하진 않지만 현대인들의 다수는 그렇게 인지한다. 하지만 그 생명력은 종교의 역사를 훨씬 뛰어넘는다. 한국의 무속 신앙을 살펴보면 고조선 이후 단 한 번도 사라지지 않고 이어오고 있다. 한국 샤머니즘의 메카로서 무당이 굿을 하는 곳인 굿당은 수도 서울 한복판에 버젓이 있다. 본래 남산 팔각정 자리에 있었으나 일제 때 강압으로 옮겨와 현재 위치하고 있는 인왕산의 국사당이다.[4]

한국의 민속 예술로서 세계적으로도 매우 독창적이고 독보적인 세

무당굿

장르가 있다. 바로 판소리, 산조, 살풀이춤이다. 이들은 남도의 시나위 굿판에서 비롯됐다. 다시 말해 무속 신앙을 토대로 계승 발전해 온 것이다.[5] 최첨단 기술력을 보유한 사회 이미지와는 별도로 우리 사회에 여전히 녹아 있는 미미크리(mimicry)의 형태다. 21세기 한복판에 케이팝 (K-POP)을 주도한 방탄소년단(BTS)의 몸짓도 어찌 보면 샤먼과 고조 선부터 전해져 온 제례의식의 현대판 결과물일 수 있다. 혹은 한국 민 족 특유의 흥겹고 신명나는 무언가를 남들에게 전달하는 DNA가 있을 지도 모른다.

현대 사회의 미미크리(mimicry)는 스타숭배를 빼놓을 수 없다. 아곤 (agôn)의 스포츠와 미미크리(mimicry)의 공연예술은 사회의 가장자리에 있는 대표적인 문화적 형태인 것이다.[6]

자발성과 자기목적 행위

요한 하위징아(Johan Huizinga, 1872~1945)가 제시한 '놀이하는 인간(Homo Ludens)'은 단 한 번도 시도하지 않았던 주제의 탐구정신과 후속적 생산성에 적지 않은 영향을 미쳤다. 그가 제시한 놀이의 정의를 요약하면 우선 특정한 시간과 공간 내에서 이뤄지는 자발적 행동이다.[7] 규칙이 있는 활동으로 엄격하게 적용받는다. 그 자체의 목적이 있고 일상생활과는 다른 긴장, 즐거움, 의식이 있다. 질서를 만들고 스스로 하나의 질서가 된다.[8] 놀이는 아곤 (agôn)이란 개념을 끄집어냄으로써 경쟁적 요소가 강하다. 또한 신성한 의례가 축제가 되고 궁극적으로 집단의 안녕과 복지에 기여한다.[9]

몇 세대에 걸쳐 정착 과정에 익숙해져 있던 사피엔스 집단의 제례의식은 매우 진지했다. 늘 해왔던 장소를 골라 하늘에 떠 있는 달 모양을 보며 시기를 정했다. 각자의 정해진 역할을 도맡아 순조롭게 진행해야 했다. 그들이 간직한 목표를 훼손하면 안 되기 때문이다.

지난번에 처음으로 시도했던 모의 사냥 훈련을 이행하는 과정이 녹록치 않아 가뜩이나 마음이 무거웠던 터였다. 먹잇감 확보를 넘어 도살의 재미로 이어졌던 과정을 겪었지만 새로운 도전이 생긴 그들이었다. 누가 더 빨리 더 영리하게 사냥의 성공률을 높일 수 있을까에 대한 고민을 누구나 했다.

인간과 동물 간의 육체적 전투 행위가 자기목적적 사냥과 공존했을 가능성이 있다. 집단 내부와의 갈등과 싸움 현장에서는 어느 시대나 도구적 목적과 유희적 목적을 모두 안고 있기 때문이다.[10] 리더를 자처한 자는 주변으로부터 인정을 받지 못하게 되면 자연스럽게 대체된다는 사실을 잘 알고 있었다. 샤먼의 몸짓 하나 하나에 신경을 쓰지 않을 수 없었다.

그 리더는 덩치가 큰 동물 중 상대적으로 포획하기 쉬운 순록 사냥을 선택했다. 하지만 뜻하지 않게 괴력을 지닌 불곰을 맞닥뜨렸다. 두 가지 옵션이 생겼다. 도망가거나 싸워야 했다. 줄행랑치는 행위가 전략적 옵션으로 거론될 수도 있었지만, 용맹하게 싸워보는 것도 각성을 깨우치는 데 도움을 줄 수 있었다. 오금이 저려 뭐든 하지 않으면 무기력하게 당하는 처지였다. 자신이 이끈 사냥 집단은 갈팡질팡했다. 사냥을 재현했던 기억은 순한 짐승이었기 때문이다.

예상치 못한 상황에서 매우 빠른 속도로 인간의 뇌는 활발하게 움직이고 행동으로 옮기게 할 것이다. 각성은 수행과 생존에 영향을 주는 매우 중요한 요인이다. 현대 스포츠에서도 깨어 있거나 자극에 대해 대처할 수 있는 정신 생리학적 상태를 예의주시한다.[11] 불곰에게서 공격을 받게 되면 일반적인 경계 상태를 넘어섰기 때문에 차원을 달리한 대응이 필요했을 것이다.

스트레스의 축적

1930년대 처음 등장한 용어인 '스트레스'는 몸의 단기적·장기적 반응이다. 누군가 공격해 온다면 긴장을 하고 위험수준에 대해 스스로 경고를 한다. 연이어 대처할 수 있는 에너지를 동원하게 된다. 인간이 몸과 환경 사이에서 안정적인 균형을 이루기 위한 '항상성'에 방해되지 않도록 하는 것이다. 각성을 통해 나타난 스트레스는 생존을 위협하기보다 돕는 데 더 유리하다.[12]

모의 사냥의 다양성을 구현하지 못했던 그 리더는 뜻하지 않은 상황을 제대로 극복하지 못했다. 유독 자신을 잘 따르던 젊은 누군가가

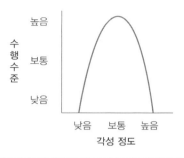

여키스-도슨 그래프

치명적 상처를 입게 된 것이다. 순한 순록을 선두에서 몰고 가면 미리 매복을 했다가 긴 창으로 찌르고자 했던 그였다. 불곰을 미처 피하지 못하고 앞발에 크게 할퀴었다. 허벅지 부분을 거칠게 물고 뱉는 동작을 반복하더니 그냥 돌아갔다. 다행히 목숨을 건졌지만 생명이 언제까지 연장될지는 아무도 장담을 못했다.

현대 스포츠 심리학 영역에서 자주 다루어지는 이론이 있다. 심리학의 선구자인 학자의 이름을 붙인 '여키스-도슨(Yerkes & Dodson) 법칙' 혹은 영어 U자가 거꾸로 됐다고 해서 '역-U자 이론'으로 불리는 경쟁 불안 이론이다. 각성과 스트레스가 적정한 수준으로 올라가면 수행수준이 향상되지만, 너무 높아지면 오히려 낮아진다는 것이다.[13]

사피엔스 집단의 야심찼던 리더가 행했던 수행 중에서 여러 차례 실패가 있었다. 사냥감 확보와 스릴을 염두에 둔 그의 전략이 여러 차례 빛을 발휘하지 못했다. 특히 불곰 사건을 겪으면서 크게 위축됐다. 극한의 상황이 지속되다보니 만성 스트레스가 쌓인 것이다. 더 이상 수행수준이 향상되지도 않을뿐더러 자신을 향한 '감금된 공격성'마저 드러났다.[14]

놀이의 진지함

이들이 행했던 놀이는 생명과 직결
되므로 규칙에 의해 통제됐다. 자칫 규칙을 어기고 실수했다간 큰 화를
자처할 수 있기 때문이다. 이러한 절체절명의 진지함까지는 아니지만
어린아이들도 나름 규칙을 정하고 놀이를 즐긴다. 만약 이 시대 아이들
이 한 쪽은 사냥꾼, 나머지는 사냥감으로 설정해 재미를 추구했다면 어
떠했을까. 즉흥적인 놀이에서 벗어나 게임단계에 이른 것이다. 이들에
겐 반드시 사냥꾼이 이기고 패배한 사냥감이 돼야 하는 놀이가 아니다.
사냥감이 사냥꾼을 물어 죽이는 장면도 연출할 수 있다. 다시 말해 승
자와 패자가 없는 놀이다. 다만 규칙이 있을 뿐이다. 네 발로 기던 사냥
감이 갑자기 두 발로 걸어올 수 없듯이 말이다. 물론 이 아이들은 아주
진지하게 놀이를 했을 것이다.

하위징아도 '~인 체하기'의 놀이는 오로지 재미를 추구하지만 완벽할
정도로 진지함을 잃지 않는다고 했다. 자기 자신이 놀이 중인 것을 알면
서도 몰두한다.[15] 만약 자기 멋대로 규칙을 위반하게 되면 '놀이 파괴자'
가 되는 것이다.[16] 다만 이기고 지는 관계를 설정하지 않았기 때문에 게
임이라 할 수 있다. 근대 스포츠의 본질을 매우 탁월하게 조망했던 앨런
구트만(Allen Guttmann)은 경쟁적이지 않은 게임이 승패를 가리는 활동으
로 되는 순간, 게임의 영역이 크게 축소되는 거라고 봤다.[17]

그에 따르면 의외로 승자와 패자를 가릴 필요가 없는 비경쟁적 게임
이 많다. 게임이 진행되는 동안 세계의 조화를 반영한다는 거창한 인식
을 드러내는 경우도 있다. 태평양 상의 군도인 미크로네시아에서는 경
쟁에는 관심이 없고 오로지 몸의 우아함과 테크닉에 초점을 둔다. 또한
어떤 지역은 축구와 유사한 게임을 하는데 어느 한 편이 이기게 되면

동점을 이룰 때까지 며칠 동안 계속한다.[18] 우린 통상 스포츠에서는 경쟁을 해서 반드시 승패를 가려야 한다고 생각한다. 오늘날 스포츠 세계에 익숙한 시각이 만연하다보니 고착화된 인식일 수도 있다.

이러한 사례를 통해 구트만은 놀이, 게임, 경기, 더 나아가 스포츠의 개념을 분류했다. 놀이는 즉흥적인 놀이와 그렇지 않은 놀이가 있다. 즉흥적이지 않기 때문에 놀이규칙이 있다. 이 규칙은 자유의지에 따라 설정하는 자기충족적인 규칙이다. 말 타기 놀이가 생존에 관계된 것이 아니듯이 말이다. 여기선 실용성과는 거리가 멀다.[19]

규칙에 통제되는 놀이는 게임으로 비경쟁적인 장르이다. 하지만 우리가 인식하는 게임이란 개념은 경쟁성이 내포됐기 때문에 그는 이를 경기로 분류했다. 경기(Athlet)란 말은 경쟁(athlos)과 상(賞, athlon)이란 그리스어에서 유래됐다.[20] 또한 경기에 대해 다시 두 가지로 나눴다. 하나는 신체활동의 경기이고 나머지는 지성활동의 경기이다. 전자는 흔히 보는 스포츠이다. 구트만은 신체활동의 스포츠가 지성활동을 배제한다는 의미는 아니라고 했지만, 지성활동의 경기는 스포츠로 보지 않았다. 예를 들어 바둑과 장기는 지성활동만을 필요로 하기에 스포츠에 포함할 수 없다고 했다.[21]

제1부 여명의 불꽃

새로운 시선

　　　　　　　　　　여기서 두 가지 측면에서 이 문제를
바라볼 필요가 있다. 첫째, 스포츠의 본질적인 측면이다. 신체활동을 근
본적으로 다스리는 영역이 우리의 뇌다. 매우 복잡한 구조라는 사실은
두말하면 잔소리다. 효율적인 수렵채취 전략을 구사한 것은 말할 것도
없다. 우리 몸무게에서 2%밖에 차지하지 않지만 전체 열량의 20%를
소비하는 곳이 뇌이다.[22] 스포츠의 신체성을 논할 때 우선시해야 할 부
분인 것이다. 즉, 지성활동은 매우 중요한 스포츠 행위가 될 수 있다.

　둘째, 스포츠가 자생적이고 기술적으로 발전하고 있는 시대흐름의
측면이다. 2016년 따사한 봄에 3일 동안 전 세계를 사로잡은 이벤
트가 있었다. 한국의 바둑 아이콘인 이세돌 9단과 구글(Google) 인
공지능인 알파고 간의 바둑 대결이다. 그는 인공지능을 이겨본 경
험을 가진 최초의 인간이란 기록으로 남아있다. 시간이 흐를수록
인간은 불리해질 것이다. 이길 확률이 희박하다는 사실을 전 세계인에
게 보여줬다. 이젠 이길 확률이 불가능하다.

　이기려고 애쓰는 객체보다 기술을 매우 효율적으로 다루는 주
체로서 인간을 부각시킬 수밖에 없다. 바둑대국을 치렀던 경기장은
서울의 한 호텔이다. 우리가 흔히 상상하는 특정한 종목을 치르는
규격화된 경기장 방식이라기보다는 생중계가 가능한 넓은 홀 정도
면 충분했다. 물론 언론 인터뷰, 선수, 관계자 및 기자단 숙소, 편의
시설이 한 군데 모일 수 있는 공간인 셈이다.

　한국의 스포츠 산업 분류에선 엄연하게 바둑이 스포츠에 포함돼
있다. 흥행요소를 두루 갖추고 최상의 상품가치로 여겨진다면 머지않
은 미래에 올림픽 종목에 포함될지 누가 알 수 있으랴. 요란한 주경

기장과 부대시설의 버거움 대신 실속을 챙기는 경쟁 이벤트가 비즈니스 측면에서 보다 더 유리하다면 또한 어떻게 될까. 가상공간에서 스포츠 소비자를 끌어 모을 수 있는 e-스포츠의 흥행 역시 많은 시사점을 가져다준다.

구트만의 분류는 하위징아가 제시한 놀이 개념의 모호성을 비판한 데서 비롯됐다. 놀이와 진지함 사이에 존재하는 중요한 차이를 고려하지 않았다고 본 것이다.[23] 카유아도 이 점을 보다 앞선 시기에 지적했다. 시대가 바뀌면 사회문화적 양태가 변한다. 그러므로 오늘날의 시각으로 바라봐도 현실과의 괴리가 있는 법이다. 모든 주제를 놀이와 엮기에는 세상이 너무 복잡해졌다. 그럼에도 불구하고 퍼스트 무버의 경이로운 지적 탐구가 새로운 지식을 낳았다. 책 읽기를 통한 사고(思考)는 자발적 몰입 행위의 놀이로서 늘 가까이 있게 했다.

카유아가 정의한 놀이를 요약하면 다음과 같다. 놀이하는 자가 강요당하지 않는 자유로운 활동이다. 이 활동은 명확하게 정해진 공간과 시간의 범위 내로 분리돼 있다. 또한 어떻게 전개되거나 결과가 어떻게 될지는 모른다. 돈을 벌거나 부를 축적하는 데 영향을 주지 않는다. 즉, 비생산적인 활동이다. 놀이만을 위한 규칙이 만들어지고 비현실적인 허구적 활동이다.[24]

카유아는 하위징아처럼 그리스어인 파이디아(paidia)와 라틴어인 루두스(ludus)의 용어를 끄집어냈다. 그는 이 두 개념을 양극단에 놓고 연속관계로 보았다. 전자는 유희와 어린아이 같다는 의미를 내포하고, 후자는 일반적인 놀이, 투기, 시합, 경기 등의 의미가 있다.[25] 또한 매우 독창적인 네 가지의 개념을 제시했다. 그리스어로 시합과 경기를 뜻하는 아곤(agôn), 라틴어로 요행과 우연을 의미하는 알레아(alea), 영어로 모방과 흉내를 뜻하는 미미크리(mimicry), 그리스어로 소용돌이와 현기증을 의미하는 일링크스(ilinx)이다. 현학적이고 싶어 외국어를 차용한 것이 아니라 명확하고 포괄적인 의미를 최대한 담고자 했다는 부연 설명도 했다.[26]

고대 그리스에선 스포츠란 용어가 없었기 때문에 경기와 경연의 영역인 아곤(agôn)을 사용했다. 하위징아도 이 단어를 원래 '모임'이란 뜻을 내포하고 시장을 의미하는 '아고라'와의 연관성도 언급함으로써 놀이와 경기의 본질적 동일성을 강조했다.[27]

리더의 자격

리더의 자격이 매우 위태롭게 된 그는 사피엔스 집단 내의 지위를 유지하기 위해 골똘했다. 이 난국에서 어떤 방식을 도입해 어떻게 돌파구를 찾을까? 규칙이 있는 경쟁을 만들어 능력을 보여줘야 할까? 그저 운명에 맡기고 의지를 내려놓아야 할까? 혹은 동물 가면을 쓰고 환각을 일으키는 퍼포먼스를 해야 할까? 아니면 그 누구도 오르지 못했던 절벽에 올라 깊은 수면 아래로 다이빙을 해서 잠행하는 것을 보여주어야 할까?

카유아는 규칙이 없는 경주를 가리켜 파이디아(paidia)에 가깝지만 오늘날 스포츠는 루두스(ludus)로 바라봤다. 마찬가지로 술래 결정을 하는 수준에서 내기에 이르거나, 가면극에서 연극 혹은 그네에서 공중곡예에 이르게 되면 루두스 요소가 증가한다.[28] 아마 리더 자격을 유지하고 싶어 했던 자는 현실에서 벗어나 허구의 세계를 만들고자 했는지 모른다. 샤먼을 통해 자신을 다른 존재로 상상하고 다른 사람들도 자신을 또 다른 인격으로 인정받길 원했을 수도 있다. 그는 착란상태에 빠졌다가 정신이 돌아왔을 때 실제 악령을 떨쳤다고 생각할 수도 있다.

샤머니즘 현장

그리고 나서 새로운 인격을 부여받음으로써 부락을 책임질 적임자로 스스로 여겼을 것이다.

그걸 지켜본 사피엔스들은 어떠했을까. 자신들이 바랐던 가공의 인물이 재현되는 것으로 인정했다면 이 역시 미미크리(mimicry)의 영역에 있는 것이다. 특히 집단 사냥에 나섰던 이들은 더욱 열광했다. 이미 사냥감을 효과적으로 잡기 위한 모의 훈련을 통해 공상놀이를 인지한 터라 리더와 동일시하는 것은 큰 문제가 되지 않았다.

근대 샤먼의 존재가 여성들로 채워지고 신을 섬긴다는 성직자는 모두 남성이다. 여성은 자연의 세계, 야생의 세계, 천상의 세계와의 연결고리를 보여주는 행위자이다. 남성은 문화세계와 전통적으로 끈끈한 관계를 맺어 왔지만, 여성은 모호한 코드를 사용한다는 점에서 현실세계가 아닌 곳으로 인도한다. 근대에 와서도 영매와 무당의 존재를 대개 여성을 통해 알고 있다.[29]

하위징아는 유명한 명제로 시작한다. '놀이는 문화보다 더 오래된 것이다.'[30] 문화 이전에 존재했던 놀이에 대해 카유아가 제시한 네 분류로 살펴본다면 일견 타당한 측면이 있다. 놀이의 변질이라 할 수 있는 미신은 모든 것을 우연에 기대는 알레아 영역이다.[31] 원시시대부터 이어져 온 샤머니즘은 아픈 사람 몸에서 병을 빨아내고 악령에 사로잡힌 혼을 구한다는 믿음을 남긴다.[32]

나의 유사한 경험을 덧붙인다. 중학교 1~2학년 때 지금도 일 년에 최소 한 번 이상은 만나는 친구와 동네 앞 독서실에서 공부하고 있을 때였다. 특별한 이유 없이 열이 스멀스멀 올라오더니 급기야 집에 먼저 와서 눕게 됐다. 그 친구도 나중에 병문안을 왔다가 돌아갔던 기억을 지금도 하고 있다. 소위 헛것이 보이고 누군가에게 헛소리를 하며 초인적 힘을 발휘했던 새로운 자아였다. 그 발버둥을 말리는 아버지가 손을 쓸 수 없을 만큼 힘이 세졌으니 말이다. 상식적으로 감기라도 앓으면 힘이 팔팔 나기는커녕 자기 몸 하나 가누기 힘들다면서 끙끙거려야 한다.

가물가물 떠오르는 기억이 아직도 풀리지 않는 미스터리다. 마침 가족을 비롯해 꽤 많은 사람들이 목격했던 또 다른 자아의 기억을 어떻게 해석해야 할까. 여성 영매에 의해 힘이 빠지고 순식간에 열이 내리고 아무 일도 없었다는 듯이 멀쩡했던 모습의 기억인 것이다. 호모 사피엔스가 놀라운 생존 능력을 발휘한 데는 여러 이유가 있겠지만, 아마 끝모를 호기심도 영향을 미치지 않았을까. 그야말로 호기심 천국이 바로 지구, 그리고 그곳을 뒤덮고 있는 우리 몸인 것이다.

놀이하기는 '재미'와 연관돼 있다. 어떤 현상에 몰두하고 열광한다. 심지어 광분에 찬 태도를 서슴없이 보이기도 한다. 놀이의 본질이다.[33] 사피엔스 집단에서 리더를 자처한 젊은 자는 샤먼을 따라 매우 진지하게 몸짓을 했다. 이른 아침까지 피 냄새를 못 잊은 승냥이 떼가 이리 저리 배회했지만 부락에 직접적인 피해를 주지는 않았다. 어제는 의식을 치르는 날이었지만 오늘은 죽은 양들과 죽은 자를 함께 매장하는 날이다. 유독 심각했던 젊은 리더는 다부진 모습으로 분연히 다시 일어서고자 했다.

집단 환각에 취했을 때나 죽은 자를 매장할 때 즐거움을 참지 못하는 어린아이들이 있었다. 뭘 하든 즐거워서 종일 끽끽거리며 논다. 하루 일과에서 스스로 재미를 찾고 역할극도 곧잘 한다. 서로 술래잡기도 하고 달리기를 한다. 누군가 정교하게 깎아준 나무를 들고 한 자리에서 빙빙도는 어지럼 놀이도 한다. 앞으로 부락을 책임질 사피엔스들의 여정은 또 다른 세계로 진입하고 있다. 아마 진정으로 요구되는 새로운 리더십의 세계일지도 모른다.

제2부

새로운 리더십

01

옛날 옛적, 긴장을 불러일으킨 몸짓

상상과 호기심

옛날 옛적이라고 하면 어디까지 역행해야 할까. 만약 과거로의 시간여행이란 상품이 있다면 어떤 마음이 들까. 흥분과 긴장이 감돌 것은 분명하다. 물론 이미 일어난 일을 바꿀 수 없다는 강력한 조건이 뒤따라야 할 것이다. 개인적으론 사피엔스가 대형 매머드를 잡아 살을 도려내는 장면보다는 거대한 신전을 짓는 과정이 더 흥미로울 것 같다. 그 과정은 과연 어떤 모습일까. 우리 의식에 자리 잡힌 채찍질을 당하는 수만, 수십만 명의 노예가 만들어 갔던 것일까. 혹은 상상을 뛰어넘는 인류 문명을 이룩하는 정교한 사회 시스템을 볼 수 있을까.

과거로 훌쩍 가보면 좋으련만 사료에 근거해 상상을 덧붙이는 것으로 만족해야 할 듯하다. 고대에 수십 년 살다간 사피엔스의 뇌 용량은 한계가 있다. 아무리 후대에 전수해도 몇 번 되풀이되면 왜곡될 수밖에 없다. 농업혁명으로 갑자기 커진 사회 시스템이 정교하게 돌아가기 위해선 머릿속에 남겨두지 않고 어딘가 근거를 남겨야 한다. 특히 거래에 필요한 숫자를 서로 인식해야 한다.[1]

인류가 쓰기로 작정하고 문자를 발명했으니 시간여행이 불가능한 우리로선 천만다행이다. 물론 아직까지 전부 해독하지 못하는 문자가 있다. 바로 메소포타미아 문명의 주인공인 수메르인이 남긴 유산을 모두 이해하지 못했다. 앞으로 최첨단 인공지능(AI)에 기대해도 될까. 반려동물이 주인에게 요구하는 것마저도 해독할 수 있는 날이 멀지 않았다고 하니 기대는 된다.

수메르어를 판독하는 몇 안 되는 학자인 제카라이 시친(Zecharia Sitchin, 1920~2010)은 이 난데없는 문명에 대해 외계로부터의 방문자까지 들고 나왔다. 구약에 등장하는 거인이란 뜻의 네필림(Nefilim)을 '하늘에서 지구로 내려온 자들'로 시각을 확장해 평생 연구의 화두로 삼았다.[2] 수메르 왕 중에 오늘날까지 잘 알려진 길가메시(Gilamesh)의 여정을 그린 강렬한 서사시가 있다. 그는 우르크 문화기(기원전 3500년~기원전 3100년 무렵)의 초창기 지배자로서 청년시절 폭정에 대한 죗값을 치르고자 육지와 바다를 떠돌며 귀국하는 데까지 그린다. 약 3,500행에 이른 서사시에는 인간의 욕망과 같은 근원적 문제를 다룬다.

"내가 본 것은 정말 놀라운 것이라네! 하늘이 떨고 땅이 울었다네. 태양이 사라지고 불꽃이 솟구쳤네. 구름이 솟아오르더니 죽음의 비가 내렸네! 그러더니 광채와 불꽃이 사라졌네. 그리고 땅에 떨어진 것들은 모두 재로 변하더군." 이 문구를 로켓 발사와 비교해 지축이 흔들릴 만큼의 엄청난 굉음과 먼지구름, 연기, 불꽃, 그리고 솟아오른 후 땅에 떨어지는 재를 묘사한 것으로 보았다.[3] 상상은 누구나 자유로운 것이다. 그를

길가메시 석상

통해 미스터리한 고대 문명의 호기심을 증폭시키는 데 도움이 된 사람들도 많을 것이다.

수메르인

　　　　　　메소포타미아 문명은 우바이드 문화기(기원전 5000년~기원전 3500년)로부터 시작됐다. 오늘날 이라크 지역인 유프라테스 강과 티그리스 강에서 실어온 진흙이 쌓여 생긴 충적평야에서 시작된 것이다. 이어 우르크 문화기(기원전 3500년~기원전 3100년 무렵)에서 본격적인 도시 문명이 일어났다.[4] 아프리카 나일강 유역에서도 이집트 선왕조시대(기원전 5500년~기원전 3100년)가 도래했다.

이들로부터 밝혀진 역사적 유물만 봐도 선사시대의 조상이 남긴 것과는 비교할 수 없을 만큼 확연히 차이가 난다. 동굴 안에서 발견된 동물 뼈가 아무리 정교하게 잘려진 채로 남아있다고 하더라도, 230만개 이상의 거석이 배열된 거대 피라미드를 비교할 수는 없는 것이다. 200

만 년이란 기간과 비교해봤을 때 0.5%에 불과한 짧은 시간에 이룩한 오늘날까지의 문명은 실로 놀랍기만 하다.

석기를 다루다 갑자기 불가사의한 문명이 탄생했으니 시친이 표현한 대로 예고 없이 시작된 문명으로 인식했을 법도 하다. 비록 시친이 평생 매달려온 학설을 유사과학으로 치부됐지만 상상력을 자극하기엔 충분하다. 어쨌든 앞으로 인류 문명의 변화는 더욱 속도를 낼 것이다. 혹시 모른다. 수메르 이전 문명이 있을 수 있다는 가설처럼 한순간에 한 줌의 재가 될지 앞으로의 일을 어떻게 알 수 있을까. 사피엔스의 기억 말고도 방대하게 써서 남겼던 글자의 흔적이 사라진다면 말이다.

우르(Ur)란 도시국가에 권투와 레슬링을 유독 좋아하는 청소년이 있었다. 이 수메르인은 학교 수업보다는 땀을 흘리는 것을 좋아했다. 그는 여느 청소년처럼 질풍노도를 겪고 있다. 자신이 갖고 있는 분노를 상대와 맞잡고 힘을 겨루는 행동에서 조절했다. 이 근원적 분노는 아버지의 잔소리로부터 나왔다. 어김없이 오늘 하루의 일과도 성가신 훈계를 들어야 했다. 관료인 아버지는 자신을 이어 자식이 관리가 되길 원했지만 학교를 매번 빠지는 아들을 보며 한 숨을 짓는 것이다. 오천 년 전이나 지금이나 부모 뜻대로 되지 않는 게 자식이 가야할 길인 것은 분명해 보인다. 아버지는 지구라트(Ziggurat)에 들어가 기도를 올리는 길 밖에 없었다. 혹은 술을 마셔 현세를 잊으려 했을까.

수메르인은 이집트인과 달리 죽은 후의 세상보다 현재 세상을 소중히 여겼다.[5] 이집트인에게는 삶과 죽음이 연속이었다. 즉, 부활을 통해 죽은 후에도 새로 태어나는 것으로 인식했다. 수메르인은 오늘날의 다국적 맥주 상품처럼 다양한 종류의 맥주를 만들었다. 흑맥주, 강한 맥주, 달콤한 맥주 등 선택권이 있었던 것이다. 그들은 술에 대해 '마음에 즐거움을 주고 간과 오장육부에 행복을 주는 음료'라고 꽤 낭만적으로

레슬링하는 수메르인

표현했다.[6] 지금 선술집에서 이런 표현을 써도 전혀 어색하지 않은 애
주가들의 시구처럼 들린다.

수메르 문학 작품에는 요즘 표현으로 비행 청소년 아들을 걱정하는
얘기가 등장한다. 아들에게 방황하지 않길 바란다. 또한 학교에 가길
원하고 과제물을 빠짐없이 암송하길 권한다. 가방을 열어 점토판을 꺼
내 쓰고 조수에게 도와달라고 하라고 한다. 과제가 끝나면 감독관에게
보고하고 거리를 배회하지 말라고 강하게 얘기하는 내용이다.[7]

아버지 입장에선 격렬한 스포츠보다는 수메르인이 즐겼던 달리기,
수영., 낚시, 노젓기나 보드게임을 즐기길 바랐을까. 실제 우르의 귀족
무덤에서 조각을 보관하는 서랍과 보드게임 장치, 아이들의 장난감인
이륜전차와 배도 발견됐다.[8] 딸에 대한 훈계의 수메르인의 기록은 현재
까진 없다고 한다. 물론 수천 년 전의 남아있는 기록만으로 아들만 일
탈했다고 단정을 지을 순 없다. 다만 개인적으론 괜히 걱정되는 대목이
기도 하면서 웃음도 나온다.

미국 뉴욕에 가면 유명한 미술관들이 있다. 특히 한 시대를 풍미한
프랭크 로이드 라이트(Frank Lloyd Wright, 1867~1959)의 구겐하임 미술

지구라트와 구겐하임 미술관

관은 매우 독특한 형태를 지녔다. 이 스타일은 우르크 문화기(기원전 3500년~기원전 3100년 무렵) 때 이미 수메르 인들이 선보였다. 개인과 신을 연결하는 지구라트라는 신전이다. 유프라테스강 유역의 도시국가 우르크(Uruk)에 세워진 건축물이 가장 오래됐다. 이후 수메르의 전성기라 할 수 있는 우르 제3왕조 시대(기원전 2112년~기원전 2004년)에도 지구라트는 신의 인공적인 거주지가 됐다. 도시의 보호자인 신이 존재하고, 개인은 도시의 소속감을 드러냈던 매우 중요한 공간이었다.[9]

말을 듣지 않은 아들을 위해 아버지는 매일 지구라트(Ziggurat)에 들어가 신에게 염원하는 것 외에는 딱히 좋은 방법이 없었다. 왕과 귀족, 사제와 부유한 상인들은 생활과 밀접한 지적훈련을 선호했다. 반면 항상 전쟁의 위험 속에 노출되다 보니 전투 스포츠는 매우 중요한 활동으로 농민과 군인의 몫이었다. 귀족과 군 지휘관은 전쟁기술에 필요한 다양한 신체능력을 훈련시킬 준비가 돼 있었다.

제2부 새로운 리더십

긴장감과 경계심

　　　　　　　　　　이 시대의 사상가이자 철학자 도올 김용옥의 표현을 빌려보자. 인류문명의 최고(最高)의 양대 축인 수메르와 이집트에 대해 양(陽)과 음(陰)으로 묘사했다. 그들이 남긴 부조를 보면 수메르는 매우 공격적이고 이방인에 대해 경계심을 늦추지 않았다. 반면 이집트 조각에는 전쟁의 묘사는 있지만 외부에 대해 포용적 느낌을 살렸다. 전자는 대부분 도출돼 있는 부조이고 후자는 대체로 평면에 새겨져 있다. 메소포타미아 지역은 지정학적으로 외부의 공격에 노출될 수 있을 만큼 긴장의 연속이었다. 나일 유역은 풍요로움과 고립된 안정감을 주는 문명을 일굴 수 있었던 조건의 차이일 수 있다.[10]

　　높이 약 21.6센티미터, 폭 약 49.5센티미터 크기의 모자이크 그림으로 남겨진 '우르의 스탠더드'(기원전 2600년 무렵)에는 전쟁이 매우 사실적으로 묘사돼 있다. 전차 한 대가 속도를 내고 그 아래에는 적들의 시체가 나뒹군다. 포로의 머리와 가슴에는 피가 철철 흐르듯 물결선으로 표현돼 수메르 화가의 뛰어난 묘사력을 보여준다.[11] 또한 아시리아군의 공성포에 이름 모를 여인이 마구 울부짖는 모습도 표현하기도 했다. 이를 비롯해 적들에 대해선 처참하게 부상당하거나 죽은 모습을 생생히 묘사하면서도 단 한명의 아시리아 사람은 그러하지 않았다. 이러한 의도적 묘사를 살펴보면 통치자의 선전술이 이미 발달해 있었다.[12]

　　그 어떤 통치자가 자신과 전쟁터에 나가기만 하면 속수무책으로 당했다는 것을 기록하고 싶을까. 이 시대의 여러 부조에 묘사된 스포츠로는 권투, 레슬링 외에 활쏘기도 있다. 신아시리아 제국 시대(기원전 1000년~기원전 609년)에 치렀던 '라키시 공방전'(기원전 701년)을 묘사한 부조이다. 여기에는 창병, 궁병, 투석기를 쓰는 병사들이 있다.[13] 질서정연한

우르의 스탠더드와 라키시(Lachish) 공방전

것을 보면 얼떨결에 끌려 나온 농민이 아니라 훈련받은 용병의 모습일 수 있다. 체계적인 신체활동과 전쟁 기술을 배운 그들의 표정에는 두려움이란 찾아볼 수 없는 것이다.

효율적인 무기

활쏘기는 이미 약 2만 5천 년 전에 그려진 프랑스와 스페인의 동굴 벽화에도 묘사돼 있다. 사피엔스가 극적으로 살아남았던 여러 요인 중에서 활과 화살을 다루는 기술은 그 무엇과도 바꿀 수 없는 것이다. 근거리보다 떨어진 거리에서의 먹잇감을 잡은 행위는 짜릿함 이전에 사냥꾼의 생명을 보호해 줄 환경을 만들었을 가능성이 높아졌다.

활과 화살은 수렵채취를 위해 사용했던 장비에서 같은 종을 살상하는 무기가 된 것이다. 하늘에서 수천수만 개의 화살이 날아온다고 생각

제2부 새로운 리더십

해보라. 마치 먹구름처럼 하늘을 뒤덮을 만큼 태양을 가리며 낙하한다면 그 누구도 극도의 두려움을 피할 수 없었을 것이다.

어떤 힘에 의해 공중으로 추진돼 날아가는 투사체는 중력과 주위의 공간에 있는 공기로부터 저항을 받는다. 오늘날 스포츠에선 투사 결과에 대한 속도, 높이, 거리에 따라 경기력을 평가한다. 다이빙, 도약, 체조는 자신이 신체를 공중에 투사시키고, 투창과 양궁은 끝이 뾰족한 용구를 투사시킨다. 단 하루라도 볼을 차지 않으면 좀이 쑤시는 축구 동호인들도 둥근 형태의 볼을 공중으로 투사시킨다.[14] 이 포물선의 원리를 이해하고 몸으로 익혔을 때 궁병들의 활약이 돋보였을 것이다. 근거리 적과 원거리 적을 직감적으로 혹은 정교한 도구로 파악한 지휘관의 특수한 신호에 따라 활을 쏘았을 것이다.

이 시기에 유명한 왕이 등장한다. 바로 아슈르바니팔(Assurbanipal)로서 기원전 668년에서 기원전 627년까지 통치했다. 그를 묘사한 기록에 따르면 사자가 등장한다. "나는 아슈르바니팔이네, 세상의 왕이며, 아시리아의 왕이다. (중략) 신 너르갈(Nergal)은 초원에서 할 수 있는 모든 기술을 갖도록 했지. (중략) 초원의 야만적인 사자, 산의 무시무시한 짐승들은 나에 대항하여 일어섰지. 젊은 사자무리들은 수 없이 불어났지. (중략) 아슈르와 이쉬타르의 도움으로 나는 창으로 그 사자의 몸을 뚫어버렸네."[15]

스포츠와 역사를 철학적 안목으로 제시한 로버트 매치코프(Robert A. Mechikoff)에 따르면 아슈르바니팔의 사냥기술은 단순한 의식(ritual)보다는 이성(reason)에 기반을 둔 태도로 보았다. 제례복을 입은 왕이 사자사냥을 하고 죽은 사자에게 와인을 붓는 행동을 하고 있다. 이 의식을 통해 왕은 악(사자)을 제거한 것이며 힘과 미덕을 보여줄 수 있었다.[16] 실제 메소포타미아 지역에서는 사자의 빈번한 출현으로 사람들에게 매우 두려운 존재로 인식해 있었다. 아시리아의 왕들을 통해 천 마리 이상의 사

아슈르바니팔의 사자사냥

자를 죽였다고 전해지고 있다. 새로운 리더의 모습을 보여주기에 이만
한 이벤트도 없었을 것이다.

제2부 새로운 리더십

02

풍요로운 도전, 나일강의 그들

이집트인

인류 문명의 발상지인 4대 강역은 나일강, 티크리스·유프라테스강, 인더스·갠지스강, 황하유역이다. 오로지 나일강역에 속하는 이집트 문명만 아프리카 대륙에 속해 있고, 나머지는 아시아 대륙에 있다. 도올에 따르면 서방기독교 문명권을 지칭한 서양(the West)이라고 하는 인식이 자칫 인류 문명 발상지로 인식되는 오류를 범하고 있다고 보았다.[1] 이러한 오류는 인류문명의 시원을 고대 그리스·로마 문명이라고 하는 고착화된 인식마저 남겼다. 분명한 사실은 이집트의 대피라미드가 아테네 파르테논 신전보다 무려 2000년 이상이나 앞선 경이로운 문명이다.[2]

나일유역은 호모 사피엔스에게 제공했던 가장 밀도 높은 문명의 조건이 됐다. 고대 문명의 발현과 왕조의 흥망 시기를 확정적으로 비정할

피라미드

수 없지만, 대략 기원전 3천 년 경부터 번성했다. 선왕조, 원왕조, 초기 왕조를 거친 후, 고왕조 시대(기원전 21~26세기)로부터 신왕조(기원전 10~15세기)에 이르는 찬란한 문명을 이루게 한 풍요로운 도전인 것이다.[3] 나일강의 범람은 자연의 이치로서 아케트(akhet, 범람기), 페레트(peret, 경작기), 쉐무(shemu, 건조기)의 3절기로 구분한다. 이는 예측 가능한 수위의 변화로서 엄청난 문명을 일구는 데 매우 중요한 환경이 됐다.[4]

총 6,741 킬로미터에 달하는 세계 최대 길이의 나일강이 있다. 이 환경을 풍요롭게 하기 위한 도전은 사피엔스의 놀라운 저력을 보여준 결과로 귀결됐다. 강의 범람을 극복하기 위해 정교한 치수작업 환경이 만들어졌고 대수학, 기하학, 건축, 천문학, 예술 등의 분야에 놀라운 수준의 문명을 창출했다.

쿠푸왕(기원전 25~26세기) 시절에 유명한 석조 장인이 있었다. 4~5개월에 달하는 아케트 시기에 전문 기술자를 동원했다. 나일강이 범람하는 시기였기 때문에 다른 때보다 농사일에 신경을 쓸 이유는 없었다. 그는

제2부 새로운 리더십

파피루스 수영장면

초대형 피라미드 건설에 자발적으로 참여했다. 인근에 기술자들을 위한 거주지가 조성돼 과업을 원활하게 수행하기 위한 조건을 갖추었다.

그의 아들은 스포츠 종목을 좋아했는데 수영을 유달리 잘했다. 하지만 매번 나일강에 떼로 몰려다니는 악어를 조심해야 했다. 겁 없는 아들은 다른 또래 친구들처럼 수영을 즐겼다. 하지만 어느 애비인들 마음을 놓을 수가 있을까. 상류층처럼 수영장을 집 안에 설치하고 싶었지만 녹록하지 않았다. 이집트인들은 기록보존을 위해 파피루스(papyrus)를 고안했다. 나일강 유역에 풍성하게 자라는 갈대와 같은 식물의 잎으로 만들었다. 여기에 오늘날의 오버 핸드 스트로크(over hand stroke)의 수영 영법이 남겨져 있다. 수영은 남녀를 불문하고 이집트인들이 즐겼던 종목이었다.

다양한 몸의 쓰임

수영 외에도 육상, 레슬링, 무용, 체조, 요가를 비롯해 오늘날 하키와 비슷한 스포츠 종목의 흔적도 남아있다. 그들은 정기적으로 경기를 개최함으로써 우승자를 가리기도 했다. 국제경기에서 공정한 심판진에 대해서는 최고의 존경을 표했다고 한다. 이러한 기록으로 고대 그리스 이전에 이미 국제경기를 치렀다는 증거로 제시하기도 한다.[5]

덧붙여 고대 그리스인이 남긴 수많은 화병에는 공정하지 못한 선수들에게 벌을 가하는 심판의 모습이 그려져 있다. 심판이 선수에게 회초리를 들고 따끔하게 혼을 낸다. 어쨌든 고대 그리스인은 능력의 원리를 보다 중요시했던 것이다.[6]

오늘날 축구경기에서 비디오 보조 심판(VAR, Video Assistant Referee) 제도가 도입되면서 판정의 공정함을 향상시키기 위한 노력을 한다. 심판을 보조하기 위해 도입된 제도가 오히려 심판과 관중이 기계에 의존하게 될 상황이다. 판정의 신뢰를 사람보다 기계가 높다고 인식하기 때문이다. 고성능 카메라에도 이토록 의지를 하는데 인공지능(AI)이 본격적으로 도입된다면 어떻게 될까. 기존의 유사한 판정 사례도 달달 꿰차고 있을 테니 말이다. 아날로그적 감성을 유지해야 하는 사피엔스에겐 어떤 심판의 모습을 필요로 할까. 보다 매력적인 역할과 임무를 심판에게 주어져야 이 직무가 존속될 듯하다. 고대 이집트에서나 지금이나 공정함을 잃지 않는 심판의 모습은 중요한 요인이다.

고대 이집트인들은 사냥을 비롯해 음악, 노래와 춤이 어우러지는 체육 활동을 즐겼다. 물론 상류층에 집중된 유희의 수단이었겠지만 삶을 즐기는 데 주저하지 않았다. 풍요로운 환경에서 풍족한 삶을 구가하고

VAR

자 했던 것은 당연했을 것이다. 무용수들은 곡예, 회전, 공중제비 등과 같은 미미크리(mimicry)를 거침없이 보여주었다.

아이들은 공놀이, 굴렁쇠, 구슬, 인형, 팽이 등을 갖고 노는 다양한 놀이 문화를 즐겼다. 나일강변에 서서히 붉게 물들어 가는 기다란 해의 흔적이 점차 사라질 무렵까지 아이들은 시간 가는 줄 모르고 놀았을 것이다. 지금과 별반 다를 게 없던 천진난만한 웃음소리가 끊이지 않았을 터였다. 물론 청소년 시기가 되면 영웅심리가 생겨 부모가 가지 말라고 하는 곳에서도 수영 경기를 했을지도 모른다.

석조 장인은 악어 떼가 우글거리는 강에서 수영을 즐기는 아들의 걱정을 뒤로 한 채, 어김없이 일터로 나갈 수밖에 없었다. 국가적 초대형 사업에 동원될 수밖에 없는 상황이었지만 자발적 감정도 무시하지 못할 참여 동기요인이 됐다. 자신이 온 몸으로 표현할 수 있는 예술적 혼을 담고자 했다. 아들이 좋아하는 수영은 아니지만 레슬링을 묘사했다. 수메르에도 많이 알려진 종목이었다. 오로지 근력과 유연성을 통해서만 이루어지는 사람과 사람 간의 원초적 대결이다. 두 선수가 알몸이면 이보다 태곳적 순수함을 간직한 경쟁도 찾기가 힘들 것이다. 잘 알려진 바와 같이 기원전 776년에 시작된 고대 그리스 올림픽에선 나체로 경

베니하산의 레슬링 벽화

기를 했다.

기원전 2050년경의 베니하산(Beni Hasan)에 레슬링 벽화가 남아있
다. 122쌍의 다양한 레슬링 기술이 묘사돼 있다. 한국의 씨름처럼 샅바
와 같은 띠를 착용한 레슬러도 있다. 두 명의 나체선수 중 한 명이 상대
에게 띠를 건네는 장면도 있다.[7] 이 외에도 고대 이집트 유물을 통해 상
아 칼 손잡이에 조각된 레슬링(기원전 3100년경), 점토판에 조각된 레슬
링(기원전 3100년경), 테베(Thebes)의 티아넨(Tianen)의 레슬링 고분벽화
(기원전 1410년경), 제사장 아멘모스(Amenmos)의 레슬링 항아리(기원전
1300년경)가 전해지고 있다.[8]

예술적 혼

이 시대의 예술가들은 무덤장식을
위한 엄청난 양의 조형예술을 주도했다. 이들은 어느 정도의 독립적 지
위를 갖추었다고 추정할 수 있다. 하지만 대개 무명의 수공업자로서 자
리를 묵묵히 지켰다. 작업의 우두머리급 건축가 또는 조각가 외에는 자
신의 작품에 서명하는 법이 없었다. 그리스와 로마 시대 때도 그러했지
만 문필가에 비해 화가와 조각가의 지위가 보잘 것 없었다. 후대보다

이 직업의 평가가 오히려 더 박했던 모양이다.[9]

그들이 이룬 엄청난 문명의 수준을 놓고 왜곡된 시선이 적지 않다. 흔히 이집트 파라오를 위한 채찍질을 앞세운 수만 명의 노예(slave)가 동원된 피라미드 건설을 상상한다. 실제로 전쟁에서 얻은 외국 포로들을 노예로 바라봤지만 그들을 학대하는 행위는 수치스러운 일로 여겼다고 한다. 신분적 계층으로 분류된 하층민을 노예보다 종(servant)이란 상식적 개념으로 이해해야 할 것이다.[10] 이러한 잘못된 시각은 귀납적 연구에 의한 사실보다 관념적 연역의 주장이 오늘날까지 자리가 잡힌 것이다.[11]

이로써 지중해와 유럽의 지정학적 위치에 놓인 그리스와 로마 문명의 시작점을 강조하고 싶어 했는지도 모른다. 아시아와 아프리카 지역에서 몇 천 년 전에 발원한 메소포타미아와 이집트 문명 대신 말이다. 덧붙여 일각에선 외계문명의 산물이란 유사 학설도 끊임없이 퍼뜨린다.

노예 환경과 지구 밖 문명을 버무린 헐리웃 영화도 있었으니 그럴 만도 하겠다. 상상은 자유지만 인류의 수준을 너무 낮게 본 것은 아닐까. 아무리 자연선택의 소산인 사피엔스의 겸허함을 드러낼 필요는 있다고 해도 말이다. 방대하고 정교한 예술작품이 통치 집단의 폭압에 의해서 과연 가능할까. 사피엔스 몸에서 발현한 예술적 혼을 그토록 단순화해서 해석할 수 있을까. 상상력을 재현할 수 있는 고도로 축적된 인류의 기술은 그때나 지금이나 계속 확장되는 것이다.

이집트하면 떠올리는 상징물이 피라미드 외에도 파라오의 미라가 있다. 수메르인과 비교했을 때 대표적인 차이로서 사후 영생을 보장하는 일에 몰입했다. 죽은 육신의 뇌는 쓸모없다고 생각하여 두개골을 부수고 금속 꼬챙이로 코를 통해 긁어냈다. 천연 나트륨이 함유된 탄산염 광물로 내장이 빈 몸체를 한 달 정도 절인 후 건조시켰다. 완전히 마르면 속을 채웠다. 여자 가슴은 솜뭉치로 채우고 부서지기 쉬운 손가락과 발가락을 보호대와 무명끈으로 감쌌다. 몸체도 무명끈으로 돌돌 감쌈으로써 그들에겐 몸은 죽었지만 영혼은 살아있는 것이 됐다.[12]

고대 이집트인의 예술은 3천 년 가량 아무런 변화 없이 일정하게 유지됐다. 특히 지독하게도 고집한 전통 양식 중에서 카논(canon)이라 부르는 비례의 법칙을 처음 개발했다. 인간 몸의 외면적 아름다움을 카논을 통해 이상적으로 그리고자 했다. 물론 실제 인물의 비례와는 차이가 있었다. 예를 들어 어린아이 신체마저도 어른의 비례를 적용함에 따라 어른의 축소판으로 만들었다. 이와 같이 개별적인 변이의 가능성을 고려하지 않았지만 사피엔스의 몸에 대해 가장 이상적인 모습을 재현하고자 했던 시도이다.[13]

속도와 균형

그들은 천혜의 자연환경에서 지냈지만 수메르인과 마찬가지로 군사적 신체 활동을 등한시할 수는 없었다. 활과 활쏘기를 다루는 기술을 검증하는 대회를 개최하기도 했다. 전투원 중에서 궁사의 역할이 돋보일 수밖에 없었다. 특히 잘 달리면서 적을 쏠 수 있는 능력은 무엇보다 중요했다. 궁사 다음으로 백병전에 능한 보병의 전투력을 필요로 했다.[14]

속도를 부추겼던 것은 바퀴가 두 개인 이륜전차 부대가 있었기 때문이다. 고대 이집트에서 상류층의 젊은 남자들은 이륜마차 부대에 편입됐다. 이들이 이륜전차를 타고 전쟁터에 나가는 모습은 흔했다고 한다.[15] 바퀴의 발명과 이륜전차의 기술 전파는 수메르인으로부터 비롯됐다. 기원전 3500년경에 도자기를 만들 때 쓰는 돌림판이 메소포타미아

이륜전차

지역에서 최초로 나타났다. 그로부터 300여년이 흐른 시점에 최초로 차축이 있는 바퀴를 발명했다. 기원전 2800년경에는 독자적으로 중국에서 바퀴가 개발되기도 했다.[16] 서로 교류가 없었을 시기에 사피엔스가 유사한 생활양식을 창안한 것이다.

고대 이집트에서는 국방력을 강화하기 위해 외국 용병에게 의존했다. 예나 지금이나 강대국의 외국용병 제도는 공고했다. 그들은 최일선에서 용맹함을 드러내야 했을 것이다. 또한 적으로부터 생포한 노예를 통해 사병으로 채우기도 했다.

기원전 2500년경 수메르의 중장보병들은 청동 투구를 쓰고 방패와 창으로 무장했다. 거대한 밀집 대형을 이루며 효과적으로 적과 싸웠다. 이 시기에 세 마리의 말이 끄는 사륜전차가 출현했다. 기원전 1800년경 이륜전차가 개발되면서 더욱 공격적인 무기로 발전한 것이다. 이 기술이 기원전 1500년경에 이집트에서 받아들여 주력부대가 됐다.[17]

이를 위해 중요한 것은 속도이다. 빨리 달리기 위한 신체활동과 빨리 굴러가게 하기 위한 바퀴의 움직임은 전쟁 승패의 중요한 요인이었을 것이다. 이륜마차의 속도가 최대 시속 50~60 킬로미터까지 낼 수 있었다고 하니 사람의 신체 조건을 훨씬 능가했다. 이 수준의 속도에 맞춰 신속하게 움직여야 하는 전투원들에겐 엄청난 고행이었을 것이다. 이들은 신체조건을 향상시키기 위한 노력을 게을리 하지 않았다.

고대 이집트 제19왕조 제3대 파라오인 람세스 2세 시기의 이륜전차를 묘사한 부조가 있다. 테베의 라메세움에 있는 부조로서 파라오가 입고 있는 비늘 갑옷과 날렵한 이륜전차를 묘사하고 있다. 본격적인 보병들의 전투에 앞서 궁수나 전차병의 전초전 와중에 리더십을 발휘할 수 있었다고 한다.[18]

동력을 얻기 위한 노력

유구한 역사를 간직한 메소포타미아와 이집트 문명도 결국 사라졌다. 메소포타미아는 바빌로니아(기원전 1900년경), 아시리아(기원전 1100년경), 신바빌로니아(기원전 600년경)의 찬란한 문명을 일구다가 기원전 538년에 페르시아에 의해 역사 속에서 사라졌다. 이집트도 제26왕조를 끝으로 기원전 525년에 페르시아에 의해 멸망됐다. 이는 키루스 왕이 점령하지 못했던 이집트를 아케메네스 제국의 캄비세스 2세가 점령한 것이다. 오늘날 이란의 한 주(州)인 파르스에서 유래된 페르시아는 기원전 538년 키루스왕에 의해 건설됐다. 물론 이들도 그 유명한 마케도니아의 알렉산드로스 왕에 의해 기원전 331년에 멸망했다.

페르시아가 차지했던 영토는 카스피해에서 페르시아만에 이를 정도로 광대했다. 이 주변을 둘러싼 아리안족과의 싸움은 치열할 수밖에 없

　　　　　제2부 새로운 리더십

오늘날의 쿠슈티

었다. 기록에 따르면 여섯 살이 될 때까지는 집안에서 조로아스터(Zoroaster)
교리를 배웠다. 일곱 살에서 열네 살까지는 신체 훈련과 군사 훈련을 국가
시스템 내에서 교육을 받았다. 귀족 자제들은 군사적 교육을 목적으로
훈련을 받았다. 사병을 지휘할 수준에 도달하기 위한 체계적인 프로그
램을 수행했을 것이다. 이를 위해 궁술, 투창, 승마, 투석 등에 이르기까
지 고대에서 행해졌던 군사적 기술을 연마하는 데 집중했다.

오늘날 이란에는 페르시아어로 쿠슈티(Kushti 혹은 Koshiti)라 불리는
전통 레슬링이 있다. 조로아스터교도의 허리에 두르는 고정 띠(Kusti)에
서 유래됐다. 지금은 거의 사용하지 않지만 한국 씨름처럼 샅바를 잡는
방식과 동일했던 것이다.[19] 고대 페르시아에서도 상대 허리에 두른 띠
를 잡고 메치는 훈련을 거듭했을 것이다. 근력, 순발력, 유연성을 기르
고 담력을 부여하고자 한 것이다. 두려움을 이겨내는 방식으로 신체조
성이 왕성한 청소년기에 집중적으로 교육을 시켰다. 거대 제국을 유지
하기 위한 고대인들의 몸은 지칠 줄 모르고 타올랐을 것이다.

사피엔스는 끊임없이 동력(動力)을 얻고자 했다. 희멀건 몸뚱이를 활용한 인력(人力)에서 축력(畜力)을 더했다. 기원전 9500~8500년경 터키와 이란의 일부 지역에서부터 시작된 농업의 시작은 엄청난 변화를 가져왔다. 수천 년에 걸쳐 가축을 기르고 작물을 재배하는 역량이 축적됐다. 수십만 년 전 그들의 조상은 외부 적을 방어하고자 협업이란 것을 활용했다. 후손들도 정교한 협력 시스템을 자꾸 키웠다. 그러다보니 서로 지근거리에 붙어살아야 했고, 국가 통제 시스템으로 관리를 해야 하니 계급이 생겼다. 소수 통치 집단은 세금을 거둬야 하니 다수의 작업량이 늘어나게 할 수밖에 없었다. 아이들을 성인이 되기 전 강인한 육체로 성장시켜야 미래의 안전을 담보할 수 있는 존재가 된 것이다. 자발적인 놀이로 시작한 다양한 신체활동과 진지한 군사훈련 활동을 병존시켰다.

기원전 3500년경에는 가축과 작물을 통제하는 기술이 완성됐다. 그들은 손만 대면 미끄러지게 돌아가는 바퀴를 만들었다. 동력을 써서 작업하는 기초적인 장치에서 만족하지 않았다. 풍력(風力)과 수력(水力)을 통해 자연과 우주의 원리를 깨우쳤다. 이들은 기계의 원리를 끊임없이 연구하고 응용해 찬탄을 금치 못하는 수준의 초대형 건축물을 축조했다.

사피엔스의 여정을 어떻게 막을 것인가. 깊이 생각하며 두 발로 걷고 두 손을 활용한 이들은 쉬지 않고 또 도약을 할 것이다. 단 하루도 쉬지 않고 동이 떠오르는 아득한 저편에서도 사피엔스의 몸짓은 앞으로 나아가고 있다.

03

동방의 신비로운 엑스타시스

욕망의 억제

바다로부터 습한 기운이 몰려왔다. 그녀는 요가 자세를 취하고 있는 사람들에게 이번 여름의 우기를 조심하라고 당부했다. 유달리 덥고 습할 거라고 예측했다. 덥고 건조한 겨울이 지나면 매번 사람들에게 알려주었다. 그녀는 마우리아 왕조에서 아소카왕(Asoka, 재위: 기원전 268년~기원전 232년) 시기의 사회 최고 계급에 속한 자제였다. 자신의 능력에 따라 수련법을 전수하고 있다. 지난겨울이 시기가 짧고 비가 많이 내려 이번 여름에도 유별나게 비가 많이 올 것 같다고 일러준 것이다. 인도의 열대몬순기후는 사람들의 야외 활동을 방해하는 요소로 작용했다. 잦은 비와 모래바람이 겹쳐 외부 출입을 매우 불편해 했다.

오늘날에도 전 세계적으로 인도의 대표적 상품을 요가(Yoga)로 꼽는 데 마다할 이유가 없다. 현대인에게 중요한 삶의 자세가 됐다. 요가는 '매듭짓는다'라는 의미를 지닌 '유지(Yuj-)'에서 파생된 말로서 마음을 결속시키는 정신집중과 같다.[1] 요가수행을 하는 이유는 절대 자아와 브라마(brama)를 합일시킴으로써 시간, 공간, 인과의 사슬로부터 자유를 얻기 위함이다.

고대 인도의 불교도가 추구한 금욕주의는 기본적으로 비폭력을 중시했다. 세속적인 것에는 무심하였다. 스포츠와 오락과 같은 재미있는 신체활동을 권장할 리가 없었다. 힌두교도 역시 정신세계만이 절대적 가치로 삼았기 때문에 물질적 이익이나 쾌락적 추구에 대해선 가치를 부여하지 않았다.[2]

자유로움을 얻는다는 의미가 개인의 욕망과 개성을 억제한다는 역설적 의미를 갖는다. 사피엔스의 몸이 바라는 욕구를 정신으로 감싸기 위해 그 몸을 고행이라고 할 수 있을 정도의 금욕을 행했다. 후세에 암흑시대(Dark Age)라 불리는 서구 중세의 의식이 인더스·갠지스 강 유역을 중심으로 수천 년 전에 이루어진 것이다.

구분 짓는 습성

기원전 2500년경부터 인더스강 유역 상류에는 하라파(Harappa), 하류에는 모헨조다로(Mohenjo Daro) 문명을 태동시켰다. 이 문명은 이집트, 메소포타미아, 페르시아 문명을 잇는 연속적 일체를 보여주고 있다. 현대인이 상상했던 것보다 훨씬 뛰어넘는 이동 본능이 있었던 것이다. 매우 활발하고 자유로운 교류의 산물로서 동방의 문명을 낳았다.

아시아와 아프리카 대륙에서 태동한 문명을 놓고 바라보면 서쪽은

제2부 새로운 리더십

신화적이고 초월적인 성격이 강하다. 반면 인도와 중국을 연결하는 동쪽 문명은 인문적이고 내재적이다. 초창기 하라파 문명은 토착세력과 아리안족과의 융합적 요소로 시작했다. 이후 갠지스강 유역을 중심으로 찬란한 문명을 일구었다.[3]

현재 파키스탄에서 가장 비옥한 펀자브 지역을 중심으로 융성했던 하라파 문명은 대략 기원전 1700년경 쇠퇴했다. 이를 계기로 수많은 사람들은 갠지스강으로 이동했다. 혈연유대 중심의 작은 규모로 살아온 종족사회를 유지하다가 변화를 맞이한 셈이다. 그렇다고 갠지스강으로 이어진 일상에서 누리는 삶의 방식이 크게 변화할 이유가 없었다. 몬순 기후를 잘 이겨내고 가족과 친지들끼리 행복하게 살면 됐던 것이다.

하지만 유목민족이었던 아리안족의 침략으로 변화는 불가피하게 됐다. 베다 신화를 통해선 두 마리 혹은 네 마리의 말이 이끄는 이륜전차에서 활쏘기에 능한 기동성 좋은 아리안족을 묘사하고 있다. 말을 탄 기병의 모습은 나와 있지 않지만 토착민에 비해 육체적으로나 정신적으로 우세했다.[4]

기본적으로 노예제도로 영토를 운영하고자 했던 그들과의 인식차이가 생겼다. 아리안계와 비아리안계의 이원적 대립으로 모든 것을 설명할 수는 없다. 다만 사적인 느낌의 종족사회와 공적인 느낌의 국가는 확연한 차이를 드러냈을 것이다. 이러한 대립적 성격의 사회는 요동칠 수밖에 없었을 것이다. 이러한 변혁기에 인류사에 한 획을 긋는 인물이 탄생했다. 바로 싯달타(기원전 624년~기원전 544년 추정)이다. 붓다의 불교가 탄생한 배경은 혼돈을 거듭했던 시기다. 종족적 유대관계의 상실, 도시국가 출현과 상공업 발달, 화폐 유통, 향락주의와 도덕적 해이, 과도기적 정치체제 등으로 매우 복잡하게 얽혀 있었다.[5]

지금도 존재하는 카스트 제도는 외부의 아리안족이 오랜 기간 동안 지배하면서 생겨났다. 즉, 브라만(Brahmans, 승려), 크샤트리아(Kshatriya, 무사), 바이샤(Vaisya, 상인, 농민), 수드라(Shudra, 노예)이다. 처음엔 사회적 기능에 따라 분류했지만 점차 신분계급으로 고착화됐고 21세기에도 존재한다.

사피엔스는 먹이 사슬의 최고 정점에 이르고자 했던 치열한 경쟁을 다하고 나니 새로운 경쟁을 필요로 했다. 가축화에 성공하고 농경사회에 안착되고 나니 완벽한 경계를 만들고자 했다. 서로 넘나들지 못하게 하는 관습을 그 어떤 상식적 기준을 갖고도 극복하기 어려웠다. 비록 눈에 보이지 않더라도 자본주의로 탄생한 계층의 위력을 버젓이 체감하면서 살고 있다. 소소한 일상에서도 어김없이 등장한다. 이 풍토가 많이 사라졌지만 첫 대면에서 별 거를 다 캐묻는다. 나이로 시작해 학번, 학벌, 지역, 거주방식, 심지어 지난 직장의 연봉 등에 이르기까지 신상 털기 종합선물세트를 한 아름 안겨다 준다. 서로 구분을 짓고자 하는 습성이 여전히 살아있다.

카스트 제도까지 들먹일 비약적 이슈는 아닐지언정 무얼 그렇게 무자르듯 구분 짓는 걸까. 하기야 현대 마케팅에선 사회계층(social class)을 잘 분석하는 마케터가 각광받는 시대이니 첫 대면에서 무례하게 묻든, 뒤에서 신상을 캐든 간에 크게 개의치도 않게 됐다.

붓다 생애에서 추구한 태도가 그 사회의 생명력을 다하고 있다는 증거로 인식할 수 있다.[6] 다만 꺼져가는 생명력을 지닌 사회에서 거대한 사상을 남겼다는 점을 눈여겨보게 된다. 세상이 극도로 어지러워야 새로운 질서가 생기는 걸까. 한 번도 경험하지 못했던 바이러스 팬데믹 공포를 체감해야 망각 대신 기억을 갖고 대비하게 되는 걸까. 붓다의 사상은 그 어떤 형태의 전쟁과 같은 갈등을 불러온 적이 없다.

싯다르타

무아(無我)와 공심(公心)

고대 인도에서는 붓다 이전에 이미 베다문학과 우파니샤드 경전을 통해 심오한 철학사상이 있었다. 업보, 윤회, 해탈과 같은 기본개념뿐만 아니라 모든 신적 존재를 '없는 존재'로 만들었다. 불교에서 무아(無我, anātman)란 개념을 낳은 것이다.[7] 일체의 존재에 대해 무상한 것으로 여기게 되면 '나'란 존재는 없는 것이다. 즉, 공(空)일 뿐이다.

현대 세계에서도 리더를 자처한 자는 사심(私心)보다 공심(公心)이 앞서야 한다. 갈등을 조장하는 것이 아니라 조정해야 한다. 종종 선진국이라 자처한 나라에서 새로운 실험대를 선보이곤 한다. 즉, 사심을 공심으로 위장하여 덮고 있다. 그 사회가 앞으로 어떻게 갈 것인가. 개인의 욕망이 극단으로 치달을지 혹은 사회적 정화 시스템이 작용할지 늘 관심사를 불러일으키게 됐다. 후자에 방점을 두고 성공한다면 자본주의의 극단에 대해 비판하면서도 민주주의의 정화기능에 대해 후한 점수를 주게 될 것이다. 혹은 사심이 숨어있는 민주주의란 허명을 극복할 대안을 찾게 될 지도 모른다.

인류의 역사는 전쟁의 역사라 해도 과언이 아닐 만큼 수천수만의 횟수를 거듭했다. 권력과 정치의 문제로 일으켰다고 착각할지는 모르겠지만 실상 개인의 자만과 허영, 위신에 대한 욕망과 과시하고 싶은 우월적 심리가 더 우세했다.[8] 아무리 세련된 포장과 정치적 수사를 동원해도 개인의 욕망 때문에 그릇된 결과를 가져 온다는 사실을 겪었다. 민주주의 사회라 믿었지만 갈 길이 한창 멀다는 것을 알게 했다. 붓다 스스로 신의 존재를 없앰으로써 가공된 스토리텔링을 없앴다. 사사로운 마음을 없애는 것이 어떤 고행보다 힘들다는 것을 보여주었다.

불교의 무아는 곧 신이 존재해야만 하는 관념에서 벗어나게 했다. 아시아와 아프리카에서 고대문명이 태동하고 페르시아를 거쳐 인더스강에 이르렀다. 이후 갠지스강에 이르는 동안 초자연적인 세계의 신성(神性, divinity)은 점차 희미해져 간 것이다.[9]

다양하고도 내밀한 사피엔스 몸

인도 철학은 베다의 권위를 중시한다. 이를 인정하는 사상들을 전통사상(astika)이라 부르는데 기원전 700년경에 시작됐다. 이후 서기 400년경에 절정을 이루었던 힌두이즘(Hinduism)이 주요한 철학적 흐름을 주도하게 됐다. 대표적으로 육파철학이 있다. 상키야(Samkhya), 요가(Yoga), 베단타(Vedanta), 미망사(Mimamsa), 바이세시카(Vaisesika), 니야야(Niyaya) 학파들을 말한다.

반면 베다 권위를 인정하지 않는 사상을 외도(nastika)로 분류하는 데 자이나교(Jainism), 차르바카(Carvaka)와 함께 불교(Buddhism)가 여기에 속한다. 육파 철학은 몸과 마음을 별도로 바라보지만 어느 한쪽을 편향해서 설명하지 않는다. 또한 육파 철학뿐만 아니라 외도에서도 궁극적으로 고통으로부터 벗어나는 것을 인생의 목표로 삼았다. 이를 위해 요가의 실천은 매우 중요한 행동양식이었다.[10]

풍성한 사상을 고민하고 전수하는 시대적 환경이 이어졌다. '가까이 다가와 그 아래에 앉는다'란 의미를 지닌 우파니샤드는 힌두교의 이론적·사상적 토대를 이룬 철학적 문헌들의 집성체다. 자격을 갖춘 스승과 배움을 얻고자 하는 제자 간의 일대일 교육방식이다. 진지한 대화를 통해 다른 사람의 참여를 허용하지 않아 '비밀의 모임'이라는 의미도 있다.[11]

우파니샤드를 설명하는 두 가지 원리는 브라흐만(Brahman)과 아트만(我, ātman)이다. 전자는 우주적인 모든 세계를 의미하며 불멸의 실제이다. 후자는 인간의 내면적 자아로 만물의 생명원리를 뜻한다.[12] 즉, 사람이 경험하는 세상의 모든 것은 여기서 비롯됐다고 여겼다. 이 우주에 아트만이 아닌 것은 없는 것이다. 사람의 몸이든 영혼이든 다를 바 없다고 여겼다. 다시 말해 같은 존재인 것이다.

이러한 인식으로부터 고대 인도인들은 다섯 가지 몸으로 분류했다. 마치 양파껍질을 벗겨내듯 겹겹이 감싸는 구조이다. 즉, 양분으로 이루어진 몸(annamaya kosa), 숨으로 이루어진 몸(pranamaya kosa), 그 안에 마음으로 이루어진 몸(manomaya kosa), 더 안에 지성으로 이루어진 몸(vijnanamaya kosa), 가장 깊은 곳에 희열로 이루어진 몸(annadamaya kosa)이다.[13]

말만 들어도 대단히 낭만적이고 시적인 어감을 느끼게 한다. 사피엔스의 몸뚱이를 이토록 섬세하게 체화할 수 있는 것이다. 옛날하고도 더먼 옛날 옛적 두 발로 걷고 두 손엔 무언가를 들고 어기적거렸던 그들이

우파니샤드

었다. 자연과 동물을 숭상하며 곳곳에서 샤머니즘이 살아 숨 쉬었다.

　머나먼 서쪽에서는 입이 벌어지게 만들 정도의 초대형 축조물도 올렸다. 그것도 매우 정교하게 말이다. 한낱 뇌로 전달받은 신호로 작동하던 껍데기가 갠지스 유역에서 내밀한 차원으로까지 발전을 한 것이다. 멀고도 먼 여정을 거쳐 여기까지 온 것이다. 각종 양분과 근골격으로 이루어진 육체란 물리적 공간이 진정한 희열을 가져다주는 심리적 공간의 위상을 갖추게 됐다.

　현대인은 지금 이 순간에도 하던 일 멈추고 체육관(Gym)으로 달려간다. 운동을 한다는 것은 다양한 자극들(stimuli)을 받는다는 것이다. 평범한 몸에 뭔가 자극을 주게 되면 반응(response)이 따라온다. 심혈관계, 호흡계, 신경계, 근골격계, 내분비계, 소화계 등에 어떤 형식으로든 반응을 일으킨다. 그럼, 왜 반응이 중요할까? 바로 항상성(homeostasis)을 유지하기 위함이다. 일관됨을 유지하는 게 만만치 않은 작업이다. 그걸 위해 인위적인 노력이 필요하다. 그 노력은 어떤 의미가 있을까? 바로 적응(adaptation)에 관한 문제다. 인체 각 계통에서 형태적이고 기능적인 개선을 불러일으킨다. 결론은 운동하면 반응하게 되고, 적응하는 과정을 통해 항상성을 유지하는 것이다.

우리 신경계통은 중추신경(cental nerves)과 말초신경(peripheral nerves)으로 나눈다. 중추신경은 뇌와 척수로 이루어져 있고 신경계의 종합 사령부 역할을 한다. 말초신경은 구심성 말초신경과 원심성 말초신경으로 구분한다. 구심성은 밖에서 안으로, 원심성은 안에서 밖으로 가는 속성이다. 구심성 말초신경에서는 뜨겁다, 차갑다, 눈부시다, 냄새 난다 등의 감각자극과 관련돼 있다.

원심성 말초신경은 다시 두 가지로 분류할 수 있다. 체성신경계와 자율신경계이다. 앞서 언급한 안에서 밖으로 가는 원심성을 갖는다. 즉, 안에서 밖으로 명령을 내려 반응한다고 이해하면 된다. 체성신경계는 운동신경과 관련돼 있다. 즉, 골격근으로 반응을 일으키도록 명령을 내린다. 자율신경계는 또 두 가지로 분류할 수 있다. 심장, 땀샘과 관련한 교감신경(sympathetic nerves)과 호르몬, 체온과 관련한 부교감 신경(parasympathetic nerves)이 있다. 원심성 말초신경으로부터 앞서 언급한 골격근, 심장, 땀샘, 호르몬, 체온의 반응을 일으키는 모든 것을 효과기라 한다.[14]

모두 중요하지만 눈여겨볼 부분은 교감과 부교감 신경이다. 교감신경이 자극을 받으면 어떻게 될까. 우리 몸은 전쟁상태가 된다. 부교감신경이 자극을 받으면 우리 몸은 평화 상태가 된다. 다시 말해 맥박, 혈압이 감소하고 소화를 촉진시키는 억제성을 갖는다. 신경계에선 신체활동에 포함되는 인간의 사고, 감정, 행동을 조절한다. 우리 스스로 컨트롤할 수 있는 영역이다. 우리 몸과 마음을 평화 상태로 유지하기 위해 노력할 수밖에 없다.

심오한 요가

이토록 심오한 몸에 대해 고대 인도 인들은 어떻게 바라봤을까. 그들이 몸을 활용하는 방식은 정적이었다. 땀을 흘리는 방식보다 호흡을 통한 정신 수양과 심신 단련을 선호했다. 깊이 있는 철학사상의 실천적 과정에서 이 방식을 택했다. 또한 기력을 쇠퇴시키는 기후조건으로 인해 격렬한 신체활동이 오히려 좋지 않다고 여겼을 것이다.

물론 영토를 지키기 위한 전투 기술로서 궁술, 창술, 포승 던지기, 도끼 사용법 등도 행해졌지만, 사회문화적 체육·스포츠 활동으로는 이어지지 않았다. 사람은 몸과 마음뿐만 아니라 감정과 욕망으로 범벅이 된 존재다. 고대 인도인들은 요가를 통해 동시에 정화가 되길 바랐다.

나도 요가를 짧게 경험한 적이 있다. 어릴 적엔 다소 격하게 태권도를 했다. 군에 있을 때는 일주일 한 번 실시하는 태권도 교관을 맡아 다리 찢기 등의 합법적 교육으로 상사들을 조금 골탕을 먹인 적도 있다. 사회에선 아주 짧게 검도를 한 적도 있었는데 군에서 다친 무릎 연골이 좋지 않아 오랜 기간을 하지 못했다. 웨이트 트레이닝과 수영도 즐겼지만 언제부터인가 요가를 배우고 싶다는 강렬한 욕망이 있었다. 아마 내 자신의 몸이 유연하지 않으면 어딘가 고장이 날 것 같다는 막연한 생각을 했던 것 같다.

어느 순간, 요가 학원에 등록을 해 들뜬 마음으로 개강일만 기다렸는데 결과는 환불을 해 줄 것이니 오지 말라는 것이었다. 남자 수강생이 혼자라서 다른 수강생들이 불편할 수 있다는 이유다. 현대사회의 서비스 품질 척도(service quality scale)를 들먹이지 않아도 신뢰성을 저해하는 주체 측 발언에 조금 이해가 안 갔다. 10여 년도 더 된 얘기라 당시엔 남성에겐 어울리지 않는 운동으로 생각했을까. 여성보다 유연하지 못한 몸을 가진 남성에게 보다 필요할 텐데 말이다.

시간이 다소 흘러 책상 앞에 오래 앉아야 하는 직업수행을 이어나갔다. 이 관성으로 인해 몸은 고장 나기 직전까지 갔다. 왼쪽 다리 쪽으로 스트레칭을 시도했는데 고관절에 쇠못이라도 박힌 듯 꿈쩍도 하지 않았던 것이다. 멀쩡하던 신체가 이 모양이니 정신과 마음이 깨끗할 리 없었다. 작업량은 많아지니 목표했던 욕구를 채우기 위해선 더 혹사할 수밖에 없었다. 정형외과에 방문해 엑스레이를 찍어도 아무런 흔적을 발견할 수 없었다.

동네 어느 한 편, 소박한 요가활동 프로그램을 우연히 접하고 바로 접수했다. 혹여 쫄바지 문화를 낯설어 할까봐, 서비스 단절이 재현될까 다소 우려스러웠다. 하지만 다행히 몇 달 동안 충실하게 다양하고 기묘한 자세를 배웠다. 물론 몇 안 되는 남성 고객 중에 결국 혼자가 됐다. 단 한 번도 쓰지 않았던 근육을 자극하니 힘들었다. 격렬한 활동으로 흘리는 땀과는 다르지만 몸 안이 뜨거워지면서 땀구멍이 열렸다. 한 치라도 집중에서 벗어나면 제대도 된 수행이 안 되는 신체활동이었다. 뻣뻣한 고관절이 풀리고 구부정한 허리와 목이 펴지게 되면서 나름 예찬론자가 됐다. 지금 이 순간도 매트를 깔고 몸을 풀고 싶은 심정이다. 나에겐 에너지를 축적해주고 작업량을 늘리는 원동력인 것이다.

인도 요가의 유파는 여섯 가지로 분류할 수 있다. 현대 사회로 전수돼 흥행을 하고 있는 프로그램은 하타 요가(Hatha Yoga)와 라자 요가(Raja Yoga)이다. 전자는 우리 몸을 해와 달의 개념으로 설명한 것으로 자세와 호흡 수련을 중시한다. 후자는 수련대신 슬픔과 기쁨의 원인을 제거하는 상태에 도달하고자 하는 목적을 갖고 있다. 또한 즈냐 요가(Jnana Yoga)는 직관적 지혜를 추구하고 박티 요가(Bhakti Yoga)는 인간

요가

적인 요소를 버림으로써 신을 통해 행하는 요가이다. 이 외에도 카르마 요가(Karma Yoga)는 사회적 의무와 도덕적 규제를 따지며 실천을 요구하고, 만트라 요가(Mantra Yoga)는 음의 진동을 통해 자연의 음향과 화합할 수 있다는 다소 복잡한 원리를 품었다. 마지막으로 라야 요가(Laya Yoga)는 호흡을 통해 마음의 자제를 이룩하려고 한다. 결국 엑스타시스(ekstasis)에 도달하기 위해 완전한 집중을 성취하려는 태도이다.[15]

그녀가 예측한 대로 여름의 우기가 오랜 기간 동안 계속됐다. 덥고 습한 기운은 언제 어디서든 감내해야 할 환경인 것이었다. 수련법을 전수받는 사람들은 육체적 수행을 게을리 하지 않았다. 육체를 넘어서야 심리 영역으로 갈 수 있다는 사실을 배웠다. 우선 좌법(asana)을 통해 육체의 안정이 곧 마음의 안정 상태란 것을 보여주었다. 육체의 미동은 차분한 마음을 유지하기 어렵게 했다. 이를 억제하는 것이 매우 중요했다. 가뜩이나 불쾌지수가 높은 날씨에서 이를 참아내는 것 자체가 큰 도전이었다. 또한 조식법(phranayama)을 통해 모든 생명체를 존재하게 하는 힘(prana, 氣)을 억제하고자 했다.

다음 단계는 고행으로 육체를 극한 상황으로 내모는 것이다. 이를 참음으로써 희열을 만끽하게 된다. 마치 정상적 피로 수준 이상으로 운동한 선수들이 느끼는 엔도르핀 분비를 경험하는 것과 유사할 것이다. 단지 동적인 움직임이 아니라 정적인 참선을 통해 이 단계에 이른다는 점이 다르다. 천연 진통제로 인해 무감해지는 수준에 이르면 제감(pratyahara)이라는 마지막 단계로 갈 수 있다. 감각적 지각을 벗어나는 순간으로 자연 그대로의 상태에 맡기게 된다.

육체적 수행을 마치게 되면 마음을 한 곳으로 고정시키는 집중(dharana) 단계인 심리적 수행으로 접어든다. 또한 이 의식작용이 보다 집중함에 따라 선정(dhyana)으로 가는데 의식의 영역이 확대되는 것이다. 마지막 심리수행은 삼매(samadhi)에 빠져든다. 이는 '나'라는 자아 의식이 없는 상태가 된다.[16]

그녀는 부친으로부터 사회에서 필요한 능력을 발휘해야 하는 당위를 배웠다. 엄격한 교육과 절도 없이는 받아들일 수 없는 과정이었다. 또한 그녀는 스승으로부터 요가를 통해 매우 진지한 가르침을 받았다. 이는 육체적 수행과 심리적 수행을 하기 전에 선행이 돼야할 수행임을 강조했다. 매사 이를 지키고자 노력하고 사람들로 하여금 정확하게 전수가 되길 바랐다. 바로 윤리적 수행이다. 그녀는 가르침을 받은 대로 이 부분이 기초가 돼야 비로소 몸의 쓰임을 할 수 있는 자격이 된다고 사람들에게 설명했다.

총 열 가지로 구성된 금계(yama)와 권계(niyama)이다. 금계는 다섯 가지 금기해야 할 사항이다. 즉 살생하지 말 것, 정직할 것, 도둑질하지 말 것, 금욕할 것, 탐내지 말 것 등이 있다. 권계는 네 가지로 의무사항은 아니지만 지켜나가길 바라는 사항이다. 이는 청결, 만족, 고행, 경전

에 대한 공부, 신에 대한 헌신이 있다.[17]

인도하면 요가가 떠오른다고 하여 정적인 신체행위만 있었던 것은 아니다. 기원전 500년경 페르시아에서 발생한 격구(擊毬)가 전해졌다. 말 문화와 관련된 격렬한 스포츠 전파의 한 갈래가 인도로 들어온 것이다. 다른 줄기는 티베트를 거쳐 중국, 한국, 일본으로 건너갔다. 말을 조련하면서 긴 채를 이용해 공을 쳐서 상대의 골문을 관통시키는 스포츠이다. 19세기에 영국으로 건너가 폴로(polo)라는 경기로 다시 탄생했다.[18] 동방의 신비로운 기운을 품은 나라, 인도는 이미 인구가 13억 명을 넘어섰다. 대대로 이어져 오는 심신 수련법은 지금 이 순간에도 수십 수백 만 혹은 수억 명의 사람들의 몸에서 재현되고 있을 것이다.

04

황하에서 움트는 후발주자들

도전과 응전

사람들은 척척한 늪지를 잘 개간하여 살만한 땅으로 일구었다. 수백 년이 흐르면서 새로운 문명이 움트는 기운을 느끼게 했다. 오랜 시간이 흘렀다. 기원전 1027년, 목(牧)이라는 들판에서 치열한 전투가 벌어졌다. 오늘날 중국 허난성 치현(淇縣)의 남서쪽에 위치한 곳이다. 말들이 떼로 달리는 소리와 요란하게 굴러가는 전차 바퀴 소리가 겹쳐 천지가 요동쳤다. 증폭된 소리로 인해 군사들의 함성 소리가 묻힐 정도였다. 이 전투가 끝나고 주(周)나라 무왕은 황하강 유역 대부분을 차지하게 됐다.

기록에 따르면 5만 명으로 17만 명 병력의 은(殷)나라를 제압한 것이다.[1] 승리 소식을 듣고 누구보다 뿌듯해 하는 사람이 있었다. 그는 주(周)나라에서 대를 이어 바퀴를 잘 만드는 가문에서 나고 자랐다. 그날도 어김없이 바퀴를 만드는 데 온 힘을 쏟았다. 농번기 외에는 많은 사람들이 군사 훈련을 받아야 했다. 이 시기에 특히 전차 주문량이 많았다. 전차는 말을 모는 마부와 왼편에 활을 쏘는 궁수, 오른편에는 창으로 무장한 병사가 탑승했다. 3인용 전차가 거친 초원지대에서 미끄러지듯이 달리기 위해선 바퀴가 매우 중요했다. 다가오는 기한까지 제작해야 할 바퀴는 26개의 바퀴살로 만들어야 한다.

메소포타미아와 나일을 거쳐 인더스·갠지스 유역에서 찬란한 문명을 싹 틔었다. 아시아 대륙의 동쪽까지 이어진 고대 문명의 생명력을 중국 황하로 이어갔다. 사실 고문명이라고 하기엔 후발 주자다. 세계사에서도 그리스·로마 문명과 대비하여 논의되기 때문에 이런 인식이 자리 잡혔다. 즉, 엄밀히 얘기하면 신생문명에 속한다고 볼 수 있다.[2] 황하 하류 유역의 환경은 티그리스·유프라테스와 나일유역보다 더 혹독했다. 늪지, 덤불, 홍수를 극복하고 뜨거운 여름과 혹한의 겨울을 나야 했다. 아놀드 토인비(A. Toynbee)가 주창한 자연에 대한 도전과 인간의 응전 현장이었다.[3]

어느 곳 하나 편안한 환경은 없었을 터였다. 황하강 유역을 중심으로 태동한 문명은 기원전 2500년경으로 거슬러 올라간다. 기원전 2070년경부터 하(夏)나라가 등장한 것으로 비정하지만, 중국 역사의 시작으로 확실히 증명할 수 있는 시기는 기원전 1600년경의 상(商)나라 시기다. 마지막 도읍을 은으로 옮겨 통상 은(殷)나라로 알려져 있다.

전차 제작기술

은왕조 이후 주왕조(기원전 1046년~기원전 256년)가 들어섰다. 중국 역사상 가장 오래 존재했던 나라이다. 봉

고대 중국의 전차 유물

건제와 종법제를 기본으로 왕실과 제후국 간의 관계를 공고히 했다. 주나라는 은나라의 제후국이었지만 기원전 11세기부터 세력이 강성해졌다. 은나라보다 전차를 먼저 사용한 것으로 알려져 있다. 축력(畜力)을 이용해야 했기에 이동 수단의 최적화 조건인 말의 보유량도 은나라보다 많았다.[4] 알려진 바에 따르면 은나라도 청동기 제작수준이 뛰어났다. 또한 두 마리 혹은 네 마리가 끄는 전차가 있었다. 바퀴 지름이 150센티미터이고 18개 이상의 바퀴살이 달려 있었다.[5]

　반면 주나라 군대는 4두 전차가 일반적이었다. 일단 물리적 크기가 컸다. 아무래도 적에게는 상대적 위압감을 느끼게 했을 것이다. 물론 크기만 컸다고 유리한 것은 아니다. 청동 말머리 장식, 고둥껍데기, 청동종 등의 각종 장식물을 말과 전차에 달아 무겁고 요란스러웠다고 한다. 심리적 위협을 주는 무기로도 활용범위가 컸던 것이다.[6] 기원전 8세기에 이르러서는 전차의 전성시대로서 고대 중국의 전쟁에서 매우 큰 비중을 차지했다.

바퀴살이 26개로 늘어나면서 구조적 약점이었던 전차의 끌채를 270센티미터에서 180센티미터로 줄여 기동성과 안전성을 높였다. 게다가 바퀴 축 끝에는 청동으로 만든 30센티미터 크기의 톱니 날을 달았다.[7] 드넓은 초원에서 태산만한 말 떼가 시끄러운 노이즈를 내뿜으며 달려온다고 상상해보라. 먼지바람을 일으키며 지축을 울리는 말발굽 소리에 상대는 어찌할 바를 몰랐을 것이다.

노자(老子) 도덕경 11장에 삼십폭공일곡 당기무 유거지용(三十輻共一轂 當其無 有車之用)이란 글귀가 나온다. 서른 개의 바퀴살이 하나의 바퀴통으로 모이는데, 그 텅 빈 공간이 있어 수레의 기능이 있단 뜻이다. 진시황의 무덤에서 출토된 수레 바퀴살도 30개로 밝혀졌다. 기록에 따르면 1개월을 의미하는 해와 달을 수로 본떠서 만들었다.[8] 철학자는 바퀴살을 통해 텅 빈 공간의 지혜를 설파하고자 했겠지만, 장인들의 세계에선 정교함의 기준이 됐을 것이다.

주나라는 은나라에 비해 전차 제작기술이 뛰어났다. 이를 통해 내구력이 강한 바퀴를 정교하게 만들었다. 또한 말을 조련하는 기술도 높았을 것이다. 말은 인류가 대략 6천 년 전부터 가축화에 성공한 동물이다. 주나라 사람들은 말을 많이 번식시키면서 훈련용, 전쟁용 무기를 키우는 데 기술적인 측면에서 앞섰을 것이다. 고대에선 동서를 막론하고 말이 이끄는 전차와 훈련받은 사람의 효과적인 조합이 전쟁 승패의 큰 요인으로 작동했다.

실제 은나라가 보유한 코끼리 부대는 그다지 효력을 발휘하지 못했다. 고대 로마를 위협했던 카르타고의 명장 한니발이 이끌었던 코끼리 부대처럼 초반에는 상대를 무력화하기 충분했을 것이다. 일단 밟고 지나가면 몸을 추릴 수 있는 그 어떤 생명체도 없었을 테니 말이다. 하지만 인도 변종의 야생 코끼리를 가축화하기가 힘들었을 뿐더러 잦은 사

제2부 새로운 리더십

냥으로 개체수도 급감했던 것이다.[9] 결국 목야 전투로 몇 년 뒤 은나라는 역사 속으로 사라졌다. 은나라의 전통과 관습은 황하강 하류 유역에서 자리 잡게 된 송(宋)나라로 이어졌다.

혼돈의 시기

기원전 770년에 주나라는 도성을 호경에서 낙읍으로 옮겼다. 이때부터 동주시대(~기원전 256년)라 부른다. 또한 후대는 공자(孔子)의 역사서 <춘추>의 이름을 빌려 춘추시대(기원전 770~기원전 479년)로 명명했다. 이 시기와 혼재되면서 직업군인의 대규모 군대를 동원했던 전국시대(기원전 403년~기원전 221년)가 펼쳐진다. 백여 개 국가가 기원전 5세기 무렵에 여덟 개 나라로 정리됐다고 하니 어떻게 살고 죽느냐의 문제는 늘 화두가 됐을 것이다. 영원한 강자도 없고 약자도 없었다. 부국강병을 주창했지만 일순간 허물어지는 것도 다반사였다. 권모술수가 난무하고 한 줌도 안 되는 권력을 좇았다. 힘으로 무력화시키기는 쉬워도 인심(人心)을 얻는 데는 한계를 드러냈다. 도대체 사람의 마음이란 무엇이란 말인가. 말 그대로 열 길 물속은 알아도 한 길 사람 속은 모르는 것이다.

기원전 776년은 멀고도 먼 서방에서 고대 올림피아 제전이 시작된 해이다. 도시 국가 간의 치열한 경쟁은 전쟁을 야기했다. 사피엔스의 뇌가 인지한 세계는 살아가는 방식을 통해 점차 구축돼 갔다. 그들은 묘하리만큼 비슷한 과정을 겪는다. 21세기 사회처럼 클릭 한 번으로 지구 반대편을 보는 시대가 아닌 만큼 오늘날 시각으로 신기할 따름이다. 다만 제례의식으로 농후한 고대 서구지역의 스포츠 제전 시기에 잠시 전쟁을 멈추던 극적인 이벤트를 동방에선 기대할 수는 없었다.

고대 중국의 춘추전국시대는 그야말로 일촉즉발의 혼돈의 시기였
다. 방심하는 순간 한 나라를 통치하던 왕과 가족은 죽음을 맞이해야
했고 민중은 약탈당하고 흡수됐다. 반면 사피엔스의 뇌가 의식화한 세
계는 살아가야 할 방식에 대해 독자적으로 구축돼 갔다. 이 두 세계의
철학적 사유와 주관적 태도는 우리 세계를 지배하고 있다.

시(詩), 예(禮), 악(樂)의 삶

　　　　　　　　　　　　이 혼돈의 시대에 노(魯)나라에서
태어나고 자란 공자(孔子, 기원전 551년~기원전 479년)가 있었다. 노나라
는 은나라를 정복한 주나라로부터 땅을 나누어 제후가 봉해졌던 곳이
다. 이에 주나라의 문화를 가장 잘 보존했다. 공자는 아마 이 지구상에
서 가장 유명한 인물 중의 한 명일 것이다. 지금 세계를 뒤흔드는 정치
지도자 혹은 록그룹 스타도 수백 수천 년 후 과연 사람들의 입에 오르
내릴까. 그는 태어날 때부터 세상을 뒤흔들만한 카리스마의 소유자는
아니었다. 기록에 따르면 키가 210센티미터(9척 6촌)에 이른다.[10]
　　현대 사회에서도 이정도 키면 장신과 파워를 요구하는 스포츠 선수
외에는 찾아볼 길이 없다. 마치 거인과도 같았을 그는 굵은 성대를 통
해 먼 곳에서도 들릴 만큼의 우렁찬 목소리를 내지 않았을까. 청중을
모아놓고 들려주는 중저음의 베이스는 가장 먼 곳까지도 세밀한 숨소리
를 전달했을 것이다. 그의 커다란 몸통에서 드나드는 공기는 소리를 내
는 후두조직의 주름을 진동시키며 장시간의 연설과 높은 곡조의 노래를
해도 손색이 없었을 하모니를 만들었을 것이다.
　　공자는 예전에 사람을 평가하는 중요한 기준이었던 좋은 집안 출신
도 아니었다. 그의 계보가 송(宋)으로부터 전해져 왔다는 사실에 비추어

볼 때 종교적인 뉘앙스가 강했던 은나라 문화를 전승했다. 무당집 자손으로 젊은 시절에는 세상으로부터 대접받지 못했다. 하지만 어릴 때부터 몸에 체득한 가무(歌舞)에 통달했다는 점에서 여느 범인과는 달랐을 것이다. 도올의 표현에 따르면 공자는 시나위 곧, 재즈(Jazz)의 명인이었다.[11] 음악적으로 재즈 스타일을 결정짓는 기준인 변조를 능수능란하게 다루며 문자를 활용하는 능력과 문헌을 다루는 실력까지 탁월했다는 것이다.[12] 어찌 평범하다 할 수 있겠는가.

이런 점에서 사람을 모이게 만들 수 있는 요인으로 작용했을 것이다. 곰곰이 생각해보면 우리 일상이 재즈다. 서로 다른 가락으로 여기저기 넘나든다. 게다가 무형식이 형식으로 되는 것을 보면 우리가 살아가는 모양새와 비슷하다. 반드시 계획에 따라 모든 것을 성취하면 좋으련만 미래는 늘 불투명하다. 그럼에도 불구하고 희망적 메시지를 놓치지 않고 열정을 갖고 노력하며 살고 있다. 현대인의 삶 속엔 재즈가 넘쳐난다. 어디서나 재즈가 들린다. 일부러 찾아듣지 않더라도 카페에서, 우연히 접한 시그널에서, 어디선가 들려오는 편안한 장단에서 재즈가 있다. 일상에 빗대어 재즈를 설명했지만 재즈 음악 자체가 일상에 젖어 있다.

재즈의 어원은 어떻게 될까. 통설에 의하며 19세기 남부 흑인들이 사용한 육체노동, 성적, 외설적인 의미의 비속어로 시작됐다. 음악이란 장르에 덧입혀져 열정과 에너지가 된 것이라 할 수 있다. 시작은 슬픔과 고통이었지만 이미 세계화된 장르다. 재즈는 미국 남부 루이지애나주의 뉴올리언스에 시작됐다. 예전 로드 트립 때 방문한 적이 있다. 재즈의 고향처럼 거리에서, 카페에서, 식당에서, 로비에서 어디서든 재즈가 들렸다. 거리의 무명 드러머는 앳된 소년인데 그야말로 팔과 다리가 따로 놀며 변조의 정점을 들려줬다. 몸짓 자체가 악기 소리라 해도 과

거리의 재즈 뮤지션

언이 아니다. 텍사스로 넘어갔다가 더 멀리 여행을 계획했지만, 재즈 축제 일정을 확인하고 다시 들렀다. 그렇게 여행객 발길을 붙잡는 곳이 었다.

불후의 걸작 마일스 데이비스(Miles Davis)의 'Kind of Blue'처럼 이 곳저곳 넘나들었을 것이다. 혹은 재즈라고 하는 전통적 관념도 넘나들 었던 아트 앙상블 오브 시카고(Art Ensemble of Chicago)처럼 공자의 거 리악단도 무형식마저 깨면서 빼어난 연주를 들려주었을 것이다. 1960 년대 미국의 혼돈 시기의 재즈처럼 난해하면서도 유쾌한 실험이 가득한 즉흥연주로 사람들에게 무아지경에 이르게 하지 않았을까. 사람들은 예 나 지금이나 막연한 미래를 안고 살아간다. 보다 예측 가능한 삶을 설 계하고 싶었던 마음은 별반 다르지 않았으리라.

약 2500년 전, 공자가 살았던 시대의 민중이 느꼈을 막연한 삶 속의 방향성을 어떻게 진단하고자 했을까. 이 시대는 문(文)과 무(武)의 구분 이 희미했다. 멀티플레이어가 돼야 하는 것이다. 춘추시대의 전쟁은 전 차기술이 중요했다. 전국시대에 접어들어 대규모의 보병전이 중심이 되 면서 장기전으로 흘렀다. 육예(六藝)는 예(禮), 악(樂), 사(射), 어(御), 서

　　　　　　　　　　제2부 새로운 리더십

(書), 수(數)로서 기본적 기예를 뜻한다. 공자 자신도 전차수레에 타서 말을 능숙하게 몰며(어, 御), 활을 정교하게 쏠 줄(사, 射) 알았다고 한다.[13]

공자의 삶을 요약하자면 시(詩), 예(禮), 악(樂)이라고 할 수 있다. 논어(論語)의 태백(泰伯)에 흥어시 입어례 성어악(興於詩 立於禮 成於樂)이 나온다. 그는 무당의 가사를 읊고 무당의 상례(喪禮) 즉, 죽음의 제식을 하면서 문명의 창조행위를 했던 것이다. 그는 노나라에서 지냈지만 은나라의 특성이 녹아든 주나라가 추구했던 새로운 문명의 패러다임 속에서 시, 례, 악을 어떻게 전환시킬 것인가를 고민했을 것이다.[14]

특히 사람의 신체에 대한 사유를 엿볼 수 있다. 공자는 각성을 하는 배움의 첫 단계(시, 詩)에 이어 사회화와 관련한 예법적 단계(예, 禮)를 거친 후, 창조적 단계(악, 樂)로의 삶의 과정을 설파했다. 동방에서는 예(禮)를 신체적으로 생각한다. 중국 남송의 유학자 주희(朱熹, 서기 1130~1200)가 논어에 대해 남긴 주석에서 예(禮)에 관해 공경하고 사양하는 것이라고 했다. 또한 절도 있는 질서와 사회제도의 도수에 맞는 법칙을 강조했다. 이로써 사람 피부의 땀구멍을 고밀하게 만들고 근육과 뼈를 견고하게 할 수 있다. 이를 통해 빛나는 용모를 갖출 수 있다고 했다.[15]

배움과 생각

사람 몸의 근수축 유형에는 동적운동과 정적운동이 있다. 근육활동을 통해 근육이 짧아지게 되면 단축성(concentric) 수축을 한다. 근육이 길어지면서도 힘을 발휘할 수 있는 신장성(eccentric) 수축을 통해 운동을 할 수도 있다. 또한 근육에 힘을 발휘하지만 그 길이는 변화하지 않는 정적 운동(static action)을 하게 된다. 관절의 각이 변하지 않으면서도 땀을 흘리는 운동을 할 수 있는 것이다. 달리기와 점프와 같은 운동은 세 가지 형태의 활동이 동시에 이루어진다. 신체활동이 부드럽고 동작마다 협응이 되기 때문이다.[16]

문무가 거의 구별되지 않았던 시기의 체육이란 무엇일까. 현대적 감각의 스포츠 행위와 비교할 수는 없다. 공자는 마음을 다스리며 신체를 건강하게 관리하는 것을 매우 중요하게 바라보았다. 다만 경기를 위해 격투에 몸을 쓰는 방식, 그리고 힘의 강도나 스피드를 중요하게 바라보지 않았다.[17] 직업적 스포츠로 발전시켰던 고대 그리스인들과는 다른 인식의 차이를 볼 수 있다. 심지어 그리스 귀족 중에는 훈련에 참가하고 돈을 걸어 경쟁하는 경우도 있었다.[18]

논어의 위정(爲政)편에 학이불사즉망 사이불학즉태(學而不思則罔 思而不學則殆)란 말이 나온다. '배움만 있고 생각이 없으면 아둔해지고, 생각만 있고 배움이 없으면 공허해진다.' 현대 사회에서 몸만들기 열풍이 있다. 자신을 위해 과감한 투자를 한다. 남을 의식하지 않고 자기 몸을 가꾸는 데 혼신의 힘을 다한다. 다만 몸을 관리한다는 것은 정신을 가다듬는 것과 구별할 수가 없음을 인지해야 한다. 또한 심신을 다스린다는 것은 그 누구를 이기기 위한 것이 아니라 자신과의 싸움 혹은 약속에서 비롯돼야 한다.

하지만 현실은 어떠한가. 몸만들기 이벤트도 경쟁을 하게 한다. 흥행 요인을 갖추고 사람들의 관심을 모은다. 심사기준을 갈수록 강화한다. 이러한 과정을 통해 몸만들기 과제는 이미 남의 손에 넘어가게 된다. 아름다운 몸에 대한 과도한 경쟁은 마블에 나오는 캐릭터처럼 적정 기준을 이미 넘어섰다.

몸의 존재

노자(老子)는 어떠한가. 기원전 5, 6세기경에 활동했던 춘추시대 초(楚)나라의 철학자로 알려져 있다. 정확한 생몰년도를 알지 못해 다소 미스터리한 존재로 인식돼 있다. 하지만 사마천 사기(史記)의 기록 등에 따라 공자보다 한 세대 위에서 활동했던 스승격의 인물로 추정한다. 이러한 노자 사상은 후대에 태극권 이론에 영향을 준다. 명나라 후기의 장군인 척계광(戚繼光)이 집필한 기효신서(紀效新書)에 다양한 무술의 기초로 삼았다. 또한 노자는 중국 전통체육의 양생술과도 밀접한 관련이 있다. 질병의 예방과 치료, 수명 연장을 위해 사전에 단련하는 방법으로 중요한 사상적 토대를 남겼다.[19]

그가 내놓은 도덕경(道德經)을 통해 고대 중국의 하, 은, 주나라의 문화와 연관돼 있고, 궁극적으로 하나라 문화의 모계 사회 전통을 흠모하고 있다. 공자는 주나라 특히 서주시대의 문화를 모델로 사상을 만들고자 했다. 반면 노자는 은(殷)과 주(周)나라는 알아야 할 대상이지만 지켜야 할 대상은 하(夏)나라의 문화로 보았다. 지켜야 할 것을 통해 여성적 모티브인 계곡(谿), 여성의 성기, 모성 등을 긍정적으로 받아들이고 물과 검은색, 소박함 등을 숭상했다. 이는 물을 모방한 겸손과 자기를 낮추는 행위의 장려로 나타났다.[20]

노자 사상은 오늘날 시각으론 남존여비(男尊女卑)에 기초한 공자에 비해 매우 전향적이었다. 공자는 나와 타자 사이의 길, 즉 소통에 관해 진지하게 고민했던 인물이다. 그는 지배층들의 대립만으로 혼란이 해소될 것으로 보면서 상대적으로 민중과 여성들의 존재를 간과했다는 평가가 있다.[21]

도덕경 제13장에 따르면 오소이유대환자(吾所以有大患者), 위오유신(爲

吾有身), 급오무신(及吾無身), 오유하환(吾有何患)이란 문구가 있다. '나에게 큰 환란이 있는 것은, 나에게 몸이 있기 때문이다. 나에게 몸이 없다면, 나에게 무슨 환란이 있겠는가.' 고귀이신위천하(故貴以身爲天下), 약가기천하(若可寄天下), 애이신위천하(愛以身爲天下), 약가탁천하(若可託天下)를 해석하면 다음과 같다. '그러므로 자신의 몸을 천하만큼 귀하게 여긴다면, 천하를 맡길 수 있고, 자신의 몸을 천하만큼 아낀다면, 천하를 부탁할 수 있다'.

노자는 자신의 몸을 귀하게 여기고 사랑할 줄 아는 사람을 매우 높게 평가했던 것이다. 인위적 개념으로의 인간의 신체를 넘어선 자연 전체 원리가 내재된 보편적인 몸을 말했다. 자신의 몸을 천하만큼 소중히 여기고 아낄 줄 아는 사람이 통치자로서 자격이 있음을 강조한 것이다.[22] 자기 몸만큼 소중한 것은 없다. 천하를 자기 몸처럼 아끼는 사람에게 천하를 맡긴다면 평화는 찾아오지 않을까. 가장 소중히 여기는 것이 자기 몸이기 때문이다. 우리 사회에 '자기 몸만 챙긴다'란 개념과는 다른 것이다. 당당하지 못한 처세를 두고 비꼬는 말과 구분할 줄 알아야 한다.

다시 말해 그는 인간의 신체(身體) 문제를 중요한 주제로 삼았다. 자기 신체를 장악할 줄 알고 아끼고, 귀하게 보전할 수 있는 자가 통치자를 의미하는 성인(聖人)의 덕성이라고 했다. 그는 자신의 존재를 '자신의 몸'으로 파악했고, 인간의 존재를 마음의 존재가 아닌 '몸의 존재'로 여겼다.[23]

제42장에 만물부음이포양, 충기이위화(萬物負陰而抱陽 沖氣以爲和)가 있다. 만물은 음을 진 채 양을 품고 있는데 두 기가 서로 만나 조화를 이룬 거란 뜻이다.[24] 세상의 모든 것은 두 가지가 대립되는 면이 서로 충돌하여 어떤 균형 상태를 이룬 것이다. 제44장에 명여신숙친(名與身孰

親)이 있다. 명성과 몸 중에서 어느 것이 가까운지를 묻는다. 또한 신여화숙다(身與貨孰多)로 이어진다. 몸과 재화 중에 어느 것이 소중한지를 묻는다. 결국 명화(名貨, 이름과 재화)만을 좇으면 망신(亡身)에 이른다는 인간의 비극적 현실을 지적했던 것이다.[25] 천지신명이 두 가지를 놓고 선택하라고 한다. 한 쪽은 가장 자연스러운 몸이 있다. 다른 한 쪽은 가공된 명성과 재화이다. 이를 비교했을 때 어느 것을 선택할지는 자명하다. 하지만 몸뚱이는 당연한 것이므로 쉽게 얻는다고 생각한다. 반면 남과의 비교우위를 점하는 것은 절호의 기회라 여긴다.

전쟁의 최적화

여느 지역의 고대와 마찬가지로 활쏘기가 이 시기에도 맹렬히 등장한다. 전장에서 하늘을 뒤덮는 화살 무더기는 무시무시한 공포였을 것이다. 방패로 가림막을 한다 하더라도 틈새를 뚫을 것 같은 기세는 숨을 멎게 했을 것이다. 더군다나 옆 동료들이 속수무책으로 쓰러지는 광경을 목도했다면 발이 떨어지지 않을 만큼 정신을 잃을 지경이었을 것이다. 활보다 무서운 무기로서 석궁이 이 시기에 등장한다.

기원전 6세기에 초나라의 금씨(琴氏)라 불린 사람에 의해 석궁이 전해진다. 최대 600보 정도였고 재래식 활에 비해 관통력이 우수했다. 전차는 위압적이긴 했지만 순발력을 담보하진 못했다. 주렁주렁 매달은 전쟁용 액세서리가 오히려 거추장스러웠다. 석궁 앞에서는 매우 취약했던 것이다.[26] 철기는 기원전 500년경에 오(吳)나라를 거쳐 중국 전역에 전해졌다.[27]

초나라 석궁들은 무려 7년 동안 석궁 훈련을 받았다. 이들은 갑옷을

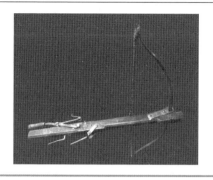

석궁

입고도 160킬로미터를 쉬지 않고 행군을 할 정도로 체력이 좋았다.[28] 은나라에서 별로 빛을 보지 못했던 코끼리가 초나라 병력에도 등장한다. 물론 별 효과를 보지는 못했다고 전해진다.[29] 상대의 수레 전차를 우연이라도 짓밟을 가능성이 높으면 효과적이겠지만, 길들이기 어려운 습성을 통제하는 데 에너지를 낭비했을 것이다. 광기에 사로잡힌 전쟁터에서 코끼리들도 놀라 발버둥을 쳤다면 등에 타 있던 기수는 떨어지고, 여럿 병사들은 육중한 발에 밟히는 불상사를 연출했을 수도 있다.

기원전 341년에 오늘날 허베이성 대명(代名)현 남동쪽에 위치한 마릉(馬陵)에서 전투가 치러졌다. 바로 어릴 적 우애가 좋았던 손빈(孫臏)과 방연(龐涓)과의 싸움이었다. 전국시대 병법가 손빈은 밥 짓는 솥 숫자를 줄이며 제나라 병사가 탈영하고 있다고 믿게 했다. 야심만만한 방연의 군사는 맹렬하게 쫓아갔다. 손빈은 석궁을 든 보병 1만 명을 배치한 상태였다. 최초로 야전에서 석궁을 등장시킨 기록이다.[30]

여기서도 어김없이 석궁의 위력을 보여주었다. 일제히 발사하여 위나라 군사를 섬멸시켰다. 하늘로부터 육중한 하중을 받으며 내리꽂는 1만여 개의 철제 무기 위력 앞에 어떻게 감당해낼 수 있을까. 분한 방

제2부 새로운 리더십

연은 스스로 목숨을 끊었다. 손빈은 먼 산을 바라보며 승리에 취했을까. 그도 위나라 태생이었지만 제나라 군대를 이끌고 자신의 조국을 무력화시킨 것이다. 오래전 방연의 모함으로 두 다리가 잘리는 형벌의 되갚음을 만끽했을까. 들것에 기대고 앉아 통솔하던 자신의 모습을 허망하게 바라봤을까. 가물가물한 추억도 아른 거렸을 것이다. 어린 시절 냇가에서 물고기 잡던 활달한 몸동작을 그리워했을 지도 모른다. 사피엔스의 몸은 날로 전쟁에 최적화돼 가고 있다.

05

죽은 자를 위한 경기, 당당한 알몸의 경연장

김나시온과 팔레스트라

한 소년이 싱그러운 올리브 숲길을 걷고 있었다. 아테네 성 밖에 위치한 김나시온(gymnasion)으로 가는 길이다. 도시화가 진행되면서 성안에 공설 체육관을 두기가 점차 어려워졌다. 디필론(dipylon) 성문에서 대략 1킬로미터 정도 떨어져 있는 거리라 이용하기가 편했다. 늘 걸어 다니지만 아테네 신전의 성스러운 기운을 느끼며 우거진 숲길과 에리다누스(eridanus) 강가를 끼고 도는 기분은 말로 표현할 수 없었다.

김나시온은 아무나 출입할 수 없었다. 성에서 거리가 떨어진 농촌 거주자 자녀들은 이용하기가 힘들었다. 설령 도심과 가까운 곳에서 거주하는 중소 자영농민층의 자녀들이라 해도 마찬가지다. 시간적인 여유도 없었겠지만 경비의 문제가 가장 컸다. 고대 아테네의 사교육도 부

팔레스트라

모의 재력에 비례했던 것이다.[1] 2500년 전에도 오늘날과 같이 사교육 영역에서는 한 치의 양보도 없는 계급이 형성돼 있었다.

이 소년 스스로도 문법(gramma), 음악(mousike)을 비롯해 체육까지 배울 수 있다는 생각에 다소 우쭐한 적도 있었다. 얼마 전까지는 팔레스트라(palaestra)에 다녔다. 사설체육관인 이곳은 체력단련 외에도 제전경기에 참가할 수 있는 종목을 전문적으로 가르쳤다. 파이도트리베(paidotribe)라 불리는 스포츠 지도사가 기초 체력 지도와 올리브 마사지도 해주었다. 시간이 지날수록 영양학과 의학과 같은 지식을 제공하게 되면서 수험료는 나날이 비싸졌다. 열여섯 살이 되어 김나시온으로 장소를 옮겼지만 부모가 짊어질 금전적 부담을 모를 리 없었다.

기원전 6세기 말, 아테네에선 세 개의 김나시온이 출현했다. 비슷한 시기의 스파르타는 에우로타스(eurotas) 강변에 경주로만 갖추었다. 아테네의 시설은 숲, 정원, 강변과 같은 자연환경과 신전의 인공물을 결합한 형태였다. 특히 올리브 숲이 조성돼 있어 더 쾌적한 공간이었다.[2] 전기 아테네 시기에 한 도시가 국가로 인정받기 위해 필수적이었던 김나시온은 후기로 가면서 찾아보기 힘들게 됐다. 성스러운 장소와 연관 지없던 세속화 경향이 점차 사라진 것이다.[3] 후기 아테네 시대는 그리스·페르시아 전쟁(기원전 499년~기원전 450년) 이후를 말한다. 기원전 6세기까지 유사한 문화를 지녔던 아테네와 스파르타는 전혀 다른 길을 걷고 있었다.

고대 그리스인이 바라본 몸

기원전 1100년경으로 거슬러 올라가는 고대 그리스 문명은 기원전 146년에 마감한다. 고대 로마가 코린토스 전투에서 그리스를 점령한 해까지다. 고대 그리스 조형예술의 우수성에 대한 찬미는 고대 로마로도 이어졌다. 조각예술 작품의 모조는 당연하게 받아들였고 현재 기준으로도 모사품인지 믿기 어려울 정도의 우수한 작품을 남겼다.

그리스 초기 작품은 나일 유역에서 찬란하게 빛나던 이집트의 석조 문화를 흡수하여 그리스화한 것이다.[4] 그리스·페르시아 전쟁에서 승리한 아테네는 주변 도시 국가를 무리하게 흡수하고자 했다. 그 선봉에는 탁월한 정치가였던 페리클레스(Pericles, 기원전 495년~기원전 429년)가 있었다. 결국 모든 도시국가의 정복은 물거품으로 돌아가면서 주변 국가의 반발을 불러일으켰다. 펠로폰네소스 동맹을 이끌었던 스파르타는 델로스 동맹을 지휘하던 아테네를 정복하기에 이른다. 바로 30년 이상 끌었던 펠로폰네소스 전쟁(기원전 431년~기원전 404년)이다. 영원한 승자는 없듯이 두 도시국가는 기력을 다한 나머지 마케도니아 지배하에 들어섰고, 이후 로마제국이 점령하기에 이른다.

이러한 파국에도 불구하고 그리스인들의 미술에 대한 집념은 이어졌다. 강인함과 최고의 감성을 유지하며 매우 신속하게 이집트의 석조 기술을 습득했다.[5] 기원전 5세기 조각가 폴리클레이토스(Polykeitos)는 인체의 비례규범(Canon)을 바탕으로 머리를 작게 줄이는 비례론을 구체화시켰다. 최고의 인체미를 구상했던 것이다.[6] 이집트 예술에 나타났던 신체의 수학적 비례에서 리드모스(rhythmos, 구성)와 시메트리아(symmetria, 균형)의 원리를 더했다.[7] 이를 통해 정적인 움직임과 동적인 움직임, 이완된 근육과 긴장된 근육처럼 상반된 몸의 표현을 매우 사실적으로 표현할 줄 알았다.

동일한 시대의 최고의 조각가이자 건축가로 유명한 페이디아스(Phidias, 기원전 480년~기원전 430년)는 그의 친구인 페리클레스가 정권을 잡은 이후 전성기를 누렸다. 무엇보다 그는 페르시아 군에 의해 파괴됐던 아크로폴리스 언덕 위의 파르테논 신전을 재건했다. 또한 신전 내부에 금과 상아로 장식한 거대한 조각상인 아테나 여신상을 완성시켰다. 서양 건축과 조각의 종합예술로서 최고라고 할 만한 작품을 남긴 것이다.

이집트 예술이 인간의 신적 능력을 부각하고자 했다면 그리스 예술은 인간 자체를 그렸다. 인간의 형체를 영웅적으로 묘사하면서 내재적 가치를 높이고자 했다. 남성은 신체의 움직임을 포착한 동적 인물상으로 전환했고, 여성은 갈수록 관능적인 누드상으로 변모해 갔다. 또한 그들은 신체의 무게 중심을 옮기는 콘트라포스토(contrapposto)를 발견했다.[8]

당대 최고의 조각가들과 비슷한 시기에 활동했던 미론(Myron, 기원전 480년~기원전 440년경 추정)의 원반 던지는 사람(discobolus)을 보면 인체의 근육 모양을 매우 섬세하게 표출했다. 오른쪽 팔의 위쪽 아래팔근육과 왼쪽 삼각근의 긴장으로부터 몸으로 표출된 힘의 절정순간을 보여주고 있다. 동(動)과 정(靜)을 동시에 표출한 절제미인 것이다.[9] 로마시대 대리석으로 만든 복제품으로만 남아있지만 마치 초고화질 카메라로 찍듯 격한 운동의 한 장면을 포착했다. 어떠한 동적 움직임이라도 몸의 무게를

원반 던지는 사람

어디에 실어야 균형을 잘 잡을 수 있을 지를 잘 알았던 것이다.

호메로스 시대의 스포츠

고대 그리스 역사를 논할 때 호메로스(Homeros)를 빼놓을 수 없다. 기원전 8세기 중후반에 오늘날의 터키 서부 해안지역인 이오니아에서 활동한 시인이다. 그의 저서 '일리아드(Iliad)'와 '오디세이(Odyssey)'를 통해 다양한 시대상을 엿볼 수 있다. 배경은 전설 속의 트로이 전쟁이다. 두 주인공이 등장한다. 일리아드의 아킬레스(Achilles)를 통해 트로이 전쟁의 마지막 해에 일어난 사건을 담았다. 또한 오디세이의 오디세우스(Odysseus)를 통해 트로이 전쟁이 끝난 후의 귀향에 관한 여정을 그렸다.

이 두 영웅의 의인화(擬人化)를 통해 신체적이고 정신적인 탁월함을 중시했던 사조를 읽을 수 있다. 아킬레스를 통해 '행동의 인간'을 대표하고자 했고 오디세우스는 '지혜의 인간'을 상징했다. 당시의 기록을 보면 영웅은 특별히 키가 크지는 않았다. 다만, 넓은 어깨와 두터운 가슴을 지닌 용모에서 지적으로 뛰어난 인물상으로 그렸다. 또한 충분한 휴식과 치료가 병행돼야 육체적이고 정신적으로 진정한 건강을 유지할 수 있다는 현대적 감각도 실렸다. 그들의 심신관과 보건·위생관을 통해 사람 몸에 대한 근본적 고민을 했던 것이다.[10]

호메로스의 저서는 오늘날의 시각으로 체육과 스포츠를 어떻게 바라봤는지 살펴볼 수 있게 한다. 일리아드에는 아킬레스의 친구인 파트로클로스(Partroculus)의 명복을 비는 장면이 나온다. 기본적으로 장례 및 추모경기의 성격을 띠었다. 당시에는 스포츠 경기를 치르면서 즐거움을 추구했던 죽은 영웅들의 영혼을 달래기 위해 장례경기를 치렀다.[11]

총 8개 종목의 경기가 등장한다. 전차경기, 권투, 레슬링, 달리기, 검술, 원반던지기, 활쏘기, 창던지기 순서이다. 가장 비중이 높았던 것은 전차경기였다. 제비뽑기를 통해 출발 장소를 정했다. 반환점을 돌아 순위를 가리는 방식이다. 인기가 높았던 만큼 전차경주에는 심판도 한 명 더 세웠다.[12] 전차경기를 가장 영예로운 종목으로 꼽았던 이유는 무엇일까. 아무래도 말의 능력 외에 말을 이끄는 기수의 기술과 동물과의 교감이 중요하게 여겼을 것이다. 게다가 전차 수레의 균형을 유지하기 위해 고도의 순발력과 체력 등을 요구하게 되면서 매우 고난도의 훈련을 통해서만 가능했던 상징적인 경기였던 것이다.

말(horse)을 활용한 흥행의 흔적

기원전 4000년경에 유라시아 서쪽에는 이미 말, 양, 염소, 돼지, 젖소가 사육됐다. 특히 말은 군사적으로 무한한 가치를 지녔다.[13] 말은 '에오히푸스(Eohippus)'란 동물에서 진화한 것으로 추정하고 있다. 여우 정도의 작은 몸집에서 풀만 먹고 몇 시간을 달려도 끄덕하지 않는 축력(畜力)의 대명사가 됐다. 말은 이동범위를 확장시켰다. 또한 말을 통해 사냥이란 방식을 매우 효과적으로 수행했고, 사람들이 즐기는 경기를 만들었다. 사냥이 짐승사냥에 그친 것이 아니라 인간사냥에도 활용됐다.

찬란했던 중남미의 아즈텍(14~16세기 초)과 잉카 문명(15~16세기 초)은 엄청난 제국을 일구었음에도 불구하고, 코르테스와 피사로가 이끄는 수백 명의 기마병을 이기지 못했다. 유럽에서 가져온 병원균과 화승총 외에도 말의 기동력으로 엄청난 살상이 가능했던 것이다. 수천수만이 집결해 있어도 그 사이를 비집고 들어가 쇠칼, 창, 단검 등의 철제 무기로 순식간에 초토화시켰다. 변변치 않았던 원주민의 갑옷을 무력화시킨 건 시간문제였다.[14] 천지를 뒤흔들었던 통제된 기병의 말발굽 소리는 내부 혼돈을 불러일으키기에 충분했던 것이다.

메소포타미아에서 처음으로 바퀴가 발명된 후 전차 수레는 이집트에서도 매우 중요한 전략적 군사무기가 됐다. 고대 중국에서도 상대를 위협하는 주요한 무기였다. 이를 고대 그리스인들은 경쟁을 하는 경기로 둔갑시켰다. 관중을 동원할 수 있는 흥행 이벤트 기획력을 발휘했던 것이다. 물론 경기에 이기기 위한 조건은 훈련이 선행돼야 한다. 치열한 훈련은 곧 최적화한 전쟁 무기로서 몸을 만드는 것이기도 하다. 그들은 아름다운 몸만들기의 실현과 정신적 측면의 강인함이란 균형점을 찾고자 했다.

고대 그리스에선 말을 활용하여 전차경기와 경마를 탄생시켰다. 호메로스 시대보다 한참 전인 기원전 12~13세기경으로 추정하고 있다. 본격적인 기록은 기원전 8세기경이 돼서야 모습을 드러낸 것이다. 기원전 680년에는 히피코스 아곤(Hippikos Agon)이라 불린 전차경기가 올림픽의 공식 종목이 됐다. 이때는 4두 전차경기(Tethrippon)가 등장한다. 2두 전차경기(Synoris)를 기원전 408년에 채택한 것으로 기록하고 있지만, 항아리 그림을 통해 기원전 6세기에도 널리 시행했던 것으로 추정하고 있다. 기원전 5세기경에는 노새와 당나귀 암컷까지 경마에 도입을 했지만 기원전 444년에 모두 폐기됐다.[15]

4두 전차경기는 12바퀴 돌아 약 15킬로미터를 달렸고, 2두 전차경기는 8바퀴를 돌아 10킬로미터 정도 달렸다. 전차에 횃불을 달고 전투 복장과 무장을 하기도 했다.[16] 번쩍이는 불빛 효과, 자욱한 연기, 격렬한 채찍질 소리, 뒤엉킨 말발굽 소리 등이 어우러져 극한의 대리를 체험하게 했다. 노새와 당나귀까지 동원하고자 했으니 사람들의 이벤트 기획은 예나 지금이나 흥행을 위한 것이라면 물불을 가리지 않았다.

중세 때는 어떤 짐승이든 상관없이 등에 올라타 도리깨로 싸움을 벌이는가 하면 이판사판으로 싸움을 붙이는 투계(鬪鷄)도 있었다. 유혈 스포츠의 성행은 심심치 않게 나타났다. 지금 이 순간에도 피가 낭자하는 격투 스포츠가 안방에 버젓이 방영되고 있다. 고대 올림픽 경기인 판크라티온(Pankration)을 소환한 것이다.

전차경기와 경마는 스타디움 남쪽에 별도로 건설된 히포드로모스(Hippodromos)에서 개최됐다. 전차경기를 위해 그리스 전역에 많이 퍼져 있던 것으로 추정하고 있다. 현재는 대개 평평한 벌판으로만 남아있다. 열광적인 관중의 응원과 같은 극적인 장면은 상상해야 하지만, 서기 150년 무렵에 활동했던 고대 그리스 여행가 파우사니아스(Pausanias)의 단편적 기록을 통해 그 열기를 어림짐작하게 한다. 마치 확장현실(extended reality)의 최첨단 미래 기술을 통해 가상의 트랙을 손으로 만질 수 있을 것만 같다.

콘스탄티노플(현재 터키의 이스탄불) 고궁에서 발견된 필사본을 통해

고대 그리스 전차경주

대략적 규모를 알 수 있다. 코스가 8스타디아(스타디온의 복수형), 너비가 1스타디온 4플레트라(플레트론의 복수형)로 기록돼 있다. 올림피아에서 1스타디온이 192.3미터 정도이고 6플레트라로 계산하면 코스는 1538.16미터, 너비는 320.45미터가 된다. 또한 두 기둥을 중심으로 계속 왕복하는 경기여서 실제는 6스타디아(1153.62미터) 정도였다고 한다.[17]

물론 고대 스포츠에서는 근대 이후의 특성인 합리화와 계량화는 나타나지 않는다. 즉, 지역 마다 규모를 달리했던 것이다. 고대 올림피아 제전이 열리는 곳마다 원반의 크기와 무게가 달랐다. 스타디움도 마찬가지였다.[18] 또한 고대 그리스인들은 스포츠 경기를 통해 계산하여 얻은 값에 관심이 없었다. 이는 기술적인 문제라기보다는 문화적인 차이라 할 수 있다. 구트만(A. Guttmann)이 현대 스포츠 세계에 사는 우리에 대해 고대 올림피아 축제를 즐기는 관람자보다 로마나 콘스탄티노플의 어느 한 경기에 열광하는 관중에 가깝다고 한 이유가 여기에 있다.[19] 그 당시 또한 편집증에 가까운 지금 수준의 수치를 기록하지 않았지만 말이다.

전차경기는 매우 위험했다. 말은 반환점을 돌며 아침햇살에 길게 늘어진 자신의 그림자에 놀라 자빠지기도 했다. '말의 공포'란 뜻을 지닌 타락시포스(Taraxippos) 제단 근처를 통과할 때면 번번이 사고가 일어났다.[20] 제례의식으로 충만한 고대 스포츠 경기에서 미신이 난무했던 것은 말할 것도 없었을 것이다.

직선주로에서 곡선주로로 선회할 때 기수가 말고삐를 놓치거나 놀란 말에 의해 중심을 잃게 되면 대형사고로 이어졌다. 강하게 회전하는 물체가 궤도를 이탈하는 힘을 막을 수 없었을 것이다. 운동 상태를 유지하려는 속성을 막기에는 이미 늦은 상황이다. 만약 전차끼리 부딪히거나 기둥에 정면으로 충돌한다면 작용과 반작용으로 어느 한 쪽은 치명적 상흔을 입을 수밖에 없었다. 원심력을 배제하기 위한 어떠한 장치도 없었다. 말의 무게가 더 나갈수록, 질주 속도가 빠를수록 선수의 생명을 담보로 한 위험한 경기였다. 크기가 천차만별이었던 경기장의 곡선주로의 차이를 극복하기에도 어려움이 적지 않았을 것이다.

미국 자동차 경주대회로 유명한 나스카(NASCAR)에서 열광하는 관객들처럼 짜릿한 사고는 흥분을 자아냈을 것이다. 하지만 안전장치라고 해봤자 수레에서 이탈했을 때 멋지게 낙법하고 뒤따라오는 전차를 피하는 길 밖에 없었을 터였다. 죽음에 가까운 위험을 안고 경기에 임할 수밖에 없었다. 2020년 팬데믹으로 전 세계에 충격을 안겨다 줄 때 자동차들의 현장 굉음을 온라인으로 옮겨온 적이 있다. 바로 큰 흥행을 거둔 나스카의 e-스포츠 대회를 통해서다. 경기장 티켓을 구매했던 수요가 안방에서 접속을 늘리는 주체가 됐다. 가상현실(virtual reality)로 고대 경기를 재현한다면 전차경기만한 게 없을 것이다.

고대 그리스 사회에서 상류층과 귀족의 전유물이었던 전차경기에 참가하기 위해선 비싼 비용을 치러야 했다. 이러한 원인으로 전차 경주는 점차 쇠퇴하게 되면서 올림픽 프로그램에서도 사라졌다. 기원전 7세

제2부 새로운 리더십

기경에는 전쟁전술의 변화로 중갑병의 방진(方陣)부대가 서로 경주하는 경마가 등장했다. 병사들을 사각형으로 배치하여 서로 부딪히며 승부를 가린 것이다.[21]

공식적인 기록으로 켈레스(Keles)라 불린 경마는 기원전 648년에 도입됐다. 오늘날의 경마와는 달랐다. 우선 안장이나 등자(Stirrups)가 없었다. 기껏해야 두꺼운 담요를 걸쳐놓아 위에 올라타 두 발을 말 몸통에 부착해 균형을 맞췄다. 기수에 대한 안전장치가 없었으니 떨어지기 일쑤였다.[22]

호메로스가 묘사한 장례 경기에는 심판과 관중이 등장한다. 심판은 경기 자체를 감시하기도 했지만, 격렬한 승부에서 빚어지는 혹시 모를 관중들 사이의 소란을 수습하기 위해서도 배치됐다.[23] 현대 스포츠 관중의 열기와 하등 다를 바 없었다. 오늘날 단일종목의 최대 상품인 축구처럼 몰입도가 매우 높았다. 경기 규정도 간단했다.

축구와 같이 공격팀의 공이 골대 안에 들어가면 골이란 사실을 누구나 인지하듯 쉬웠다. 선두를 달리면 이기고 있다는 사실을 누가 인지를 못했을까. 구체적인 반칙을 제재할 장치는 없었다. 쿨 미디어 스포츠로 대표되는 축구처럼 폭력사태가 빈번하게 발생했을 수도 있다. 고참여성(high participation), 저정밀성(low definition)의 경기였다. 수용자의 참여가 지나치게 높아지면 역효과가 날 수 있던 것이다. 그렇다면 훌리건(hooligan)의 원조격이 된다.

나체경기

김나시온(gymnasion)이란 용어는 김노스(gymnos)란 어원에서 비롯됐다. '가볍게 입은', '나체의'라는 뜻을 지닌 형용사이다. 고대 그리스에는 트랙 경기와 필드 경기에 참가하는 모든 남자선수들은 나체 상태로 경기에 참가했다. 다만 전차경주 기수는 긴 백색 튜닉을 착용했다. 이 시기의 체육·스포츠 현장은 공공나체가 매우 당연했던 것이다. 물론 호메로스 서사시에는 나체를 수치스럽게 여기는 것으로도 묘사했다. 허리옷을 두르고 경기를 했던 것을 보면 처음부터 맨몸으로 경기를 하는 행위에 대해 선호한 것은 아니었다.[24]

오늘날 올림픽에서 나체 경기가 펼쳐진다면 세상 사람들은 난감해할 것이다. 나체주의를 표방하는 극소수 외엔 자연스러운 모습으로 바라보기는 힘들다. 하지만 나체경기는 엄연한 역사이다. 기원전 720년 이후에는 완전한 알몸으로 당당히 경기를 치렀다. 초기 그리스의 운동선수들은 페리조마(perizoma)라 불리는 국부 가리개를 둘렀다. 허리와 대퇴부를 감싸며 매듭을 짓는 형태로 일본의 스모선수를 떠올리면 된다. 호메로스의 일리아드에 나오는 권투와 레슬링 경기에도 분명히 허리옷을 둘렀다.

고대 그리스 문명 이전에 인근에서 두 문명이 태동했다. 에게해의 크레타섬에서 발생한 미노스 문명(기원전 3000년경~기원전 1400년경)과 미케네 문명(기원전 1400년경~기원전 1200년경)이다. 이 시기의 권투 선수가 그려진 도자기 그림이나 프레스코 벽화에 묘사된 권투 선수들은 죄다 페리조마를 입었다. 균형 잡힌 몸매를 가진 선남선녀가 등장하는 프레스코 벽화인 황소 타는 모습도 마찬가지다. 남자 한 명과 여자 두 명도 운동용 페리조마를 입었다.[25]

황소 타는 모습

　스포츠 종목의 나체는 기원전 2400년에서 2500년경 고대 이집트 제5왕조의 통치자인 제드카레(Djedkare) 치하에서 고관이었던 프타호텝 (Ptahhotep) 무덤에 남겨진 레슬링 자세에도 남아있다. 나체로 훈련하거나 경기를 했던 것으로 보인다. 반면 비슷한 시기의 사후레(Sahure) 왕의 장제신전이나 기원전 2100년경의 베니하산에 묘사된 유명한 레슬링 벽화에도 바람이 불면 나풀거리며 속이 보일 것 같은 국부가리개를 차고 있다. 또한 베니하산에는 허리에만 띠를 둘러 발가벗고 기술을 선보인 장면도 묘사돼 있다.

　호메로스 시대에도 젊은 사람들은 나체에 대해 관대했지만 나이 많은 사람들은 이를 수치로 여겼다. 파우사니아스는 고대 그리스 경기장에서 처음으로 알몸을 선보인 선수는 오르시포스(Orsipus)로 기록했다. 기원전 720년 올림피아의 스타디온 경주에서였다. 이후 발견된 그의 기록에는 기원전 652년에 최초의 나체경기를 선보였고 스파르타인이었다고 기술돼 있다. 기원전 1세기경에 활동한 작가 디오니시오스(Dionysius)는 스파르타 출신의 달리기 선수였던 아칸토스(Acanthus)가 그 이전부터 허리옷을 벗고 달렸던 계기로 그 이후 관습이 됐다고 적고 있다. 역사가 투키디데스(Thucydides)도 스파르타인이 나체 경기를 최초로 치렀다고 했다. 또 다른 기록에는 아칸토스가 달린 종목은 돌리코스에서 우승했다고 전해진다.[26]

어쨌든 알몸경주의 선구자인 오르시포스는 올림피아에서 달렸다. 그가 달렸던 종목은 1스타디온이 192.3미터였으니 오늘날 200미터 단거리 경주였을 것이다. 아칸토스가 달렸던 돌리코스는 대략 1,346미터에서 4,614.5미터에 이르는 중장기 경주였다. 긴 거리 경주는 현대의 5,000미터 육상 종목인 셈이다. 물론 모두 발가벗고 힘차게 뛰었다. 역동적 움직임이 불가피했기 때문에 대단히 거추장스러웠을 수도 있다. 그럼에도 불구하고 모든 선수가 동일한 조건이라면 적응을 했을 것이다.

초기 올림픽 기간 동안에 선보였던 나체경기가 일시적 유행인지 지속했는지는 불분명하다. 플라톤(Plato, 기원전 427년~기원전 347년)마저 나체경기를 주장했다. 아테네 명가에서 태어난 그는 스포츠 제전인 올림피아에 대해선 언급이 없었지만 자신이 주장하던 이상국가의 여성들도 알몸으로 운동해야 한다고 주장했다. 서기 7세기와 12세기경의 기록에 따르면 아테네에서 벌어진 달리기 경주에서 선수가 입던 허리옷이 흘러내려 그걸 밟고 넘어지면서 사망에 이르렀다고 한다.[27] 상상을 해보면 꽤 실소가 나오는 대목이지만, 사실 여부를 떠나 그들은 매우 진지했을 것이다.

플라톤 역시 이스트미아(Isthmian) 제전에서 두 번씩이나 레슬링 경기를 재패한 강인한 선수였다. 당대 최고의 철학가가 바라본 몸이란 무엇일까. 사람의 몸은 강함과 상징성을 내포함으로써 이상을 추구할 수 있었던 요인이었다. 머나먼 동방에서 이미 인류문명의 사상사에 한 획을 그었던 철학자 공자(기원전 551년~기원전 479년)도 남들보다 글을 해석하는 능력만 뛰어났던 것이 아니다. 장르를 넘나드는 가무로 청중의 혼을 빼기도 했지만, 전차를 몰며 능숙하게 활을 쏠 줄 알았던 명수란 사실을 잊어선 안 된다. 지식과 경험의 원천이 구분될 수 없었다. 누구는 책상 앞에만 앉고, 다른 누구는 체육관에서만 맹진하는 차원이 아니었다. 진정한 지적 순례를 위해 직접 체득해야 하는 것이다.

고대 그리스의 스포츠 행위에는 독특한 특성을 남겼다. 레슬링을 할 때는 나체로 운동하고 몸에 오일을 바른다. 또한 아울로스의 음악에 맞춰 운동을 했다. 팔레스트라에는 탈의실, 목욕실, 기름을 바르는 장소까지 구분돼 있었다. 나체훈련과 경기가 일상화됐을 시기에 그들의 운동 행위는 어떤 의미가 담겼을까. 신들이 만든 몸을 그대로 보여주는 수단이자 신체적, 정신적 탁월함을 통해 명예를 추구했던 사회상과도 부합했다. 기원전 430년경 아테네 전역에 창궐한 전염병 페스트는 몸에 대한 새로운 기준을 삼기에 충분했다. 건강에 대한 관심이 높아지고 그리스인들의 신체적 용맹을 드러낼 수 있는 원초적인 수단이었다.[28]

나른한 음악과 격렬한 운동

고대 그리스 시대의 현악기로는 리라(lyra)가 있었고, 현대의 클라리넷과 같은 내부의 리드로 진동이 생기는 아울로스(aulos)란 악기가 있었다. 그리스 생활에서 음악은 빼놓을 수 없는 것이었다. 노동을 하거나 운동을 할 때, 심지어 전쟁터에서도 음악을 사용했다.[29]

플라톤은 체육을 통해 신체를 단련하고 음악으로 정신을 다스리라고 했다. 파우사니아스의 기록에 따르면 올림피아 제전에서 우승자를 위한 음악 향연이 필수였다. 기원전 5세기경에 활약했던 작곡가 핀다로스

아울로스 연주자

(Pindaros)에 따르면 즉흥시를 만들어 우승한 영웅을 찬미하고, 즉석에서 합창단을 구성해 아울로스 연주와 함께 노래와 춤을 추었다고 한다.[30]

수많은 도자기를 통해 아울로스 연주자가 달리기, 창던지기, 원반던지기, 멀리뛰기 선수와 함께 묘사돼 있다. 심지어 권투와 레슬링 선수와도 함께 그려져 있다.[31] 아울로스 리듬에 맞춰 스텝을 밟으며 안면 타격을 이어갔던 것이다. 나른한 선율에 따라 오일을 바른 몸끼리 부여잡고 레슬링을 했다. 미끄러지지 않게 고운 모래로 몸에 뿌리고 다양한 자세를 배웠다.

플라톤은 고대 그리스 시대의 몸(soma)을 위한 교육으로 신체교육(gymnastike)과 예술교육(Mousikē)의 두 가지 축을 강조했다. 어린아이들에겐 영혼을 위한 예술교육이 신체교육보다 선행돼야 함을 상정했다. 영혼과 관련한 음악과 시와 더불어 행하여야 할 신체 단련으로 무용(orchesis)과 레슬링(pale)을 추천했다.[32]

공공장소 어디서든 들려오는 리듬과 선율은 사람들에게 어떤 느낌을 전달했을까. 뜨겁게 내려쬐는 태양 아래서도 여유를 찾고, 스산한 바람이 불 때면 감정을 끌어올렸을 것이다. 즉흥시를 쓰고 노래와 춤을 추며 인간 중심의 삶에 한껏 즐기고자 했을 것이다. 때론 몽환적 분위기에 취했을 것이다.

고대 그리스의 동성애 문화는 익히 알려져 있다. 엄밀히 말하면 소년애(paedorastia, 少年愛)라 할 수 있다. 연상의 남성이 사춘기 전후 소년과 관계를 맺었다. 운동장 규칙에는 '동성애자 출입 금지'로 돼 있다. 즉, 동년배끼리의 연애는 금지됐다. 그들 간의 신체적 관계는 남성의 성기를 소년의 넓적다리에 끼워 사정하는 정도였다고 한다. 더욱 중요시됐던 것은 그들 사이의 정신적 관계였다. 어른이 돼가는 과정에서 지켜야 할 몸가짐과 매춘부와의 성적 관계를 비롯해 사회적 관습을 배웠다. 일종의 성년 의례적인 문화였다. 그들 간의 아무런 관계가 성립되지 않으면 불명예로 여겼다고 한다. 플라톤의 <향연>에 소크라테스와 알키비아데스 간의 소년애에 대한 언급이 있다. 알몸으로 레슬링과 판크라티온을 한다는 것은 여러 장애가 있었을 것이다. 혈기 왕성한 두 남자 간의 격투 스포츠에서 기술 전수와 승패 이외의 감정적 요소를 억제하기 위한 장치도 있었다. 발기를 방지하기 위해 포피 끝을 끈으로 매는 풍습이 그것이다.[33]

기원전 5세기에 나타났다가 사라진 예술로 그리스 비극이 있다. 유일하게 꽃 피웠던 곳이 고대 아테네이다. 그리스 식민지인 마케도니아 왕의 주치의 아들로 태어난 아리스토텔레스(Aristoteles, 기원전 384년~기원전 322년)는 플라톤 밑에서 20년 넘게 가르침을 받았다. 그는 두 가지의 시 예술에 대해 관심이 높았다. 즉, 극(비극·희극)과 서사시였다. 스승 플라톤이 주창한 미메시스(모방, mimesis)를 비극론에 주로 사용했다. 그는 비극을 진지하고 일정한 간격을 유지한 채 완결된 행위를 모방하는 것으로 정의했다. 인간을 모방하는 것이 아니라 인간의 행동(삶의 행복과 불행)을 모방하는 것이라고 했다.[34]

비극은 쾌적한 장식을 가진 언어를 사용한다. 또한 고귀하고 완전한 행동을 창조적으로 모방하는 것이다. 비극 자체의 어감에서 느껴지는 슬픔과 비참함에서 그치는 것이 아니다. 인간 정신이 최고조로 발현됐을 당시의 위대함을 모방했던 것이다. 다시 말해 인간이 간직한 정신의 크기를 숭고함으로 재현하고자 했던 예술이다. 그리스 영웅을 향한 상승욕구를 추동했던 장치였다.[35] 현실 속 영웅들은 누구인가. 바로 몸을 통해 아곤(agôn)을 불러일으켰던 수많은 스포츠 영웅이었다. 도시국가 간의 전쟁도 멈추었던 스포츠 경쟁이다. 이들이 펼치는 치열한 경연장으로 들어갈 준비를 마쳤다.

06

여성 스포츠와 비약적인 스포츠 제전

여성 스포츠의 생명력

사냥의 여신 아르테미스(Artemis)는 그녀의 우상이었다. 그녀의 주력 종목인 달리기 경기를 선보일 수 있는 큰 행사가 있었다. 4년에 한 번 올림피아에서 개최되는 헤라제전을 의미한다. 아르테미스를 기리는 의식으로 달리기와 활쏘기는 매우 중요한 행사다. 올림포스의 12신 중에 하나인 아르테미스는 제우스와 레토의 딸이다. 쌍둥이 형제인 아폴로보다 먼저 태어나 어머니의 해산을 도왔다고 전해진다. 그녀는 뭇 남성과 다를 바 없이 산, 계곡, 들판에서 사냥을 즐겼다. 그녀는 항상 그리스 신화에서 활과 화살통을 지닌 모습을 보인다.

아르테미스가 사냥의 여신이라면 아탈란테(Atalante)는 스포츠 여신이다. 아르테미스를 신봉하는 그녀는 사냥에 능숙할 뿐만 아니라 아탈

아르테미스

란테처럼 레슬링을 잘 했다. 고대 그리스 시대의 유명한 도자기 문화가 있다. 대표적으로 두 개의 손잡이가 달린 암포라(amphora)가 있다. 바로 이 유물에 아탈란테는 아킬레스 아버지인 펠레우스(Peleus)와 레슬링 경기를 하는 모습이 담겼다.

파우사니아스는 16명의 여성들에 의해 헤라제전을 주도했다고 기록하고 있다. 경기는 달리기 경주가 대표적이었다. 서기 2세기에 활동한 여행가의 진술이 시간이 꽤 흐른 상태였지만 여성 스포츠의 시대상을 엿볼 수 있다. 그는 제전에 참가한 여성을 묘사했다. 머리를 길게 늘어뜨리고 무릎 바로 위까지 올라간 스커트를 입었다. 또한 오른쪽 어깨부터 가슴 위까지 노출된 옷을 입었다. 여성 전용 경기장에서 경기를 치렀고 우승자에겐 올리브 관과 헤라신에게 바치는 제물인 암소의 일부를 받았다.

남성 우승자처럼 동상이 발굴되지 않아 경기장 앞에 여성 우승자 동상을 세웠는지는 알 수 없다.[1] 또한 아테네 근교에 위치한 아르테미스 신전에서는 그 여신을 기리는 별도의 제전이 있었다고 한다. 아르테미스 제전에서는 햇불을 든 소녀들이 곰을 형상화한 마스크를 쓰고 짧은

제2부 새로운 리더십

스커트나 알몸으로 달리기 경주를 했다고 전해진다.[2]

통상 고대 그리스 시대의 여자는 사회로부터 격리된 지위를 갖고 있다고 알려져 있다. 오래 전 그리스에 정착했던 도리안인들은 가부장제 사회구조를 갖추었다. 유목민족 특유의 부계사회 구조를 이어간 것이다. 여성에 대한 공공 업무는 후견인이 대신해야 했다. 후견인만이 상속, 계약, 결혼 등에 관한 일상을 대신할 수 있는 것이다. 결혼 전에는 아버지가 하던 일을 결혼 후에는 남편이 해야 했다. 또한 남편이 사망하면 남자 친척이 그녀를 대신하게 한다. 이러한 삶의 환경에 따라 정치에 참여하거나 관직을 가질 수도 없었다.[3]

또한 공설 체육관인 김나시온과 같은 장소에 출입을 할 수 없었다. 부유층의 전유물이 된 체육 프로그램을 즐기는 것은 소년들의 몫이었다. 그들은 돈을 내고 신체단련과 운동기술을 배웠다. 화려한 선수경력을 갖거나 체계적으로 체중 관리를 할 줄 아는 체육 전문가를 찾았다.[4] 참여 스포츠 소비자의 수요를 남자로만 한정했던 것이다.

그럼에도 불구하고 기록 곳곳에 예상외로 여성들의 삶을 드러내고 있다. 호메로스도 일리아드와 오디세이를 통해 여성의 생활상을 그렸다. 여성들이 참가한 공놀이와 수영 장면에서 체육활동과 놀이를 즐겼다는 것을 알 수 있다. 물론 단순한 놀이 문화 수준이었을 것이다. 스포츠 지도사를 통해 전문적으로 배우거나 공공장소에서 대놓고 하는 분위기는 아니었다.

다만 도시국가마다 사정은 달랐다. 스파르타에선 소년들과 마찬가지로 소녀들도 동등한 조건을 갖추고 달리기 경주와 레슬링 시합을 했다. 병역을 면제받을 허약한 소년과 소녀를 제외하고는 똑같이 신체훈련을 받았다. 여자도 남자와 마찬가지로 벌거벗은 채로 경기를 했다. 병역 대상이 아닌 아이들은 버림받고 죽임을 당했다.[5]

물론 스파르타 여성이 완벽한 평등을 이루었다는 확실한 근거는 없다. 남자들과 동등하게 레슬링 등을 전라로 했다는 내용은 후대의 로마에 와서 각색된 내용일 가능성도 있다. 여성들에게는 결혼하기 전까지만 허용됐던 무용 정도로 추정하기도 한다.[6] 고대 스포츠 스파르타인들 스스로 남긴 유적이 단 한 점도 없다. 그렇기 때문에 더욱 그런 정황에 대해 얘기가 나올 수밖에 없을 것이다.

현대인은 좋아하는 체육 종목을 배우고자 돈과 시간을 소비한다. 건강과 유행에 민감하므로 모든 조건을 선택한다. 종목 외에도 장소, 시간, 프로그램 선택을 주도한다. 관람 스포츠 소비자는 어떠한가. 경기관람을 위해 기꺼이 돈과 시간을 소비한다. 재미있고 호감이 가는 이벤트를 찾아다닌다. 스포츠 스타를 보기 위해 멀고도 험한 교통길도 마다하지 않는다. 참여하거나 관람을 싫어하는 매체 소비자도 있다. 클릭 하나로 스포츠 콘텐츠를 구매한다. 운동을 전혀 하지 않으면서도 스포츠 모자를 쓴다. 캡을 뒤쪽으로 하고 거꾸로 쓰기도 한다. 집밖에 거의 나가지 않아도 가벼운 스니커즈를 선호한다. 스포츠 단신을 즐겨보고 선수의 일거수일투족에도 관심이 많은 부류이다.

지금까지 연구를 보면 고대 그리스 여성들은 스포츠 제전의 관람도 허용하지 않았다. 배우지도 못하게 하고 구경도 못하게 하면 어떡하란 말인가. 올림피아 제전에 참가해 우승한 영웅을 흠모하기도 어렵다. 기원전 540년 올림피아 제전에서 우승한 밀로(Milo)란 소년이 있었다. 레슬링 우승자로 어른이 돼서도 내리 5번을 더 우승했다. 우승기록이 화려하다. 피티아 제전에선 7번, 이스트미아 제전에선 10번, 네미아 제전에선 9번의 왕관을 차지했다.[7]

현대 올림픽과 세계선수권 대회에서 거의 싹쓸이하는 수준이다. 영원한 강자는 없다고 했는가. 티마시토스(Timasitheos)라는 촌놈이 등장하더니 밀로를 이겼다. 무턱대고 덤비지 않고 꾀를 쓰며 밀로를 지치게 만들어 승리를 거머쥔 것이다. 하지만 티마시토스도 결국 죽음을 맞이한다. 영웅의 죽음치고는 좀 황당하다. 숲 속을 지나가다가 나무 틈 사이에 박힌 쐐기를 보고는 두 손을 넣고 뽑으려고 했다. 멋지게 힘자랑을 해서 쐐기는 빠졌는데 나무 틈 사이에서 손이 빠지지가 않아 결국 맹수들의 먹잇감이 됐다고 한다.[8]

여성들에겐 이런 종류의 수많은 영웅담을 서로 공유하는 것 말고는 즐길 스포츠 콘텐츠가 없었다. 아예 직접 참가하면 어땠을까. 선도적 기질을 가진 누군가는 이런 생각을 했을지도 모른다. 헤라제전 외에도 올림포스 12신 중 아르테미스, 아테나, 아프로디테, 데메테르 등의 다른 여신을 기리는 제전이 있었을 것이다.[9]

역사의 한계성

수많은 암포라에 그리스 여성이 달리고 수영하며 심지어 다이빙하는 예술작품도 남겨져 있다. 오늘날 정설로 받아들이는 주장에는 18세기 고전학 학자들이 정리한 내용이 많다. 이 여성들이 실제 생활에 등장하는 여성이 아니고 여신이거나 아마존 여전사의 모습이란 것이다. 그 학자들이 살았던 시대의 사회인식이 구체적 근거 없이 유추한 '역사의 한계성(historical limitation)'을 지녔다. 그 시대라 하면 중세 금욕주의 사상과 빅토리안 시대(1837~1901)의 사회·문화적인 영향에서 벗어나지 못한 때를 말한다.[10]

'여성들은 그래야 될 거야'란 인식을 '그랬을 거야'로 그들의 바람을 담아 비약을 일삼은 것은 아닐까. 물론 고대 그리스 스포츠 행사는 남성 편향적인 활동양식이었던 것은 분명하다. 하지만 역사적 사실은 여성들이 사회적으로 완벽히 격리된 대상이 아니었다는 것이다. 여성은 올림피아에 모습을 드러내진 못했지만 전차경기에 말을 출전시켜 승리한 여성도 여러 명 있었다.

파우사니아스의 기록에 따르면 기원전 3세기경부터 여성 경기자들은 각종 제전경기에 참가했다. 기원전 2세기경에 메가크레스, 아리스톤, 폴리크라테란 사람들의 딸이 전차 경주에서 우승했다. 비슷한 시기의 베리스티케라는 여성은 4륜 전차경주에 참가할 말을 소유한 주체로 우승을 이끌었다.[11] 직접 참가는 하지 않았지만 선수 관리를 주도하는 에이전트와 스폰서 역할을 한 것이다. 김나시온도 점차 여성들에게 개방이 됐다.

이와 같이 펠로폰네소스 전쟁(기원전 431년~기원전 404년) 이후 황폐화된 그리스 전역에는 여성체육이 오히려 활기를 띠었다. 로마제국 시대로 넘어가서는 올림피아, 피티아, 이스트미아, 네미아의 4대 범그리스 제전에 여성의 단거리 경주가 포함됐다.[12] 이러한 여러 가지 정황을 살펴보면 고대 그리스 여성들의 스포츠 활동은 중세나 근세의 여성보다 훨씬 자유로웠다.

물론 여성 전용의 스포츠 제전을 개최했다고 평등의 지위를 누렸다고 할 수는 없다. 또한 남성들의 전유공간이던 곳에서 몇 차례 승리를 했다고 해서 평등을 얘기할 수 없을 것이다. 스포츠 영역의 평등이란 모든 이에게 동등한 기회가 주어지고 동일한 조건 하에 경기에 임하는 것을 뜻한다. 이러한 점이 근대 스포츠가 이전 스포츠 문화와의 대표적인 차이로 설명되고 있다.[13]

더군다나 경기상황의 평등에 대해선 고대 그리스인들의 남성 스포츠 문화에도 드러나지 않았다. 레슬링이나 권투시합에 체중에 따라 체급을 구분해야 한다는 생각을 하지 않았다.[14] 운이 좋으면 자신보다 체격조건이 낮은 선수를 만날 수 있고 혹은 태산만큼 큰 덩치를 만나기도 했다. 혹시 모른다. 미리 대진표를 알고 몰래 선수를 바꿔치기하는 행태도 있을 수도 있다. 예나 지금이나 승리를 갈구하는 스포츠 세계에서 커넥션이 있을 법도 하다. 실제 고대 로마시대에서 폭발적인 인기를 얻었던 전차경주에선 마사(馬舍)들 간의 뇌물 전달을 했다는 기록이 있다. 몰래 상대 마사의 말에게 독약을 먹이기까지 했다.[15]

고대 격투 스포츠 영웅들을 통해 전쟁 이미지가 가득한 스포츠 제전으로 상징화했다. 부유한 자들로 구성된 기득권을 존치시키기 위한 전략적 기획을 선보였다. 상류층은 정치적 영향력을 행사하고 중·하류층은 신분 상승을 꿈꾸게 하는 사다리 역할을 부여했다. 스포츠 영웅은 신화와 전설에 등장하는 신들처럼 일반인들보다 초인적인 기량을 발휘해야 한다. 이와 같은 인식으로 남성들이 벌이는 격투 스포츠의 가치는 나날이 높아졌을 것이다. 이런 환경 속의 고대 그리스에서 여성들만이 참가했던 제전을 기획했다는 것은 전향적인 일이다. 이러하듯 여성 스포츠의 생명력은 끈질기게 이어갔다. 오늘의 시각으로 봐도 매우 우수한 스포츠 이벤트 상품이었다.

고대 그리스 스포츠 제전

기원전 776년에 첫 올림픽이 개최됐다. 이는 올림피아(Olympia Games) 제전이다. 현대 유통 혁명을 이뤘던 근대 올림픽의 전신이다. 대륙을 이동하며 스포츠 상품을 판매하면서도 어떤 관세도 물지 않는 매력적인 상품이 이때 나온 것이다. 물론 최근 개최하고 싶지 않은 나라와 도시들이 많아지면서 새로운 전략을 짜야 하는 올림픽 저주 상품이기도 하다. 동전의 양면을 가진 이 상품을 약 2800년 전에 기획했다. 또한 피티아(Pythian Games), 이스트미아(Isthmian Games), 네미아(Nemean Games) 등 다양한 형태의 제전이 존재했다. 이 외에도 앞서 등장했던 여성 전용의 스포츠 제전을 비롯해 도시국가별로 소소한 스포츠 이벤트가 개최됐다.

이 당시 통치자들의 묘안을 보여주는 다각도로 고민한 흔적이 있다. 우선 '제우스의 휴전(Ekecheiria)'이란 정전(停戰) 규정도 만들었다.[16] 현재 국제올림픽위원회(IOC) 헌장에는 올림픽 기간 중에 '전쟁은 금물'이란 조항은 없다. 1916년 6회 대회가 독일에서 개최하기로 했으나 1차 세계대전으로 취소됐다. 4년 후 벨기에에서 치러진 올림픽에는 전쟁 주역이자 패전국가인 독일은 초대받지 못했다. 1940년 12회 일본 도쿄대회와 1944년 13회 핀란드 헬싱키 대회도 2차 세계대전으로 취소됐다. 4년 후 런던 올림픽 때는 독일과 일본 역시 참가를 하지 못했다. 2019년 바이러스(COVID-19)의 뜻하지 않는 반격으로 2020년 32회 일본 도쿄대회를 이듬해로 미뤘다. 전쟁 외에 초유의 사태로 미뤄진 최초의 사례다. 개최 여부의 불투명성은 그 어느 때보다 컸지만, 돈과 정치적 이해득실 때문에 포기하지 못했다.

고대 올림피아 제전은 4년마다 7월 하순에서 8월경에 제우스신을 기념하여 개최됐다. 신을 기리는 것 말고는 오늘날과 유사하다. 기원전 776년부터 개최된 이 대회 기간 중에는 경기 참여자들의 안전한 통행을 보장하기 위한 노력을 했다. 전쟁을 하지 않는 기간이므로 당연한 조치였다. 1972년 20회 독일 뮌헨 대회 때는 끔찍한 테러가 발생했다. 올림픽을 통한 정치적 이슈를 극대화한 사건이다. 팔레스타인 무장조직이 이스라엘 선수에 대해 인질극을 벌였다. 결과는 비참하게 끝났다. 강대국의 이해관계로 강행한 이스라엘 독립국가 탄생(1948)에서 빚어진 갈등의 불씨로 촉발된 사건이었다. 이는 오늘날까지 복잡다단한 국제 분쟁의 불씨라 해도 과언이 아니다.

21세기 판 선수의 안전보장 이슈는 일본 후쿠시마 원전파괴의 방사능으로 넘어갔다. 이에 더해 바이러스 팬데믹으로 집객을 하는 장소자체가 안전보장 이슈로 급부상하게 됐다. 방사능 이슈로도 꿈쩍하지 않았던 일본의 소수 정치인들이 공생(共生)의 소중함을 깨달을 수 있는 계기가 되길 바랄 뿐이다. 올림픽이란 상징성은 오륜기를 벗어나 지구인의 삶 자체를 가늠하고 방향을 잡는 척도가 됐다.

파우사니아스에 따르면 고대 올림피아 제전 때는 특별한 이유 없이 참가를 하지 않으면 무거운 벌금을 물렸다. 제전 첫날에는 선수, 심판, 가족들이 제우스 상 앞에서 엄숙한 선서를 했다. 선수들은 돼지를 제우스에 제물로 바치며 부정을 저지르지 않겠다고 맹세했다. 심판들의 위상도 컸다. 심판들도 뇌물을 받지 않을 것을 맹세했다. 그들의 위신이 컸던 것은 공정한 경기 관리에 따른 영향력에서 비롯됐다. 또한 그들이 성스러운 종교 행사를 집행했기 때문에 사제로서의 권위가 더해졌을 것이다.[17] 제우스를 기리는 행사답게 황소를 도살하고 제물로 바쳐졌다. 당시 황소는 가장 신성한 짐승으로 죽은 후 다시 부활한다고 믿었다.

피티아 제전은 기원전 586년(혹은 582년)에 시작됐다.[18] 고대 그리스인들은 델피 신전에서 아폴로신을 기념하여 4년마다 여름에 개최했다. 이 제전은 장례 경기의 성격을 지녔다. 종교전쟁의 전사자들을 추모하기 위해서였다. 전차경주에서 말들이 자빠지며 공포를 불러일으켰던 타락시포스(Taraxippos)가 등장한다. 귀신이나 위험한 장소로 다양하게 알려진 신화 속 익명의 존재 혹은 무시무시한 현장이다.

이스트미아 제전은 기원전 582년에 처음으로 개최됐다. 코린토스의 포세이돈 신전에서 2년마다 봄이나 여름에 열렸다. 네미아 제전은 기원전 573년에서 시작됐다. 제우스신을 기념하여 2년마다 9월에 개최됐다.

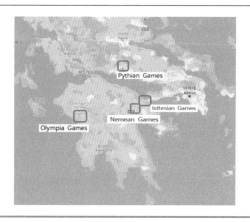

범그리스 스포츠 제전 장소(현대 지도와 비교)

범그리스 제전은 오늘날 4년에 한 번 돌아오는 올림픽과 월드컵처럼 서로 겹치지 않게 개최했다. 국제정세를 안정적으로 끌어가고 흥행성을 보장하기 위한 노력을 했다. 물론 언제든 전쟁에 투입돼 효과를 발휘할 수 있는 전투 기술로부터 스포츠 종목을 고안했다.

고대 스포츠 종목

고대 스포츠 제전으로부터 전해져 오는 종목은 레슬링과 권투와 더불어 육상이 있었다. 고대 스포츠 제전의 단골 종목은 달리기 경주였다. 스타디온(Stadion), 디아올로스(Diaulos), 돌리코스(Dolichos)이다. 기원전 776년 1회부터 도입된 스타디온은 191.27미터로 오늘날의 200미터 경주이다. 단 한 번의 숨도 쉬지 않고 내달리는 우사인 볼트가 뛰던 100미터 단거리 경주는 없었다.

디아올로스는 기원전 724년에 도입된 경주이다. 거리가 2스타디아

제2부 새로운 리더십

(스타디온의 복수형)이므로 400미터 경주와 유사하다. 오늘날의 장거리 달리기는 기원전 720년에 도입된 돌리코스로 24스타디아로서 5000미터 경주를 생각하면 된다.

달리기 중에 특이한 종목이 추가됐다. 바로 호프리토드로모스 (Hoplitodromos)라는 종목이다. 기원전 520년에 도입된 이 달리기는 전쟁 때 착용하는 전투복장을 하고 디아울로스를 치렀다. 전투복장을 갖추기 위해 우선 투구를 썼다. 왼손엔 방패를 들고 오른손에 창을 들었다. 정강이 보호대를 착용한 후 단검을 휴대하고 가죽끈으로 된 샌들을 신었다. 대략 35킬로그램에 달하는 무게를 몸에 지닌 채 달렸다.[19] 요즘 완전 군장을 하고 뛰는 군인의 모습인 것이다. 마치 벌을 받기 위해 연병장을 하염없이 뛰었던 자화상과도 같다.

육상 필드경기에는 아콘(Akon, 창던지기), 디스코스(Diskos, 원반던지기), 할마(Halma, 멀리뛰기) 등이 있었다. 아콘과 디스코스는 대표적인 군사 기술이었다. 멀리뛰기조차도 방패와 창을 대신해 균형추를 들고 뛰었다고 하니 기본적으로 전쟁에 필요한 체력조건을 테스트하는 것이었다.

1912년 스웨덴 스톡홀름 올림픽 때 처음으로 도입된 근대 5종 경기가 있다. 승마(장애물), 펜싱(에페), 수영(200미터 자유형), 사격(10미터 공기권총), 달리기(3킬로미터 크로스컨트리)를 겨룬다. 성질이 다른 종목을 혼합한 격이다. 종목은 다소 다르지만 고대 스포츠 제전의 5종 경기에 기초한 것이다. 기원전 708년부터 도입됐다. 종목은 스타디온(단거리 육상), 할마(멀리뛰기), 디스코스(원반던지기), 아콘(창던지기), 팔레(레슬링)를 겨루었다. 고대의 삶과 죽음을 결정지었던 전쟁터에서 필요한 종목을 두루두루 잘 하는 스포츠 영웅을 필요로 했다. 단거리부터 창던지기를 마친 후 대미를 장식하는 종목은 몸끼리 부대껴야 하는 레슬링이었다.[20]

마라톤의 진실

　　　　　　　　　　　기원전 492년 페르시아의 다리우스 1세(기원전 550년경~기원전 486년경)는 자신의 사위인 마르도니우스(?~기원전 479년)를 총사령관으로 임명하고 그리스 원정을 지시했다. 트라키야(오늘날의 불가리아 남부와 그리스 북동부)를 순식간에 점령했지만 폭풍으로 수많은 군사와 수백 척의 함선을 잃었다. 일단 퇴각을 결정한 후 2년이 지나고 다시 원정군을 파병했다. 이 기간(기원전 492년~기원전 490년)이 제1차 그리스·페르시아 전쟁을 치른 시기다.

　페르시아는 트라키야와 그리스 북부의 마케도니아를 비롯해 그리스 전역에 특사를 파견해 속국을 만드는 데 성공했지만 아테네와 스파르타만 굴종을 거부했다. 결국 페르시아는 아테네를 직접 공격하기 위해 마라톤 평원에 상륙하고 치열한 전투를 벌였다. 칼리마코스(?~기원전 490년)와 밀티아데스(기원전 550년경~기원전 489년)가 지휘하는 아테네는 수적 열세를 극복하고 승리했다. 칼리마코스는 마라톤 전투에서 전사했다. 올림피아 전차 경주의 영웅 키몬의 아들인 밀티아데스는 페르시아와의 전쟁에서 종지부를 찍은 플라타이아이 전투(기원전 479년)까지 승리를 이끌었다.[21]

　위의 사실은 엄연한 역사이다. 역사에 이름을 올린 아테네 진영의 장군들이 등장하고 생과 사를 나눴다. 또한 두 진영 간에는 한 쪽은 승리하고 다른 쪽은 패배했다. 어떠한 메시지를 알리기 위해 달려간 전령의 존재까지는 사실로 인지하고 있다.[22] 단, 승전보인지 병력요청인지 혹은 아테네인지 스파르타인지는 의견이 분분하다.

　근대 올림픽 행사의 대미는 마라톤이다. 1896년 1회 그리스 대회의 초유의 관심사는 마라톤 우승자였다. 목동 출신인 스피로스 루이스

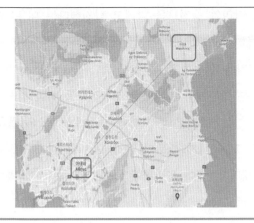

마라톤 전투 장소(현대 지도와 비교)

(Spyros Louis)가 우승하며 지금 아테네 올림픽 스타디움도 그의 이름을 땄다. 유사한 고대 스포츠 종목으로는 아테네에서 스파르타까지 달렸던 스파르타슬론(spartathlon)이 있다.

다만 마라톤은 역사적 사실과 재미를 더한 스토리텔링이 혼합돼 있다. 마라톤의 기원은 필립피데스(Philippides)란 병사가 기원전 490년에 아테네가 페르시아와의 전쟁에서 이겼다는 승전보를 알리기 위해 달려온 내용으로 알려져 있다. 특히 장렬한 전사를 가미함으로써 극적인 효과를 얻었다. 역사의 아버지라 불리는 헤로도토스(Herodotos, 기원전 484년~425년경)의 저서 <역사>에도 장거리를 쉬지 않고 달렸다는 기록이 남아 있다. 단, 이 인물의 실존여부를 떠나 도착하고 난 후 죽었다는 내용은 없다. 유사한 내용으로 스파르타에 지원군을 요청하러 왕복 약 230킬로미터를 달리고 갔지만, 거절당하고 돌아왔다는 다소 싱거운 스토리가 있다. 500여년이 지난 후 저술된 플루타르크(Plutarch, 서기 46년~120년)의 <윤리론>에 지금과 유사한 내용이 나온다. 완전 군장을 한 병사가 아테네로 달려와 승전보를 알리고 탈진했다는 내용이다. 다만 병사 이름은 에우클레스(Eucles)로 지목했다.[23]

서기 2세기에 활동했던 루키아노스(Lucianos)란 풍자작가도 한 몫 거든다. 마라톤 평원에서 아테네까지 승전보를 전한 인물은 필립피데스 가 맞고, 곧 숨을 거뒀다라고 기록했다. 헤로도토스와 플루타르크의 기 록을 조합해 그럴싸하게 스토리텔링을 한 것이다. 근대 올림픽 창안과 정에서도 각색됐다. 근대 올림픽에 처음으로 새로운 생명력을 불어넣은 피에르 드 쿠베르탱(Pierre de Coubertin, 1863~1937)은 그리스 고대사에 조예가 깊은 전문가들을 필요로 했다.

특히 프랑스의 언어문화 학자로 명성이 높았던 미셀 브레알(Michel Bréal, 1832~1915)의 역할이 컸다.[24] 브레알은 쿠베르탱에게 구체적인 마 라톤 코스를 제안했다. 최초 올림픽의 마라톤 거리는 IOC 연보엔 40킬 로미터로 기록돼 있지만, 이후 정확히 측정한 결과 36.75킬로미터였 다.[25] 현재의 42.195킬로미터도 영국 왕실의 개입으로 다소 늘어난 거 리다. 1908년 런던 올림픽 때 준엄한 왕가의 권위로 경주코스를 변경시 킨 것이다. 윈저 궁의 육아실 아래쪽에서 출발해 화이트 시티 경기장의 귀빈석에서 도착하길 원했기 때문이다.[26]

이와 같이 포장된 신화로서 드러난 정황이 있다. 그렇다고 하더라 도 '마라톤은 거짓'이라고 할 수는 없다. 대개 신화는 후대를 거쳐 덧입 혀져 가장 멋스럽게 장식된다. 여성은 올림픽에 참여하기가 부적합하 다는 망발을 쏟기도 했던 쿠베르탱은 고대 올림픽을 부활시키기 위해 마지막까지 근거를 찾고자 했다. 브레알이 제안한 코스를 실제 답사를 할 정도였으니 그가 보여준 올림픽, 특히 마라톤에 대한 상징성을 그 누구보다도 잘 이해하고 있었다.

네 발 보행을 하던 포유류가 루시(Lucy) 때부터 두발로 걸으며 존속돼 왔다. 직계조상인 호모 하빌리스에서부터 지금까지 오랜 여정을 걸었다. 그 어떤 동물보다 먼 거리를 이동할 수 있는 사피엔스의 놀라운 생명력을 다시 한 번 증명하고 싶었던 것일까. 누가 뛰었고 죽었든 혹은 살았든, 또한 거리가 어떠했든 무슨 상관이 있겠는가. 설령 잘못된 정보가 상식으로 잡혔다 한들 큰 문제가 있을까.

학술 세계에서야 타당하고 신뢰를 높여야 하는 검증의 주제이지만 우리에겐 도전에 관한 이슈가 된다. 더 나아가 자기와의 싸움이 된다. 지금 이순간도 누군가는 마라톤을 하고 있다. 완주에 성공하면 최초의 기록이 생긴다. 이어 자기 기록을 죽자 사자 깨고 싶어 하는 집념이 생긴다. 사피엔스는 그걸 반드시 극복해야 함으로써 증명을 할 수 있는 몸을 가졌다. 비록 빈약하게 생겼지만 놀랄만한 에너지를 발산한다.

쉬지 않고 17시간 내에 완주해야 하는 말 그대로 철인들이 펼치는 철인3종 경기도 있다. 트라이애슬론의 대표적인 종목으로 3.9km 거리의 수영을 하고 나서 대략 서울과 전주까지 거리(사이클 180.2km, 마라톤 42.195km)를 타고 달려야 한다. 더 나아가 울트라 트라이애슬론 경기를 통해 각각 거리를 일정 숫자의 배로 돈다는 의미로 더블(2배), 트리플(3배), 쿼드루플(4배), 퀸투플(5배), 데카(10배) 코스 경기도 만들었다. 심지어 30배로 늘린 트리플 데카 철인3종 경기도 있다. 이 끝판왕 몸 쓰임 경연대회에서 세계 최고 기량의 선수들은 무려 200시간 전후로 쉬지 않고 내내 몸을 움직이는 것이다.

잘 달리는 유전자

육상의 기원을 찾는 것은 무의미하다. 두 발로 걷고 맹수에게 잡혀 먹지 않으려고 '걸음아 나 살려라'할 때부터 생각하면 말이다. 조직적인 육상 경기는 기원전 3100년경에 고대 이집트 제1왕조 때의 세드 축제에서 찾아볼 수 있다. 파라오 30주년 제위를 기념하는 행사로 맹수(자칼)가 뒤쫓아 오면 줄행랑치며 국경을 넘나들며 달리게 했다.[27] 아무래도 사피엔스가 달렸던 이유는 도망치기 위한 행위가 가장 우선이었던 것 같다. 메시지를 빨리 전달하거나 서로 내기하면서 뛰는 것보다 살고자 뛰었던 달리기였던 것이다.

지금은 은퇴한 우사인 볼트가 100미터 세계 최고 기록(9.58초)을 갖고 있다. 언젠가는 깨지겠지만, 당분간은 깨지기 힘든 기록이다. 사피엔스가 지상의 대형 포유류 멸종을 이끈 것은 익히 알고 있다. 사피엔스의 착각이 언젠가는 코끼리마저 지구상에서 사라지게 할지도 모른다. 이 덩치 큰 동물의 100미터 평균 기록은 9.2초이다. 볼트보다 빠르다. 굼뜰 것 같은 하마는 어떠한가. 무려 8.0초로 달린다. 기린은 어떨까. 7.1초대이다. 기린은 다리가 길어서 그렇다고 치자. 미련 곰탱이라고 하는 원치 않은 별명을 지닌 곰은 100미터를 6.4초에 달린다. 가장 빠른 치타는 3.2초이다.[28] 사피엔스가 만든 자동차가 아니고선 감히 동물의 세계에 도전할 수 없다. 높이뛰기나 근파워같은 다른 영역의 비교도 무의미할 정도로 인간의 몸은 보잘 것 없다.

하지만 장거리 달리기는 다르다. 월등한 지구력을 보유하는 주체는 사피엔스다. 마라톤 풀코스 42.195km를 인간이 2시간 안에 완주하는 것은 불가능하다고 생각했다. 하지만 2019년 10월 인류 역사상 최초로 그 벽을 허물었다. 주인공은 엘리우드 킵초게 선수로 오스트리아 빈 프라터파크에서 열린 영국의 화학업체 이네오스(INEOS)가 주최한 대회에서 나왔다. 그는 1시간 59분 40.2초란 기록을 남겼다.

이 대회는 2시간 벽을 깨기 위해 의도적으로 마련한 행사였다. 주최측은 경기시간, 습도, 온도 등을 감안한 최적의 환경을 염두에 두었고,

제2부 새로운 리더십

선수는 총 41명의 페이스메이커와 앞에서 달리는 차로부터 형광색 빛을 받으며 속도를 조절했다. 심지어 자전거 보조요원들로부터 음료를 전달받을 수도 있었다. 비공식 마라톤 경기로 집계됐지만 본인이 갖고 있던 공식적인 세계기록(2시간 01분 39초)에 도전한 결과이다. 기술도핑이란 새로운 이슈도 이어갔다. 늘 혁신을 주도하는 나이키가 킵초게만을 위한 특수 조깅화를 제작했다. 밑창 중간에 탄소섬유로 만든 판을 사용해 스프링과 같은 기능을 넣음으로써 뛰는 힘을 10% 정도 높여주는 역할을 했다.

스포츠 유전자가 있을까. 분명 타고난 재능에 의해 발군의 성적을 내는 선수들이 존재한다. 아프리카 케냐의 칼렌진족이 거둔 마라톤의 기록갱신 신화를 통해 환경적 요인의 비중이 예상외로 크다. 킵초게 역시 칼렌진족 출신이다. 이들의 숫자는 케냐 인구의 약 12%를 차지하는 약 490만 명에 불과하다. 이들의 뛰어난 육상 능력을 설명하는 진화이론이 나올 정도로 항상 논쟁이 뜨거운 이슈이기도 하다. 인류학자가 말하길, 칼렌진족의 신체적 특성은 닐로트형(Nilotic type)이라 부르는 극도로 홀쭉한 체형이다. 엉덩이가 좁고 팔다리가 가늘고 길다. 즉, 유달리 길쭉하다.[29]

스포츠 유전자는 매우 흥미로운 주제이다. 끊이지 않는 선수의 약물 복용 문제, 스포츠 과학으로 포장된 기술도핑이란 인식, 기록갱신과 자본이 어우러진 기업 마케팅은 계속될 것이다. 프랑스의 경제학자 필립 시모노(Philippe Simonnot)가 칭한 호모 스포르티부스(Homo Sportivus), 즉 스포츠 하는 사람에 대한 이슈는 매일 쏟아진다. 사피엔스가 흘린 땀과 노력에 대해 평가가 소홀해져선 안 되므로 더욱 관심을 기울이는 것이기도 하다.

마라톤 평야의 잘 꾸며진 스토리는 아니지만 절박한 심정으로 달렸던 유전자도 있다. 더욱이 칼렌진족과 같은 태생적 유전자도 아니다. 시간과 공간을 초월한 시대상을 반영한 경이로운 기록의 소유자들이다. 도킨스가 제시한 문화 유전자로 칭한 일종의 밈(meme)과 같은 것은 아닐까. 구한말에 김성택과 이용익이란 인물이 있었다.

1882년 일본식 신식군대 별기군이 창설되면서 같은 해에 푸대접 받던 군인들이 폭동(임오군란)을 일으켰다. 일본인 훈련교관, 병조판서, 경기도관찰사 등이 살해되자 사태가 심각해졌다. 명성황후가 장호원에 있는 충주목사 민응식 집으로 피신할 때 피난 가마를 들고 뛴 사람이 김성택이었다. 이용익은 충주 장호원의 명성황후와 서울의 민씨 일가와의 연락을 담당했다. 더욱이 고종은 그에게 전주에 있는 전라감사에 봉서를 보내면서 맡기고 다시 돌아오라고 했다. 발송일시와 답봉서의 발부시간 기록은 그야말로 경이롭다. 서울에서 전주까지 약 200킬로미터 거리를 12시간에 독파했다. 평균 시속 17킬로미터의 기록이다.[30]

한국 최고기록(이봉주 2시간 7분 20초)을 환산하면 평균 시속이 19.87킬로미터이다. 이와 비교하더라도 엄청난 속도이다. 이 기록이면 세계 정상급 마라토너 수준이다. 당시 분초 단위의 정확한 기록이 아니었기 때문에 여러 측면에서의 오차가 있겠지만, 대단히 빨랐던 것은 확실하다. 혁신 기술을 담은 나이키 신발, 깃털과도 같은 가벼운 용품, 잘 닦여진 도로, 거리의 응원, 미디어 촬영, 더욱이 철인3종경기의 사이클 용품 등이 어디 있었겠는가.

훗날 이용익(1854~1907)은 대한제국의 탁지부(국가재정 담당) 대신을 맡아 광무개혁을 주도하며 근대 기업인의 효시로 꼽히는 인물로 남아있다. 그는 북청 물장수에 보부상 출신이었다. 민비를 보호하는 데 결정적 역할을 하게 되면서 이후 보부상 조직의 정치 세력화를 가속화하기도 했다.[31]

　　　　　　　　　　　　　　제2부 새로운 리더십

그 역시 먹고 살기 위해 달려야만 했던 자이다. 그는 역사의 한 편에 기록으로 남아있지만, 다수에 대해선 아무도 기록을 남겨주지 않았던 역사를 남몰래 썼다. 직업 정신이 몸에 배어있던 탓에 그저 달렸던 것이다. 보부상, 물장수, 인력거꾼, 신문배달부, 또 무엇이 있을까. 오로지 두 발에 의지해 삶을 유지했거나, 하고 있는 직업들의 세계가 경이로우면서도 애환을 담을 수밖에 없다. 이와 같이 직립보행 이후 전 세계 곳곳에 달리기 유전자는 존재할 것이다. 천차만별의 이유를 갖고 말이다. 사피엔스는 지금도 뛰고 있다.

07

스파르타와 아테네의 갈림길

스파르타 교육

기원전 480년, 한 청년은 정예 멤버로 전쟁에 참여하게 됐다. 페르시아의 크세르크세스(Xerxēs, 재위: 기원전 486년~기원전 465년) 왕이 수만 명을 이끌고 선대가 이루지 못한 과업을 수행하러 온 것이다. 두 번째로 그리스를 침공한 테르모필레(Thermopylae) 전투였다. 제1차 그리스·페르시아 전쟁(기원전 492년~기원전 490년)에서 마라톤 평야의 참패를 되갚고자 왔다. 정확히 10년 만이었다. 청년이 속한 300명의 스파르타 최정예 중장보병 후방에는 그리스 연합군 7천 명 정도의 군사가 배치돼 있었다. 그는 혹독한 훈련의 나날들을 또렷이 기억하고 있었다.

일곱 살 무렵에 시작하는 국가교육제도는 절대적이었다. 그의 집안은 스파르타 사회의 최상위에 속한 호모이오이(homoioi, 하나인 자들)였

레오니다스

다. 스파르타의 시민이다. 아고게(agoge)라 불리는 국가가 운영하는 공교육 학교에서 죽을 각오로 교육을 받았다. 일곱 살에서 열두 살까지는 파이도노모스(paidonomos, 시민출신 감독관)로부터 글과 체육을 배웠다. '소년들의 목자'란 뜻을 지닌 그들은 매우 엄격했다.[1]

청년이 지샌 밤은 폭풍속의 찻잔과도 같이 고요했다. 무더운 8월의 여름밤은 스산한 가을과도 같았다. 테르모필레 협로를 따라 바다로부터 부는 바람은 꽤 매서웠다. 페르시아군은 이미 에게해 북쪽 해안을 따라 마케도니아의 테살리아 지방을 통과했다는 전갈도 전달된 터였다. '와서 빼앗아보라(molon labe)'란 문구가 새겨져 있다. 2500년 후 옛 스파르타 관문에 서 있는 레오니다스(Leonidas I, 기원전 540년~기원전 480년) 왕의 동상에 있는 글귀다. 크세르크세스가 전령을 통해 무기를 버리고 항복하면 더 많은 부를 주겠다는 제안에 일언지하에 거절하며 내뱉은 말이다. 그는 자살행위와 다름없었던 이 전투를 이끌었다.

그 청년은 몇 해 전 태어난 아들을 떠올렸다. 최정예 멤버에겐 모두

제2부 새로운 리더십

가 아들이 있었다. 그들의 죽음 뒤에 대를 이어 죽음을 각오할 남자를 남겨놓았다. 그의 아들은 아포테타이(apothetae) 절벽에 버려지지 않았다. 자신을 닮아 건장한 청년으로 자랄 것으로 판명된 것이다. '폐기물 처리장'이란 뜻을 지닌 곳을 자신의 아이가 가지 않는다는 생각에 다행으로 여겼지만, 설상 그렇게 된다 하더라도 겉으로 티를 낼 수 없었다. 강인한 전사를 양성하는 국가적 사명을 거스를 대안이란 건 찾아볼 수 없었다.[2]

그는 누이를 떠올렸다. 집안에서는 다정다감했지만 공적인 장소에선 늘 무뚝뚝했다. 결혼을 하기 전까지 남자들과 동등한 수준의 교육을 받았다. 여성들도 달리기, 투창, 레슬링 등의 운동을 했다.[3] 남자들은 60세까지 현역에서 복무해야 한다. 아고게를 떠나서의 사회생활을 상상할 수 없었다. 결혼을 한 뒤에도 남자들은 병영에서 생활해야 했다.[4] 주로 밤 시간을 이용해 가끔 집에 가는 목적은 후손을 갖기 위해서였다. 지금으로부터 한두 세기가 흐른 지점을 그린 헐리웃 SF 영화얘기가 아니다. 마치 아날로그적 감성이 없는 미래 세계에서 최고의 유전자 그룹을 존속시키기 위한 삭막한 분위기를 내뿜는 시나리오도 아니다. 우수한 DNA만 남기고자 했던 역사적 사실로서 전해져 내려온다.

그가 어렴풋이 떠올리는 장면은 열두 살이 된 후다. 아고게의 중급 과정에서 지급받은 망토를 입고 맨발로 고된 훈련을 받았다. 수다를 떨고 싶은 나이였지만 간결한 말투 외에는 허용되지 않았다. 극한 상황에서 살아남는 법을 배웠다. 스파르타 청소년들은 스무 살이 돼서야 졸업을 한다. 마지막 2년은 그야말로 생지옥이었다. 그들의 인식엔 최고의 영광스러운 자리였을 수도 있다. 가장 촉망받는 이들로 선발된 집단은 크립테이아(krypteia)이다. 공인된 살인단이었다.[5]

단도 하나만으로 산에 들어가 스스로 먹을 것을 찾아야 했다. 이들

임무 중 하나가 헤일로테스(heilotes)라 불리는 메세니아 피정복민 몇몇을 살해하는 것이었다.[6] 전쟁에서도 두려움을 갖지 않게 하기 위한 인간의 잔혹성을 인위적으로 부여했다. 물론 이 과정 모두 국가가 주도했다. 인류 역사에서 유례를 찾기 힘든 대단히 독특한 시스템을 갖추었다.

헤일로테스들은 호시탐탐 반란을 꾀했다. 스파르타인들은 기원전 7세기경 그리스의 서북부에 위치한 메세니아를 정복했다. 비옥한 농토와 풍부한 철광석이 매장된 곳으로 헤일로테스를 노예로 부렸다. 종종 전쟁터에 끌려가 성벽을 쌓거나 노역을 했다. 헤일로테스는 가장 최하층으로 규모가 10만 명 이상이었다. 스파르타 외곽지역에 살았던 페리오이코이(perioikoi)도 있다. 5~6만 명 정도의 변두리 주민으로 상공업과 무기제작 등에 종사했다. 이들은 최상층 호모이오이와 최하층 헤일로테스의 중간층이었다. 호모이오이는 1만여 명의 스파르타 시민으로 전쟁에 직접 참여했다.[7]

최상위 계층이 전쟁수행 능력을 키우고 몸소 참가했다는 것 자체도 독특하다. 오늘날 고위층 자녀의 병역기피 인식과는 큰 차이가 있다. 그만큼 정신적 무장이 대단했던 스파르타였다. 소수의 집권세력이 다수를 지배하는 방식은 무척 잔인했다. 전쟁승리에 공헌한 헤일로테스를 해방시켜주겠다고 한 자리에 집결시킨 후 수 천명을 학살하기도 했다. 정교한 통치를 하면서도 수적으로 열세인 단점을 보완하기 위한 극적인 장치였다. 일상에 심리적 공포를 내재시킨 효과는 컸을 것이다.

고대 그리스인들이 갈망한 영웅시대는 우리에게 수많은 예술작품을 남겼다. 이 시대의 예술은 영웅들을 싸움터로 몰고 나가는 것이 아니라 승리를 이끈 영웅들을 위로한다. 대중들에게 칭송의 대상으로 만들었다. 이들이 추구한 명예심을 높이는 작업은 동시대와 후세 사람들에게 칭송을 받고 싶다는 욕구로 드러냈다.[8] 스파르타 명예는 어디로 갔단 말인가. 그들은 단 하나의 예술작품을 남기지 않았다. 그 흔한 도자기도 없다. 이들이 추구했던 강인한 몸의 기준은 무엇인가. 정신적 개조의 흔적은 어디 있단 말인가. 허망한 이상과도 같다.

테르모필레 전투

전쟁 1일차에 쏟아져 내린 페르시아군의 화살 공격은 숨을 쉴 수조차 없었다. 레오니다스 왕의 지략을 통해 확보한 좁은 협로는 방어하기에 효과적이었다. 수적으로 우세한 페르시아군은 막무가내로 밀고 들어왔다. 하지만 사활을 건 스파르타 정예보병을 당하지 못했다. 지난밤 스산한 바다 기운에 한 잠을 이루지 못한 청년도 적의 피로 뒤집어 쓸 정도로 치열한 날을 보냈다.

상상을 해보자. 300명의 후손뿐만이 아니라 스파르타 시민, 그 누구도 단 한 점의 그림을 남기지 않았으니 더욱 그렇다. 기원전 411년경에 집필한 에우리피데스(Euripides, 기원전 480년경~기원전 406년)가 <포이니케 여인들>에서 설명하는 공격 기술이 등장했을 수도 있다. 우선 방패와 방패가 맞댄 상태에서 상대에게 체중을 실어 밀어붙이게 한다. 순식간에 왼발을 뒤로 해 상대의 무게중심이 앞으로 쏠릴 때 오른발을 내디디며 단숨에 찌르는 그리스 군사의 무기 전투술이다.[9]

방패(Aspis)는 지름이 100센티미터에 무게가 8킬로그램 정도가 됐다.[10] 아마 페르시아군이 강하게 밀어 붙일 때 충돌과 발을 빼는 타이밍을 계산하여 허(虛)를 찾고, 오른발을 뻗으며 하복부를 강하게 찔렀을 것이다. 리더의 신호에 따라 일사불란하게 방패 대열을 했다가 흩어지는 공격과 방어를 반복했다. 빠르고 동일한 움직임으로 큰 효과를 보았다. 좁은 협곡의 살육현장은 죽음의 계곡으로 순식간에 바뀌었다.

페르시아 병사들의 시체로부터 악취가 진동했다. 한 낮의 더위는 오감을 자극하는 공포현장을 가속화하기에 충분했다. 전쟁 2일차를 맞이했다. 전날 수천 명의 병사를 잃은 크세르크세스는 충격을 받았다. 속수무책으로 당한 대량 육탄전 대신 최정예 요원을 뽑아 투입했다. 결과는 죽을 각오로 싸우는 소수정예 스파르타 병사를 이길 수 없었다. 크세르크세스는 페르시아군의 사기를 고려해 일시적 퇴각 결정을 고려했다.

스파르타의 운명은 여기까지였을까. 포상을 기대한 에피알테스라는 현지 토박인이 크세르크세스 왕과의 만남을 청했다. 그는 좁은 협곡을 가로지르는 우회로를 알려주었다. 어떤 자였기에 나라를 팔아먹었을까. 호모이오이의 영광스런 전쟁 참가의 자격을 받지 못했을까. 페르시아 제국의 무역 시장을 선망했던 돈이 많은 페리오이코이에 매수당했을까. 소수 통치세력에 이를 갈며 반란을 도모하던 헤일로테스 출신의 흠모하는 여인으로부터 사주를 받았을까. 이 또한 상상일 뿐이다.

결국 포상금을 받지 못하고 테살리아로 도주했다가 후일 살해됐다고 전해진다. 3일차 전쟁에서 레오니다스는 연합군의 전투력을 보존하여 후일을 도모하기 위해 후방 전력의 퇴각을 명령했다. 강력한 카리스마를 지녔던 레오니다스 왕, 소수정예 300인, 뜻을 함께했던 테스페이아 병사들, 볼모로 잡혀온 테바이 병사들만 협로에 남아 끝까지 항전했다. 왕을 비롯해 모두 전사했다.[11]

3일 동안 치열하게 치러진 테르모필레 전쟁은 이렇게 끝났다. 페르시아 군대는 승리를 만끽했지만 엄청난 공포와 두려움을 갖게 됐다. 이런 심리적 위축 탓이었을까. 이어진 전쟁에서 페르시아 군대가 연이어 대패했다. 우선 아테네 장군 데미스토클레스(Themistocles, 기원전 524년~기원전 459년)가 이끄는 살라미스(Salamis) 해전(기원전 480년 9월)에서 크세르크세스는 대패했다. 아테네 인근 사로니코스 만의 섬인 살라미스와

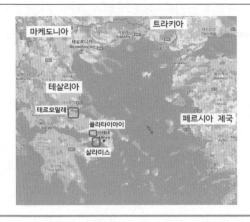

테르모필레, 살라미스, 플라타이아이 전투장소
(현대 지도와 비교)

육지 사이의 해협에서 벌어진 전투이다. 그리스 함대가 승리를 거두며 제2차 그리스·페르시아 전쟁의 정점을 이루었다.[12] 크세르크세스는 다리우스 1세의 사위였던 페르시아 장군 마로도니오스(?~기원전 479년) 휘하의 군대만 남기고 철수했다.

1년 후 그리스 연합군은 키타이론 산기슭에 배치돼 페르시아 군대를 평원까지 끌어들이면서 전쟁을 이어갔다. 이 전쟁이 플라타이아이(Plataea) 전투(기원전 479년 8월)이다. 스파르타 장군 파우사니아스(Pausanias, ?~기원전 470년)가 이끄는 이 전투에서 페르시아 군대는 전멸을 하게 된다. 지난해 장렬하게 전사한 레오니다스와 최정예 부대의 완벽한 복수를 1년 만에 한 것이다.[13] 이렇게 제2차 그리스·페르시아 전쟁(기원전 480년~기원전 479년)은 막을 내리게 된다.

이후 파우사니아스는 두어 번 페르시아와 내통한 죄로 스파르타 당국에 발각됐다. 칭송받던 장군이 어떤 꼴을 당했는지 하루아침에 밀정한 자가 된 것이다. 그는 체포를 피해 신전으로 도주했으나 거의 굶어

죽기 직전까지 신전에 갇히는 신세가 됐다. 밖으로 옮겨졌으나 결국 굶어 죽었다고 한다.[14]

아테네 교육

플라톤은 소피스트(sophist)라는 이름을 채택한 최초의 철학자를 프로타고라스(Protagoras, 기원전 485년~기원전 414년경 추정)라고 했다. 그리스 철학이 만개할 시기인 기원전 5세기 후반부터 4세기 말에 청년들은 정치생활에 필요한 지식을 갈구했다. 이들에게 가르치는 대가로 보수를 받았던 직업적인 교사들을 소피스트라 불렀다. 프로타고라스도 플라톤에게 돈을 내라고 했다고 한다.

프로타고라스는 '인간은 만물의 척도다'라는 유명한 명제를 남겼다. 모든 기준은 인간인 것이다. 철학의 중심이 자연에서 인간으로 옮겨왔다. 모든 사물에 대한 판단은 인간이 감각을 통해 터득해야 할 요소가 됐다. 아름다운 몸과 강인한 정신력을 잡고자 했던 고대 아테네인들은 대체 어떤 교육을 표방했을까.

그리스어로 놀이란 개념의 파이디아(paidia)가 있다. 이후 학교교육을 의미하는 파이데우시스(paideusis)를 거쳐 비로소 파이데이아(paideia)라 일컫는 '교육'으로 정착된다.[15] 고대 그리스인의 신체교육은 파이데이아의 한 부분이었다. 운동을 통해 그들의 사고에 풍요로움을 더했다. 단순히 몸의 단련만을 의미하는 것이 아니다. 신체의 쓰임과 정신적 삶의 요청 사이의 균형을 이루고자 했다.[16] 그리스 아이들이 즐기던 팽이놀이, 말타기, 공놀이 등이 있었다. 비록 지금, 스마트폰 놀이가 더 중요해진 사회가 됐지만 십 수 년 전까지만 해도 어색하지 않은 천진난만한 아이들의 모습이다. 아날로그 감성이 충만했던 시기의 아이들 놀이문화

제2부 새로운 리더십

와 별반 다를 게 없다.

이 아이들이 일곱 살이 되면 페다고그(pedagogue)라 불리는 '가르치는 하인'이 보살피고 지도한다. 매우 엄격한 규칙에 따라 교육을 받았다. 신체교육은 사설 팔레스트라(palaestra)와 공설 김나시온(gymnasion)에서 받았다. 스파르타에선 모든 단계의 신체교육을 담당하는 김나시온이 있었다. 아테네는 공설 체육관과 상호 보완적인 요소를 담고 있던 여러 개의 팔레스트라가 있었다. 많은 도자기 그림에서 나타나듯 멀리뛰기, 던지기, 레슬링을 훈련장의 책임교사인 파이도트리베(paidotribe)가 지도를 담당했다.[17]

그리스 교육의 2단계는 청년교육이다. 우선 열여섯 살에서 열여덟 살까지의 청소년은 규모가 큰 김나시온 한 곳으로 모인다. 이때 에페베 훈련을 받았다. 군사학교의 성격을 지녔는데 숙련된 훈련교관 아래서 2년 동안 교육을 받는다. 검술, 활쏘기, 창던지기, 말타기 수업을 배우고 완전 무장을 하고 행군을 했다. 이 시기부터 법정에 단독으로 나서거나 결혼을 할 수 있으며 시민권을 얻는다. 놀이 교육에서 전사 교육으로 이어진 일련의 과정이라 할 수 있다.[18]

전쟁과 몸

찬란한 문명의 이면엔 끊이지 않는 전쟁이 있다. 그 문명에 대해 역사를 통해 얻고 있다는 것 자체가 승리한 역사이기 때문이다. 페르시아의 거대 문명과의 전쟁에선 동맹을 맺어 하나로 뭉치기도 했다. 승리를 이끌며 협업의 성과를 여지없이 보여주었다. 제1차 그리스·페르시아 전쟁(기원전 492년~기원전 490년) 때 마라톤 평원에서 승리하고 역사적인 스토리텔링(Story-Telling)을 만들었다. 지금은 자신이 직접 행동을 경험하고 소비하는 스토리두잉(Story-Doing) 시대에 마라톤이란 콘텐츠는 여전히 강고하다. 수많은 마라토너들이 잠시 생활을 뒤로 한 채 지금도 뛰고 있다. 스스로 현장을 영상에 담아 몇 초 만에 전 세계인들과 공유한다.

범그리스는 10년 만에 다시 찾아 온 시련을 또한 이겨냈다. 제2차 그리스·페르시아 전쟁(기원전 480년~기원전 479년) 때 테르모필레, 살라미스, 플라타이아이에서 불세출의 영웅을 탄생시켰다. 이 역사적 지점은 오늘날 헐리웃 영화 시나리오의 영감으로 작용했다. 거대 영화 시장은 새로운 물류를 만들고 트렌드를 이끌었다. 모두 함께 승리를 만끽해야 했지만 도시 국가 간의 정치관계는 냉혹했다. 자신들의 정치·사회·문화적 가치를 인위적으로 엮는 데 급급했다. 자연스럽지 못한 욕망은 결국 반발을 낳았다.

아테네와 스파르타는 전혀 다른 길을 걸었다. 이들 사이에서 제1차 펠로폰네소스 전쟁(기원전 460년~기원전 445년)이 발발했다. 오늘의 동맹도 없고 내일의 적도 없는 국제정치 현장이었다. 스파르타가 맹주를 맡고 있는 펠로폰네소스 동맹과 아테네가 주도한 델로스 동맹 간의 싸움이었다. 스파르타는 육지에 대한 지배를 계속 하고, 아테네는 바다의

지배를 유지하는 관계로 기원전 446년 차디찬 겨울에 30년 평화 조약을 맺으면서 끝이 났다.[19]

하지만 30년간 평화를 유지하지 못한 채, 제2차 펠로폰네소스 전쟁(기원전 431년~기원전 404년)이 발생했다. 오히려 약 30년 동안 전쟁을 했다. 이 전쟁을 통해 각자 스스로가 무덤을 팠다. 욕심을 버리지 못한 아테네가 코린토스와의 상업상 이해관계의 충돌을 야기했다. 이로써 펠로폰네소스 동맹은 위협을 느꼈다. 페리클레스는 아테네의 탁월한 정치가였지만 다른 도시 국가에선 폭주기관차와 같은 존재였다. 스파르타는 펠리클레스가 건재한 동안에는 잠잠했다. 그의 사후 아테네를 상대로 전쟁을 벌였다. 한 세대 동안 크고 작은 전쟁이 지속됐고, 스파르타 주도의 펠로폰네소스 동맹이 승리했다.[20]

하지만 국력이 소진돼 결국 마케도니아 왕인 필리포스 2세(재위: 기원전 359년~기원전 336년)의 영향력에 들어갔다. 불세출의 영웅 알렉산드로스(Alexander III of Macedon, 재위: 기원전 356년~기원전 323년) 왕의 아버지다. 알렉산드로스는 범그리스 지역은 물론이고 수메르인, 이집트인, 페르시아인이 문명을 일구었던 모든 지역을 지배했다. 심지어 인도 마우리아 왕조 근처까지 점령했다. 원정을 마치고 수메르인들이 세웠던 바빌로니아로 돌아온 그는 서른 세 살의 나이에 급사했다.

원인은 불분명하다. 거사를 마치고 친한 이들끼리 모여 와인을 마시는 심포지아(symposia)란 그리스 문화가 조금이라도 역할을 했을 수도 있다. 과음을 통해 십이지장, 위, 내장기관의 궤양이 악성으로 번졌을 수도 있던 것이다. 이야기 포장을 잘 하는 당시 전기 작가들은 우측 상복부에 찌르는 듯한 통증을 호소하며 쓰러졌다고 기술했다. 가장 많이 언급되는 독살설의 단초가 됐다. 인도 전투에서 당한 부상이나 선천성 질병인 척추측만증을 원인으로 바라본 이들도 있다. 또한 말라리아, 티

알렉산드로스

푸스, 위염, 장염, 웨스트나일바이러스로 인한 염증일 가능성도 높다.[21]

그렇다면 기생충, 박테리아, 바이러스 등의 병원균(microbe)을 옮기는 세 가지 조건이 완벽하게 수행한 인물이 된다. 세계적인 바이러스 학자인 울프(Wolfe, N.)에 따르면 그 조건이란 사냥, 도축, 그리고 교통혁명이다. 긴 원정 과정에서 수많은 동물종을 사냥하고 포획했을 것이다. 그 포획물의 모든 조직에 존재하는 병원균을 날랐을 것이다. 엄청난 군사들의 단백질을 보충하기 위해선 그들이 지나간 도시의 가축들은 씨가 말랐을 것이다.

현지 병원균에 감염된 동물을 도축하면서 군사들의 코와 입을 통해 자연스럽게 번졌을 수 있다. 엄청난 거리를 원정한 탓에 한 자리에 머물던 병원균들은 새로운 곳에서 생명력을 얻었을 것이다. 마침 팬데믹(pandemic)이란 단어가 그리스어에서 유래됐다. '모두'를 뜻하는 그리스어 pan과 '사람'을 뜻하는 demos의 조합어다.[22] 초인적 힘을 발휘할 것 같았던 개인의 몸도 허망하게 끝나는 것이다.

제2부 새로운 리더십

마케도니아가 그리스를 지배한 이후 고대 그리스란 영광은 다시 살아나지 못했다. 이후 로마 제국, 오스만 제국이 차례대로 들어섰다. 영원할 것 같았던 국가도 패권경쟁의 불씨가 2100년 이상 타들어가며 19세기에 들어서야 그리스는 독립을 할 수 있었다.

고대의 실제 전쟁터에 있다고 상상해보자. 원거리에선 활을 쏘았을 것이다. 혹은 강렬한 햇빛을 막아주는 그늘막처럼 하늘을 가리는 소나기 화살을 방패로 막았을 것이다. 방패에 꽂히는 쿵쿵거리는 소음은 천지를 요동하게 하는 진동으로 바뀌었을 것이다. 자칫 뒤로 나자빠졌다가는 무섭게 날아든 화살이 목덜미를 겨냥했을 것이다.

여기까지는 현대 전쟁터와 다를 바 없다. 단지 무작정 날아드는 화살 대신 정밀 타격이 가능한 미사일의 차이뿐이다. 물론 살상 규모의 차이도 있겠지만 기본적으로 서로 보이지 않는 적을 상대하는 것이다. 화살이 쏟아진 현장, 미사일로 초토화되는 아비규환의 현장을 그 어떤 이미지로라도 교환하지 않는다. 현대전은 승패가 결정되면 그 현장을 굳이 확인할 필요가 없어졌다. 텔레비전 아나운서가 전장의 참혹함을 설명하면서 미사일이 떨어지는 화면 뒤의 장면이야말로 무서운 이미지 폭력이다. 어린아이들 할 것 없이 팔다리가 잘린 현장보다는 진지한 앵커의 눈빛과 목소리만 남게 된다. 끔찍한 지옥을 직·간접적으로 경험하지도 않은 채, 무감각한 이미지만 남게 됐다.

고대는 서로 죽고 죽이는 공방전이 끝나고 나면 서로 얼굴을 맞대야 한다. 측은지심(惻隱之心)의 발동과 같은 특수한 상황으로 내몰리진 않겠지만 점차 거리가 좁혀지면서 눈을 마주쳐야 한다. 멈칫하다간 먼저 창에 찔려 죽을 수도 있다. 선제공격으로 제압해야 한다. 창이 부러지고 방패와 단검이 땅에 떨어지면 온 몸으로 싸워야 한다. 눈을 찌르든 입으로 깨물든 그야말로 죽기 아니면 살기를 해야 했던 것이다.

스포츠 상품과 격투 스포츠의 영웅

고대 그리스인들은 범그리스 스포츠 제전으로 하나로 묶는 놀랄만한 기획력을 보여주었다. 기원전 776년 첫 발을 떼고 무려 293회까지 이어졌다. 서기 393년 로마 황제 테오도시우스(Theodosius, 재위: 379년~395년)가 국교를 기독교로 정하면서 사라졌다. 1500년 동안 멈추었던 기획은 1896년에 근대 올림픽으로 새롭게 출발했다.

'인류 공통의 유산'이라 불릴만한 상품으로 성장했다. 오늘날 세계를 하나로 묶어버린 유통 시장이다. 크고 작은 도시 국가 간 전쟁을 휴전 상태로 연결시켰다. 최초이면서 유일무이한 스포츠 상품이었다. 다양한 종목은 마치 전쟁터를 그대로 옮겨놓은 듯 공식적인 경기장에서 체화됐다. 전쟁 에너지를 몸으로 쓰며 조금이라도 소진시키게 했다. 평화를 갈구하기 이전에 복잡한 국제 정치적 관계를 중립적 자세로 접근했다.

고대 5종 경기의 하이라이트는 레슬링이었다. 서로 붙잡고 힘과 기술을 통해 제압해야 한다. 주먹으로 얼굴을 타격해서 제압하는 권투가 있다. 레슬링과 권투를 합친 판크라티온(Pankration)이란 새로운 종목을 만들었다. 이 세 가지가 대표적인 고대 격투 스포츠이다. 궁극적으로 몸끼리 맞서는 경쟁을 최우선으로 삼았다.

팔레(Pale)라 불린 레슬링은 육상 다음으로 가장 오래된 종목이다. 고대 올림픽 정식종목으로는 기원전 688년에 도입됐다. 다만 기원전 708년에 5종 경기가 도입됐기 때문에 레슬링은 그 이전부터 선보인 것이다. 스탠딩 레슬링(Orthos Pale)과 그라운드 레슬링(Kato Pale)으로 구분했다. 모래밭(Skamma)에서 경기를 한 스탠딩 레슬링은 오늘날 그레코-로망 방식과 유사하다. 후자는 모래에 물을 섞은 진흙(Keroma)에서 행했는데 후기로 가면서 병행한 경기였다.

땀과 오일에 범벅된 모래 경기나 한국의 보령 머드 축제에서 볼 수 있는 진흙에서 뒹구는 모습은 볼만 했을 것이다. 세 판을 먼저 따내는 선수가 이기는 방식(Triakter)이다. 오늘날 매치기와 조르기와 같은 기술도 있었다. 기원전 6세기경에 출토된 비문에 손가락 꺾기를 금지하는 조항이 있었다.[23] 그럼에도 불구하고 손가락 탈구와 뼈 골절이 많았고 심지어 죽음에 이르는 경우도 있었다. 심각한 부상이나 죽음을 방지하는 세세한 규칙은 없었던 것으로 보인다.[24]

사피엔스 몸 사이의 원초적 종목으로 푸질리즘(Pugilism)이라 불린 권투가 있었다. 이미 수메르, 히타이트, 이집트 문명이 남긴 부조에 많이 등장한다. 크레타 프레스코 벽화에는 투구를 써서 싸우는 장면과 벗고 싸우는 장면이 묘사돼 있다.[25] 오늘날의 아마추어와 프로경기 방식처럼 구분했다. 고대 그리스인들은 레슬링과 마찬가지로 체급을 나눈다는 생각을 하지 않았다. 운 좋게 체격이나 힘이 자신보다 낮은 선수가 나오면 유리했던 것이다.[26]

이 권투는 기원전 688년 올림피아 제전에 정식 종목으로 채택됐다. 이전 문명과 다르게 묘사된 것은 안면만 타격하는 방식이다. 암포라에 묘사된 그림은 상체를 들어 얼굴과 머리 쪽만 가격하는 장면이 있다.[27] 특이한 점이 더 있다. 두 선수의 손에 감는 히만테스(Himantes)란 가죽끈이다. 길이가 2~4미터나 되는 끈을 오랜 시간에 걸쳐 감았다.

기원전 4세기경에는 현대 복싱 글러브와 같은 기성품이 등장했다. 가죽끈을 미리 감아놓은 것으로 미르미케스라 불렀다. 히만테스 외에 연습용으로 스파이라이(Sphairai)라 불리는 패드가 들어간 글러브도 있었다. 로마시대에는 히만테스의 변형으로 카에스투스(Caestus)를 고안했는데 손에 감은 천위에 납이나 쇳조각이 돌출하게 했다. 검투경기의 오

락성을 극대화한 것이다.[28]

격투 스포츠의 끝판왕이 있다. 바로 레슬링과 권투를 합친 판크라티
온(Pankration)이다. 레슬링과 권투가 올림피아 제전에 도입되고 난 후,
40년이 흘러 기원전 648년에 판크라티온을 채택했다. Pan(모두)과 힘,
권력(Kartos)의 조합어로서 모든 힘을 사용하는 경기를 뜻한다. 레슬링의
접촉과 권투의 타격이 모두 가능했다. 플라톤은 불완전한 레슬링과 불완
전한 권투를 결합한 완벽한 경기라 칭했다. 이빨과 손톱 외에는 인간 몸
의 모든 부위를 사용할 수 있었다.

또한 깨물거나 눈, 코, 입 등의 부위를 찌르는 것 외에는 인간의 몸
으로 상대를 제압할 수 있는 모든 행위를 사용할 수 있었다. 심지어 상
대 선수의 성기를 잡는 것도 허용했다. 스탠딩 레슬링과 권투처럼 모래
밭에서 경기를 치렀다. 서서 경기하는 아노(Ano) 판크라티온과 바닥에
넘어진 뒤에도 계속 시합하는 카토(Kato) 판크라티온이 있었다. 오늘날
종합 격투기처럼 실신 직전까지 누워있는 상대를 가격하는 후자가 보편
적이었다.[29]

현대 종합 격투기 비즈니스 시장은 날로 커지고 있다. 안방까지 피
로 범벅된 일그러진 자화상을 가감 없이 전파한다. 미디어 노출이 급속
히 되는 어린 후대에 영향을 미칠까 두렵게 만들지만 이미 그 선을 넘
은 듯하다. 손에 들고 다니는 소형 컴퓨터로 언제 어디서나 오픈소스
플랫폼을 통해 클릭 하나로 낭자한 피를 보며 살 수 있게 됐다. 자본주
의의 독주를 막을 길은 없는 걸까. 흥행이 되면 모든 것이 허용될까.
다소 우려되는 대목이다. 또한 국가 수호를 해야 하는 나라별 특전사들
은 판크라티온과 종합 격투기를 비교 분석하고 있는지도 모르겠다.

고대 그리스에선 신화 속의 격투 스포츠 영웅을 당대의 인물로 재현
하고자 했다. 로도스(Rhodes) 출신인 디아고라스(Diagoras)는 4대 스포츠

판크라티온

제전에서 모두 우승한 권투선수였다. 그는 격투 스포츠 명문가를 이뤘다.
그의 아들인 아코우실라오스(Akousilaos)와 다모게토스(Damogetos)는 올림
피아 제전에 참가하여 권투와 판크라티온 종목에서 우승했다. 막내인 도
리오스(Doriues)는 아버지와 형들이 차지한 우승 횟수보다 많이 이겼다.
디아고라스의 딸인 페레니카(Pherenike)와 칼리파티라(Kallipartyira)는 올
림피아에서 권투로 우승한 아들을 각각 두었다. 칼리파티아는 여성으로
선 매우 드물게 올림피아를 관람할 수 있는 특권도 지녔다. 2대에 걸친
스포츠 영웅 집안을 내세우면 가능했던 모양이다.[30]

고대 그리스 사회에선 스포츠 영웅의 위상이 매우 컸다. 디아고라스
가문처럼 영웅을 탄생시키는 데 큰 영향력을 미쳤다. 그들에게 영웅은
사회적 가치를 대변하는 상징적 존재였다. 오래 전부터 내려온 신화 속
인물을 현실에서 만들어갔다. 우선 전쟁터에서 승리한 군인들에 대해 영
웅 대접을 했다. 또한 제례의식이었던 스포츠 제전에서 승리한 선수도
영웅의 대열에 설 수 있었다. 특히 중량급 격투 스포츠 선수들에게 기회

가 많았다. 원초적 전투 기술을 지닌 그들이 영웅이 되길 바랐다. 중·하류층 출신의 선수들은 이 기회를 통해 신분 상승을 노렸다.[31]

그 어디에도 기록되지 않았을 수많은 애환을 담아 지독히 싸웠다. 예나 지금이나 돈과 명예를 좇아 자기 몸뚱이 하나 거뜬히 희생했다. 사피엔스는 신분 상승을 가능하게 하는 방향으로 몸의 쓰임을 극대화했다. 이들의 여정은 더 자극적인 방향으로 흐를 준비를 마쳤다.

제2부 새로운 리더십

08

로마의 관람 스포츠 통치, 전쟁의 연속

공화정 시대의 교육과 놀이

한 아이가 '루드스(Latrun‒culorum)'
를 즐기고 있다. '타불라(Tabula)'와 같이 주사위 놀이의 일종이다. 종종
'라트룬쿨리(Latrunculi)' 혹은 '라트룬쿨로룸(Latun‒culorum)'이라 불린
체스도 즐겼다. 널찍한 회랑을 지나 안뜰에 나가면 굴렁쇠 놀이도 할
수 있었다. 유복한 가정에서 태어난 그가 아버지와 의회에 가지 않는
날이면 늘 즐기던 놀이였다.

이 외에도 수레 굴리기, 팽이치기, 목마타기 등을 즐겼다. 청소년기
가 되면 아버지를 따라 외부로 나서는 일이 많아졌다. 창던지기, 백병전,
말타기 등을 배울 기회도 있었다. 특별히 우열을 따지진 않았다. 건강을
유지시키고 훈련에 도움이 되는 신체활동이었다. 로마인들은 구기종목
을 즐겼다. 맨손으로 공을 벽에다 튕기고 받는 '핸드볼', 세 사람이 둘

고대 로마 보드게임

혹은 그 이상의 공을 주고받는 '트리곤', 공을 던지면 몸을 움직여 피하는 '하르파'라는 스포츠 놀이가 있었다.[1] 어느 시대 여느 아이들이나 어른들과 다를 바 없는 놀이를 즐겼다. 단, 로마인들은 공을 던지고 받는 라켓이나 치는 방망이를 사용했다는 기록은 없다.

로마는 오랜 기간 동안 포에니 전쟁을 겪으며 지중해의 패권을 장악했다. 그 과정에서 로마를 위해 애국적인 인력을 양성하는 제도가 확립됐다. 이 시기엔 구체적이고 물질적인 가치를 구현했고 우수한 형식을 만들고자 했다. 건강한 로마에 필요한 인력은 전시엔 용감한 군인으로, 평시엔 선량한 시민이 되는 길이었다.

로마의 정치가, 철학자이자 웅변가인 키케로(Marcus Tullius Cicero, 기원전 106년~기원전 43년)는 그리스와 로마를 비교해 교육을 말했다. 그리스인들은 모든 영혼을 바쳐 시인, 기하학자, 음악가, 변증론자에게로 관심을 돌려 새로운 범주의 활동을 했다. 이를 통해 청년의 정신이 인간성과 덕으로 형성되길 기대했다. 반면, 로마인들은 아이들에게 오로지 고국에 이익을 가져올 수 있도록 수업했다. 사람들의 정신, 재능, 이

　　　　　　　　　　　　　　제2부 새로운 리더십

해의 모든 아름다운 힘은 국가에 이익이 되도록 헌신하게 했다.[2]

로마는 그리스보다 교육제도를 마련해야 하는 과제가 시급했다. 학교라는 시설이 별도로 존재하지 않았기 때문이다. 교육은 가정을 통해서만 이루어졌다. 물론 상류계급에만 적용되는 교육이었다. 오늘날에도 '가정교육'의 중요성을 설파하듯 이 시기에도 '어머니 품안의 교육'이라는 정신 속에서 진정한 로마 가정의 자부심을 갖게 했다. 로마 여성들이 법률적 관점에선 재산을 소유하거나 유언을 남길 수도 없는 미약한 존재였지만, 법적으로 무제한 권력을 지녔던 아버지는 어머니에게 엄격한 관습의 교육에 대해 전권을 부여했다.[3]

스파르타 아이들은 국가가 주도한 병영기관에서 교육을 받았다. 그리스 아이들은 팔레스트라(palaestra)라고 불린 체육관을 이용했다. 이러한 시스템은 로마에선 없었다. 또한 범그리스가 기원전 146년에 로마의 지배하에 들어가면서 그리스의 학교 교육이 가정교육으로 흡수된 것이다. 그 당시 그리스로부터 많은 학자와 저서들이 로마로 유입되면서 세련된 교육의 열풍을 이어갔다. 다만 어릴 때는 가정에서 교육을 받고 성인이 되면 군대에서 교육을 받았다.

한 아이가 어김없이 아버지를 따라 나섰다. 외출용 상의인 미성년 토가(Toga)를 입었다. 넓은 마르티우스 연병장에서 기병대의 훈련모습을 봤다. 스키피오의 전설은 이미 널리 퍼져 그 아이의 머릿속에서 상상하는 장군의 모습도 예외가 아니었다. 아이는 아버지를 따라 의회에 가서 연설을 들을 수도 있었다. 종교 활동과 공회소 방문 등을 통해 자연스럽게 가문으로 내려오는 교육사상을 배울 수 있었다. 공적인 장소에서 청소년기까지 교육을 배웠다.

15세가 되면 미성년 토가를 벗는다. 남성 성년 토가를 입고 단체에 가입하고 공회에 참여했다. 유명한 법률학자와 관계를 맺고 국가행정의 일부를 담당할 때까지 정치적 집회에 참석했다. 로마적인 삶 자체가 교육적인 요소로 가득했다. 가족정신, 가족내력, 법률 질서, 국가 행정으로 구성된 역사의식과 밀접한 관계를 유지하는 것이다.[4]

기병대의 사열훈련

기병대 훈련이 어김없이 단행되고 있었다. 전쟁의 신 마르스(Mars)를 기리기 위해 아침부터 여념이 없었다. 로마 초기 귀족 가문의 자손들이 가득 들어차 있는 마르티우스 연병장(Campus Martius)의 모습은 낯선 풍광이 아니었다. 티베르 강에 인접한 세르비아 성벽 외곽에 있는 넓은 장소였다. 한 사내가 물었다. 그 자신에 대한 질문이었다. 스키피오 장군만큼 성장할 수 있을까. 부자들만이 기병을 할 수 있다는 자부심이 묻어나왔다. 군 지휘관이 될 수 있는 기병대 사열 훈련은 가문의 영광이자 로마 시민들에게 용기를 보여줄 수 있는 행사였다.

기병대 수는 셋이었고 세 명의 대장이 이끌었다. 그 뒤를 따르는 열두 명의 소년들에 속한 그는 배운 대로 실행했다. 세 기병대의 대열이 두 개의 열(列)로 갈라지다가 대장의 명령에 따라 돌아서서 서로 창을 겨누며 앞으로 나아갔다. 공격과 후퇴를 반복하며 모의 전투를 했다. 완전 무장을 했기 때문에 땀이 비 오듯 쏟아졌다.

이곳의 훈련은 기병대 외에도 달리기, 레슬링, 복싱, 창던지기, 수영, 볼게임 등으로 다양했다. 기병대는 국가에서 말과 비용을 제공해 주었다. 기사단을 조직하고 훈련을 받을 수 있는 여건이 주어졌던 것이다. 기원전 304년 로마 포럼에서 제우스(Zeus)와 레다(Leda)의 쌍둥이 아들인 카스토르(Castor)와 폴룩스(Pollux)를 기리는 축제에서 잘 훈련된 기

제2부 새로운 리더십

병대가 대중에게 선보였다. 이들은 마술과 군사게임을 통해 흥을 돋았고 전차기술을 박진감 넘치게 보여주었다.[5]

피의 향연, 전차경기

전차경기는 고대 그리스 시대의 올림피아 제전에서도 가장 인기가 있었던 종목이었다. 모든 패권이 로마로 넘어간 이후에도 여전했다. 전설에 따르면 로마를 건설한 로물루스가 축제를 통해 전했다고 한다. 콘수스(Consus) 신을 기리기 위한 콘수알리아(Consualia) 축제에 기원을 두고 있다. 무더운 8월에 전차경주를 포함해 개최했다.

대대적인 축제가 기억에서 사라지기도 전인 10월엔 포룸에서 별도의 전차경주가 개최됐다. 축제의 성격이 도드라진 이 대회는 우승마를 제물로 바쳤다. 도살된 말이 내뿜는 피는 두 군데로 나누어 뿌려졌다. 우선 황궁의 화덕에 뿌려진 후 정화의식을 위해 사제들한테 보내졌다. 칼이 꽂힌 말의 머리는 구경나온 주민들이 서로 차지하기 위해 경쟁적으로 엉켜 붙었다.[6]

피는 도시를 정화시키는 중요한 용도이고 말의 해골은 도시를 수호하는 부적이 된 것이다. 피의 향연과도 같은 이 시기, 온전한 정신으로 그 광경을 바라본 사람들은 몇이나 됐을까. 어린아이에서 노인에 이르기까지 죽음의 냄새가 가득한 피로 끈적거리는 거리에서 모든 이들이 주체가 됐다. 로마에선 이렇듯 축제가 지속적으로 기획됐다. 종교의식과 결부돼 시민의 수요를 반영했다. 피의 축제가 곧 놀이 축제가 되면서 이들의 열광적인 목소리는 정치집단에서 보다 관심을 갖게 한 중요한 요인이었다.

신을 숭배하기 위한 초기 축제로 루디(Ludi) 축제가 있었다. 영토를 확장하기 위한 전쟁은 계속됐다. 전쟁터로 나가기 전에 장군은 카피톨리움의 유피테르 신전에서 희생제의를 올렸다. 승리를 하고 돌아오면 성대한 개선식이 이어졌다. 어릴 적부터 정신이 깃든 마르티우스 연병장에서부터 시작된다. 이후 포럼을 지나 카피톨리움까지 행진을 한다. 그곳에선 대중들을 위한 오락적 장치가 기다리고 있었다. 바로 전차경기, 검투사 경기, 극장 연극이었다. 이 당시의 검투사 경기는 동물과 함께하는 경기였다.[7]

'루디' 브랜드

로마의 정치 형태를 왕정(기원전 753년~기원전 509년), 공화정(기원전 509년~기원전 27년), 제정(기원전 27년~서기 476년) 시대로 구분한다. 에트루리아인이 지배했던 가부장제적인 농경사회로 이어진 왕정시대는 귀족과 평민이 합세하여 이민족을 몰아내면서 막을 내렸다. 공화제 이후 꾸준하게 영토를 확장하며 고대 로마의 화려한 역사를 만들어갔다.

공화정 시기에는 신에게 제사를 지내는 축제일을 지정하여 전쟁승리와 정치안정을 꾀했다. '루디(ludi)'라 불렸던 대중들을 위한 오락경기의 시작은 기원전 336년으로 거슬러 올라간다. 즉, '루디 로마니(ludi Romani)'라는 경기관습을 매년 9월에 개최했다. 이후 기원전 220년에서 기원전 216년에 시작된 루디 플레베(ludi plebe)라는 축일이 생겼다. 로마인들은 '루디'란 용어를 계속 사용했다. 루디 아폴리나레스(ludi Apollinares, 기원전 208년 시작), 루디 케리알레스(ludi Ceriales, 기원전 202년 시작), 루디 메갈렌세스(ludi Megalenses, 기원전 191년 시작), 루디 플로랄레스(ludi

Florales, 기원전 173년 시작) 등이 있었다.

이를 발전시켜 통치자를 신격화하기 위해 루디 경기를 만들었다. '루디 빅토리아에 술라나에(ludi Victoriae Sullanae)'는 집정관 술라를 위해 기원전 88년에 창설됐다. 기원전 45년엔 카이사르가 갈리아 정복을 축하하기 위해 만들어진 '루디 빅토리아에 케에사리스(ludi Victoriae Caesaris)'도 있었다. 이후 황제를 숭배했던 제정시대에도 기원전 11년 아우구스투스가 내란을 종식한 것을 기념하여 '루디 포루투나에 레두키스(ludi Fortunae reducis)'를 기획했다.[8]

'루디'란 동일 브랜드를 사용했다는 점이 특이하다. 고대 노르웨이 단어인 brandr(불에 달구어 지지다)로서 굽다(burn)라는 의미에서 비롯된 브랜드는 남과 차별화되기 위해 사용하는 독특한 이름이나 상징물을 뜻한다. 오늘날 브랜드 목표를 달성하기 위한 '브랜드 범위와 깊이'의 조건을 잘 수행한 셈이다.

'루디'란 단일 브랜드로 운영할지 혹은 하나의 브랜드 밑으로 다양한 하부 브랜드를 창출할지를 결정했다. 또한 하나의 사업단위에서 여러 브랜드를 어떻게 관리할 것인가를 결정했던 것이다. 꽤 정교한 기획의 연속이었다. 고대 그리스 스포츠가 로마로 건너가 꽃을 피웠다. 기원전 8세기경부터 시작된 올림피아 제전의 흥행요소를 로마식으로 발전시켰다. 2500년이 지나 19세기 영국의 스포츠가 대서양 건너 미국으로 수출돼 경이로운 프로 스포츠 신화를 일궈내고 있듯이 말이다.

서부 지중해 패권, 제1차 포에니 전쟁[9]

기원전 3세기가 되면서 로마 세력은 나날이 커져갔다. 북아프리카에는 지역 맹주 카르타고가 있었다. 오늘날 알제리, 튀니지, 에스파냐, 사르데냐 섬을 비롯해 시칠리아의 절반에 해당하는 영토를 관할할 정도로 막강했다. 어김없이 두 세력 간 전쟁이 벌어졌다. 제1차 포에니 전쟁(기원전 264년~기원전 241년)이 일어났다.

로마와 카르타고 중간에 위치한 시칠리아에서 전쟁의 단초를 제공했다. 시칠리아 내 메시나에선 라틴계 마메르타니인들이 반란을 일으켜 점령한 상태였다. 이 과정에서 그리스계 메시나 인들이 그들에 의해 살해당했다. 이를 목격한 주변 시칠리아 내 도시들은 시라쿠사를 중심으로 메시나를 공격하기에 이르렀다. 위기를 느낀 마메르타니인들은 카르타고와 로마 양쪽에 구원요청을 했다. 일찌감치 해운업이 발달해 해전에 강한 카르타고는 시칠리아 나머지도 세력권에 포함시킬 좋은 계기로 인식했다.

로마는 전차경기의 기원에서 보듯이 전쟁에 필요한 기병대 군사훈련을 토대로 육상 전력을 강하게 만들었다. 말(馬)을 조련하는 데는 매우 능숙했지만, 해상 진출에 경험이 없던 로마는 처음에는 망설였다. 결국 로마는 카르타고에게 시칠리아 전체가 넘어가는 장면을 그냥 쳐다볼 수 없었기 때문에 구원병을 파견했다.

예상대로 초반 해전은 로마가 고전했다. 로마군은 일명 까마귀 배로 일컬었던 코르부스(corvus)를 만들었다. 폭 1.2미터, 길이 10미터 정도의 가교로서 아군 배에서 적군 배에 다리를 놓는 장치였다. 육군이 강한 로마가 해전을 육전으로 만들기 위한 신무기였던 것이다. 해전에

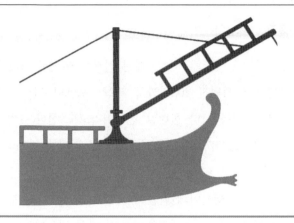

코르부스

서 승기를 잡은 로마군은 카르타고에 상륙했다. 로마 사령관 레굴루스
는 거침없이 카르타고로 진격했으나 스파르타 용병출신 크산티포스를
고용한 카르타고의 반격도 만만치 않았다. 결국 레굴루스는 포로로 잡
혔다가 처형됐다.

　이에 다시 카르타고는 코끼리 부대를 앞세워 시칠리아에 상륙했다.
미친 듯 달려오는 코끼리 부대에 로마군의 공포가 상당했다고 한다. 말
처럼 완벽한 통제가 잘 되지 않는 코끼리로 인해 카르타고도 고전을 했
겠지만, 양쪽 군대 간 물리적 충돌이 발생했을 때는 그 현장의 아비규
환은 그 어떤 설명도 필요 없을 만큼 참혹했을 것이다. 로마군은 깊은
참호를 파고 투창으로 맹렬히 공격하여 대승을 거두었다. 양쪽의 치열
한 전투는 지속되다가 기원전 241년에 카르타고가 시칠리아 정복을 포
기하고 강화를 맺었다. 이로써 로마는 카르타고에게 막대한 배상금을
물렸다.

한니발 공포, 제2차 포에니 전쟁[10]

패권 전쟁은 여기서 그치지 않았다. 기원전 218년부터 기원전 202년까지 제2차 포에니 전쟁이 일어났다. 카르타고 명장의 이름을 따 한니발 전쟁이라고도 한다. 1차 전쟁으로 피폐해진 카르타고는 전쟁 배상금 외에도 다른 나라 용병들의 급료까지 지불해야만 했다. 카르타고는 상당한 부담을 안고 있었다. 이 와중에 급료에 불만을 느낀 용병들이 반란을 일으켰다. 기원전 240년에 일어난 이 반란을 진압하는 데 3년 4개월을 소요할 만큼 카르타고의 정치적 상황은 좋지 않았다.

기원전 219년, 아버지 하빌카르 바르카의 뒤를 이어 히스파니아의 카르타고 식민지를 통치했던 불세출의 명장 한니발(Hannibal Barca, 기원전 247년~기원전 183년 혹은 181년)이 역사에 등장한다. 바로 이베리아 동쪽 해안의 사군툼을 침공했던 것이다. 로마의 동맹국이던 사군툼은 한니발에게 철수를 요구했지만 거절을 당했다. 로마는 카르타고에 선전포고를 하면서 제2차 포에니 전쟁이 본격화됐다.

한니발은 로마의 허점을 찌르면서 상대를 매우 당황하게 했다. 해상에 능한 카르타고의 공격수완과는 전혀 다른 양상을 보였기 때문이다. 기원전 218년 5월, 한니발은 보병 4만 명, 기병 8천 명, 코끼리 37마리를 이끌고 피레네 산맥을 넘었다. 스페인과 프랑스의 국경을 이루고 있는 험준한 산을 관통한 것이다.

최정예화된 로마군은 2개로 편성돼 시칠리아와 마실리아(오늘날 프랑스의 지중해 연안 항구도시인 마르세유)로 나누어 즉시 파견됐다. 이탈리아 반도로 들어오는 거점을 막기 위한 당연한 조처였다. 한니발은 다시 허를 찔렀다. 로마군을 맞닥뜨리지 않고 갈리아(Gallia, 오늘날 프랑스, 벨기에, 스위스 서부, 라인강 서쪽의 독일지역)로 향했다. 알프스 산맥을 넘어 이탈리아로 진격한 것이다. 프랑스와 이탈리아 국경에 있는 몽블랑산은 해발 4810미터에 이른다. 그는 평균 해발 고도 2500미터에 이르는 매우 험준한 길을 선택했던 것이다. 전투 한 번 해보지 못하고 행군으로만 많은 병사가 죽었다. 즉, 보병 2만 명, 기병 6천 명으로 줄어든 결과를 낳았다. 걷는 병사 규모가 절반으로 줄어든 것이다.

전쟁은 육체적인 긴장과 고통의 영역이다. 이를 성공시키기 위해선 강인한 체력과 정신력이 필수요소다. 이 요소를 타고났거나 후천적으로 얻었든 간에 긴장과 고통에 무관심하게 만드는 것이었다. 이 특성을 갖고 지도자의 지성에 따라 수행하기만 한다면 이미 전쟁에 쓸모 있는 도구가 된다.[11] 행군은 전략적인 결정을 수행하는 것이다. 이것을 통해 언제 어디에서 어느 전투력으로 전투를 벌여야 하는지 밝혀진다. 이를 수행하는 데 행군이 유일한 수단인 것이다.[12] 고대 사피엔스 몸의 활용은 전쟁의 최적화 수단이 되는 것이 주요 목적이었다. 현대전과 같이 미사일 궤적만 바라보는 전쟁이 아닌 순수하게 몸으로 해야 하기 때문이다.

한니발의 전술로 많은 병사를 잃었지만 그때까지 살아난 병사는 어떤 심정의 소유자였을까. 눈앞에 아른거리는 죽음의 냄새가 두려웠을까. 피로 범벅이 될 자신과 남을 구분할 수 있었을까. 그해 11월 스위스 중남부의 이탈리아 국경 사이에 위치한 티키누스에서 만났다. 카르타고군과 로마군의 첫 대전이었다. 어려운 지점을 골라 찾아간 병사들과 오랜 기간 동안 쫓던 병사들 사이에는 어떤 심정이 있었을까. 지독하게도 서로 죽이고 싶었던 존재였을지도 모른다. 혹은 허망한 감정으로 여기서 운을 다할 거라고 체념했을지도 모를 일이다.

한니발이 이끄는 기병에 밀려 패배한 후, 트레비아강에서도 맞붙었으나 결과는 로마의 패배였다. 기원전 218년 12월 중순에 벌어진 일이

한니발의 로마 침공 지도

었다. 이로써 로마는 알프스 남쪽의 갈리아 지방을 포기하기에 이르렀다. 지독하게 추웠던 겨울이 지나 이듬해인 기원전 217년 4월이 됐다. 트라메노 호수에서 전투가 벌어졌으나, 로마군의 궤멸로 끝이 났다. 로마는 토스카나 지방도 내주게 됐다. 이쯤 되면 한니발의 허(虛)가 공포로 바뀌는 순간이었을 것이다.

한니발은 수도 로마로 곧바로 진격하지 않고 주변 도시를 정복해 나갔다. 로마의 연합세력을 무너뜨리고 고립시키는 전략을 택했다. 만약 파죽지세로 로마 시내로 쳐들어갔다면 역사는 어떻게 바뀌었을까. 기원전 216년 이탈리아 중부지역인 킨나이 평원에서 양 진영은 다시 맞붙었다. 한니발의 치고 빠지는 전략에 이곳에서마저도 로마군은 전멸하게 된다.

전쟁 중기로 넘어가면서 전세는 다소 바뀌기 시작했다. 코르넬리우스 형제가 이끄는 로마군이 히스파니아를 상대로 선전을 했다. 이곳은 한니발의 배후지로 카르타고의 식민지였다. 이탈리아 반도에선 로마군이 여러 군단으로 나누어 지구전을 펼쳤다. 한니발을 고립시키는 전략이었다. 이후 4년 동안 이탈리아 남부에서 로마군과 카르타고군은 소

제2부 새로운 리더십

모전을 벌였다.

긴 소모전을 이어가는 이탈리아 반도와는 달리 기원전 209년, 스물여섯 살의 젊은 스키피오(Publius Cornelius Scipio Africanus, 기원전 235년~기원전 183년)가 히스파니아의 식민지인 카르타고 노바를 함락시켰다. 그는 한니발 동생인 하스드루발을 상대로 바이쿨라 전투에서 승리하기도 했다.

젊은 스키피오와 노장 한니발 간의 결전의 날이 다가왔다. 기원전 202년 10월 중순, 카르타고 남서 지방의 자마 전투였다. 선선한 바람이 평야를 가로지르는 북아프리카에서의 결전이었다. 파죽지세로 반도 전역을 공포로 몰아넣었던 한니발의 운명도 여기서 끝이 났다. 이 전투에서 카르타고는 전사자와 포로를 포함해 4만 여명이 운명을 같이 했다. 이후 지중해 맹주였던 카르타고의 국력도 서서히 저물어갔다. 젊은 장수 스키피오는 이 전투에서 승리해 아프리카누스란 칭호를 얻게 됐다. 그는 마르티누스 연병장에서 16세 나이에 기병중대를 지휘했다고 한다. 명문 가족의 후손들은 스키피오를 꿈꾸며 건강한 로마에 헌신하고자 했을 것이다.

16년을 끌어온 전쟁이 끝나고, 약 70년이 지나고 나서 세 번째 전쟁이 일어났다. 바로 제3차 포에니 전쟁(기원전 149년~기원전 146년)이었다. 카르타고의 마지막 발악인 셈이다. 결국 강화를 체결하기로 했다. 로마를 대표해 파견한 장수는 스키피오 아이밀리아누스로 제2차 포에니 전쟁의 영웅 스키피오 아프리카누스의 양손자였다. 강화조건이 카르타고의 모든 무기를 넘기고, 모든 주민은 해안에서 15킬로미터 떨어진 곳으로 이주할 내용이 담겼다. 이에 카르타고는 반발해 3년간의 항전을 벌였다. 결국 함락되고 도시는 철저하게 파괴됐다. 대지를 가래로 갈고 소금을 뿌려 그 어떤 식물도 자라나지 못하는 불모지로 만들었다. 성안에 남은 주민들은 아프리카에 강제 이주됐다. 이로써 카르타고는 역사 속

으로 사라졌다.[13]

그들이 꿈꾸었을 이상 제국은 사라졌다. 그들의 후손들은 각지로 흩어져 몸 하나만을 의지한 채 여태 살아가고 있을 것이다. 한니발과 스키피오는 역사상 가장 위대한 군사령관들 중 하나로 평가받는다. 패권의 야욕과 나라의 헌신이 혼재돼 공격하고 수비하기를 반복했다. 거론되지 않은 수많은 장수들과 함께 이름 모를 수만, 수십만의 병사들도 있었다. 대개는 두 발에 의지한 채 놀랄만한 정신력을 보여주었다. 온전한 정신력인지, 혼미한 정신력인지는 알 수 없다. 해상에서 육상으로, 평원에서 산지로 가릴 것 없이 훈련받은 대로 찌르고 베며 지냈다. 사피엔스의 몸은 죽어서도 혼을 달래기 위해 필요했지만, 소수 통치자의 욕망에 허망하게 사라지기도 했다. 영토를 확장하고 수호하는 전쟁은 끊이지 않았다.

카이사르가 이끈 지독한 장정[14]

고대 로마는 비슷한 시기의 다른 제국에 비해 매우 다른 정치 형태가 있었다. 바로 권력을 분산한 공화정 제도이다. 고대 로마 역사에 가장 큰 족적을 남긴 인물이 있다. 율리우스 카이사르(Julius Caesar, 기원전 100년~기원전 44년)이다. 483년 동안 이어져 온 로마 공화국에서 로마 제국으로 변화시키는 데 가장 중요한 역할을 했다. 그는 황제 권력을 얻었지만 스스로 그걸 붙잡지 않고, 초대 황제로 아우구스투스(Imperator Caesar divi filius Augustus, 재위: 기원전 27년~서기 14년)를 옹립했다.

그가 태어나기 100여 년 전부터 세 차례 전쟁을 겪으며 이겨냈던 전승 역사를 그는 숱하게 들었을 것이다. 한니발이 이끌었던 카르타고

제2부 새로운 리더십

병사들 못지않게 몸 하나로 지독한 행군을 하며 벌인 전쟁이 있었다. 바로 기원전 58년에서 기원전 51년까지 갈리아 지역(Gallia, 오늘날 프랑스, 벨기에, 스위스 서부, 라인강 서쪽의 독일지역)에서 벌인 전쟁이다. 로마 공화정과 갈리아 부족 간에 발생한 수많은 전투이다. 카이사르가 기원전 58년 갈리아 키살피나, 일리리아, 프로빈키아 총독에 임명되면서 시작됐다. 오늘날의 이탈리아 북부의 에밀리아와 롬바르디아를 포함하여 이탈리아 밖의 로마 영토에 설치된 속주를 관장했던 것이다.

총 8년 간 전쟁의 기록을 카이사르가 '갈리아 전기'를 통해 남겼다. 전쟁 1년째(기원전 58년), 게르만족에 의해 밀려난 헬베티족 12만 명이 라인강을 건너오게 되자 하이두이족과 공동으로 전투를 치렀다. 여기서 승리한 후 카이사르는 브장송에 겨울 숙영지를 갖고 라인강을 로마의 방위선으로 삼았다. 카이사르는 산발적으로 일으킬 여러 부족의 대항전을 예측했을까. 길고도 험난한 여정을 생각했을까.

전쟁 2년째(기원전 57년), 갈리아 북동부 경계선까지 진출하여 여러 부족과 전투를 벌였다. 또한 센강을 건너 벨가이(현재의 벨기에)에서 여러 차례 전투를 벌여 승리했다. 카이사르는 겨울 숙영지를 갈리아 중서부(현재 프랑스 오를레앙)에 잡았다. 병사들은 두 번째 맞이하는 추운 겨울이 지나면 집으로 돌아갈 수 있을 것이란 기대를 했을까. 언제 끝날지도 모르는 대장정의 전조로 느꼈을지도 모른다.

전쟁 3년째(기원전 56년), 갈리아 서부에 있는 부족들이 반기를 들었다. 긴 겨울을 지나 휴식을 갖고 싶었던 병사들의 마음이 어떠했을까. 무장을 하고 걷는 행위를 숙명으로 받아들였을까. 카이사르는 브르타뉴 지방으로 이동해 베니티족을 전멸시켰다. 데키무스 브루투스가 이끄는 로마 해군 선단이 베니티족 함대를 격파하기도 했다. 그가 바로 훗날 카이사르를 암살한 자들 중 한명이다. 이 전투가 끝난 후 카이사르는 현재 프랑스의 북서부에 있는 노르망디를 숙영지로 삼았다. 2000년이 흐른 후 미국, 영국, 캐나다로 구성된 연합군이 나치 독일군을 상대로 노르망디 상륙작전(1944.6.5.)을 감행했다. 즉, 제2차 세계대전의 흐름을 바꾼 장소다.

전쟁 4년째(기원전 55년), 카이사르는 라인강으로 진격해 우시페테스족과 텐크테리족을 상대로 전투를 벌여 섬멸했다. 이후 곧바로 서부로 돌려 제1차 브리타니아(현재 영국) 원정에 나섰다. 도버해협을 건너 원정에 나섰으나 격렬한 저항에 갈리아로 발길을 돌렸다. 오늘날 프랑스 아미앵에서 겨울을 보냈다. 여기서 그쳤을까. 결론은 그들의 몸을 어느 한 곳에 정착하지 않았다. 이쯤 되면 지독한 장정에 대해 숙명으로 받아들였을까.

전쟁 5년째(기원전 54년), 전년도에 원정을 성공하지 못했던 브리타니아로 떠났다. 제2차 원정을 감행했다. 원정 직전엔 트리베리족을 복속시켰다. 브리타니아인의 게릴라전에 고전을 겪었지만 템즈강을 건너 공격을 해 결국 카시벨라우누스와 강화를 맺었다. 그 해 가을 갈리아로 돌아온 카이사르 군단은 지칠 대로 지쳤다. 엎친 데 덮친 격으로 주식(主食)이었던 밀의 생산량이 급감한 탓에 군단을 여덟 개로 분산시켜 겨울을 보내기로 했다.

이 틈을 지나치지 않았던 자가 있었다. 갈리아 북동쪽 벨가이 부족인 에부로네스족의 족장이었던 암비오릭스이다. 그의 계략에 말려 어느 한 곳에 주둔하던 로마 병사 9천 명이 몰살당했다. 카이사르는 갈리아 전쟁에서 가장 큰 손실을 본 것이다. 로마군의 패배 소식을 전해들은 네르비족과 아투아투키족도 반기를 들었다. 카이사르 군단은 6만 명의 벨가이족 군대와 치열한 전투를 벌이게 됐다. 카이사르는 흩어진 군단을 모아 연합부족을 격파했다. 지난해 숙영지였던 아미앵에서 다시 추

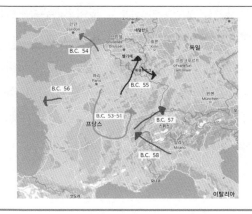

갈리아 전쟁 지도(현재 지도와 비교)

운 겨울을 보냈다.

전쟁 6년째(기원전 53년), 카이사르는 반란을 일으킨 네르비족을 곧
바로 제압했다. 이후 그는 파리에서 갈리아 부족장 회의를 주재했다.
참석하지 않은 부족을 압박해 세노네스족과 카르누테스족의 복종을 받
고 트레베리족을 격파했다. 라인강에 다리를 만들어 게르만족을 추격
했으나 깊숙이 들어가지 않고 다시 돌아와 강변에 주둔시켰다. 카이사
르에게 치명적 패배를 안겼던 암비오릭스를 붙잡기 위해 끝까지 쫓아
갔으나 실패했다. 암비오릭스는 현재 벨기에의 국민적 영웅으로 조망
받고 있는 인물이 됐다.

전쟁 7년째(기원전 52년), 현재 프랑스 리옹근처에 살던 갈리아 부족
중의 하나였던 아르베르니족의 족장, 베르킨게토릭스는 모든 부족의 총
궐기를 호소해 로마에 반기를 들었다. 그해 9월에 유명한 알레시아 전투
가 일어났다. 알레시아는 현재 프랑스 중부 디종과 오를레앙을 잇는 선
상에 위치한 구릉지이다. 5만 명 규모의 로마군이 요새 안에 있는 8만
명의 농성군과 26만 명의 부족연합 포위군을 상대로 펼친 전투였다.

로마군이 농성군을 포위하여 전투를 벌이고, 부족연합은 다시 로마 군을 포위하게 되면서 안팎으로 전투를 벌여야 했다. 결국 베르킨게토 릭스는 무기를 버리고 투항하며 갈리아 전쟁은 끝이 났다. 전쟁 8년째 (기원전 51년)는 전후처리를 했다. 지난한 행군을 하며 수십 차례의 크고 작은 전투를 했다. 이후 400년 동안 이 지역은 평온했다. 그 평온은 로마에 대항하지 않았다는 의미다. 오랜 기간의 속주로서 충실했던 것이다.

주사위를 던진 또 하나의 전쟁[15]

갈리아를 평정한 카이사르의 위상을 모두 두려워했다. 기원전 50년, 폼페이우스(Gnaeus Pompeius Magnus, 기원전 106년~기원전 48년)가 주도하는 원로원에서 카이사르의 군대 해산을 명령했다. 또한 속히 로마로 귀환하라는 것이었다. 더불어 카이사르의 두 번째 집정관 선거를 치르지 못하게 했다. 부재중에 입후보를 금지시킨 것이다.

카이사르는 갈리아에 머무르면서 많은 생각을 했을 것이다. 집정관에서 벗어나면 면책권이 없어지고, 군대 없이 로마에 들어가면 기소되거나 정계에서 퇴출된다. 기원전 49년 1월, 이탈리아 북방 경계선인 루비콘강 앞에 한 개 군단만을 이끌고 도착했다. 10개 대대 4500명의 군사들은 그 강을 건너며 내전을 촉발시켰다. 그가 저술한 '내전기'엔 루비콘 도하에 대해 '아리미눔 도착'으로만 적혀 있다. 무슨 생각을 했고 어떤 말을 했는지는 알 길이 없다. 역사가 어디로 갈지는 아무도 모를 일이었다.

매서운 강바람을 맞으며 찬란하게 빛나는 로마시내를 바라보았을 그의 심정은 어떠했을까. 죽도록 고생하며 평정한 갈리아 장정의 여운

이 채 가시기도 전에 그에게 부닥친 운명을 어떻게 받아들이고자 했을까. 영화 시나리오와도 같은 역사적 사실에 포장을 하게 마련이다. 호사가들의 손길을 피할 수 없었다. 플루타르코스는 고대 아테네 극작가 메난드로스 작품에 나오는 구절을 인용했다. 수에토니우스는 그 문장을 라틴어로 바꾸었다. '주사위는 던져졌다(alea iacta est).'

짧은 기간 동안 피사우룸, 파눔, 안코나, 아레티움까지 함락시키며 입성했다. 경쟁자 폼페이우스는 로마를 버리고 도주했다. 200명에 달하는 원로원 의원, 하인과 노예를 거느리고 로마를 비웠다. 국고에 들어있는 재산까지 들고 가려고 했으나 실패했다. 카이사르는 내전을 거치며 6개 군단 60개 대대로 늘어난 군대를 보유하게 됐다.

반면, 폼페이우스의 군단은 잦은 탈영으로 50개 대대로 줄어들었다. 카이사르는 그를 놓쳐 내전이 장기화됐다. 폼페이우스는 군대를 재조직해 카이사르와 맞서려고 했으나 결국 이집트에서 죽었다. 한때 카이사르와 삼두정치를 이끌며 정치 거물로 성장했으나, 역사는 그의 편에 서질 않았다.

생산증식과 상품화 수단

로마 공화정 시대는 철저한 귀족 중심 사회였다. 이 시기에 농촌의 대토지 소유와 대규모 노예제의 결합이 이루어졌다. 귀족을 위한 새로운 농촌 제도인 대규모 노예제 라티푼디움(Latifundium)이 탄생했다. 노예제도가 매우 체계화됐다고 볼 수 있다. 귀족이 소유한 토지를 관리하는 주체는 노예 신분의 감독이나 관리인에 맡겨졌다.[16] 이를 통해 귀족의 거주지와 소득원의 완벽한 분리가 가능해졌다. 즉, 유산 계급은 가만히만 있어도 재산이 늘어나는 시스템을 가진 것이다.

노예는 오로지 농산물의 생산증식을 위한 도구에 불과했다. 사피엔스는 기원전 4천년 경에 이미 양, 염소, 돼지, 젖소, 말로 대표되는 다섯 종을 유라시아 서쪽에서 솜씨 좋게 사육했다. 물론 생산증식을 위한 최적의 수단이었다. 하지만 동일한 생산성 향상이란 목적에 노예가 전면에 등장하면서 그들의 처지가 가장 처참한 상태에 다다랐다. 그들이 거처하는 곳은 노예 감옥과 다름없었다. 물론 법적, 제도적으로 보호받거나 인간적 대우를 기대할 수도 없었다.

오랜 기간 동안 이어져온 수많은 전투와 전쟁으로 노예는 끊임없이 양산됐다. 승리의 전리품으로 엄청난 수의 노예가 로마로 유입됐다. 기록에 따르면 기원전 225년에 이탈리아 인구는 약 500만 명에 이르렀다. 이 중 440만 명이 자유민이었고, 60만 명이 노예였다. 공화정 말기에 노예가 엄청나게 유입되면서 인구 구성의 판도가 판이하게 바뀌었다. 카이사르가 암살당하고 나서 1년 후인 기원전 43년에는 자유민이 450만 명으로 늘어났다. 180여 년 동안 10만 명 늘어난 것이다. 반면 노예는 300만 명으로 집계돼 같은 시기 동안 400% 이상 증가했다.[17]

이들은 귀족들의 유희를 책임질 다양한 분야의 상품이 된다. 앞으로 거론할 검투사 양성의 토대가 될 매우 중요한 인적 자산이 되는 것이다. 동물과 같이 한낱 경작의 도구에 머물지 않고, 싸움을 전담할 맹수가 된다.

09

레이싱의 극한체험과 정치

빵과 서커스

범그리스에서도 가장 인기를 끌었 던 종목은 전차경기(chariot race)였다. 스피드와 박진감에 그 어떤 종목 보다 생명력이 강했다. 로마 공화정 시대의 시민들은 선거를 통해 정치 에 참여할 수 있었다. 공화정에서 제정으로 넘어가는 시기의 마지막 권 력자인 카이사르는 전차경기를 정세 판단에 활용했다.[1] 민심을 살피기 위해 그만한 장소가 없었다. 공화정에서 제정으로 넘어가게 되면서 선 거를 통해 정치에 관여했던 시민의 권리 하나는 사라진 셈이었다. 만약 그들에게 군복무 책임만을 남긴 채 제정시대를 맞이하게 했다면 불만 이 폭증할 수밖에 없었을 것이다.

이러한 배경으로 군인은 직업군인과 용병으로 채워졌다. 다만 시민 들 입장에선 군인을 비롯한 고위 공직자에 귀족계급 외에는 진출할 길이 막혔다. 이를 통해 그들이 갖는 불만의 불씨는 남겨져 있었다. 대중들이 황제 권력에 심각한 위험으로 작용하진 않았지만, 지속적으로 관리를 받아야 할 관심대상이 됐다.[2]

엄청나게 폭증한 노예인구는 로마시내의 양극화가 최정점에 달하게 한 요인이 됐다. 유쾌한 풍자시인이던 유베날리스(Decimus Iunius Iuvenalis, 서기 55년~140년)가 묘사한 관용구인 '빵과 서커스(Panem et Circenses)'가 필요한 시절이었다. 카이사르가 통치할 시기에 수도 로마의 시민 규모는 대략 75만 명에 이르렀다. 공화정 말기에 폭증한 노예인구로 인해 로마의 빈민가 상태는 심각했다.

이들의 불만이 노골적으로 드러난다면 걷잡을 수 없게 된다는 사실을 알았다. 호민관 클로디우스(Clodius)가 제안한 무산 시민에 대한 무상 곡물 배급이 기원전 53년에 처음으로 이루어지기도 했다. 기원전 46년경에는 이 수혜자가 32만 명에 달했다.[3] 이와 같이 시민 계급이 몰락하면서 그들의 절대다수가 무산계급(Proletarii)이 됐다. 즉, 이들을 관리할 다양한 장치가 필요했다. 물론 그들의 소요와 폭동은 이미 곳곳에서 일어나고 있었다.

제정 시대가 도래를 한 후 정치적 수단으로 전차경기는 매우 중요한 장치로 작용했다. 빵을 주는 것 외에 정신이 팔릴만한 흥분거리를 안겨다 준 것이다. 가장 인기 있었던 전차경기의 매력을 더욱 키웠다. 기획은 다양하게 이루어질 수 있었다. 신을 기리는 이유, 황제를 숭배해야 할 이유, 전쟁에서 승리를 해야 할 이유, 승리를 기념하는 이유, 광활한 제국의 안녕을 기념하는 이유 등 온갖 명분을 갖다 붙이기에 어려움이 없었다.

기록에 따르면 연간 공식적인 축제의 수가 나날이 늘어났다. 1세기엔 88일, 2세기엔 135일, 4세기엔 무려 175일이었다.[4] 이틀에 한 번꼴로 놀

제2부 새로운 리더십

고먹는 잔치를 벌인 것이다. 무엇이 배겨날 수 있었을까. 일손을 놓고 사시사철 몽환의 그림자 속에서 취해 있다면 그 어떤 국가 시스템이 정상적으로 돌아갈 수 있을까. 질주했던 혹은 질주하고 있는 한국의 근현대사 속에서도 어렵지 않게 찾아볼 수 있는 그림자이다.

스포츠를 통해 한국 사회의 문화적 가치를 설명하기 위해선 애환을 빼놓을 수가 없다. 또한 웃픈(웃기면서 슬픈) 사실이 뒤범벅될 수밖에 없다. 한 번도 해보지 않았던 선진사회인들과 스포츠를 통해 경쟁하는 과정은 그야말로 눈물과 콧물 바다를 이루게 할 만큼 짠한 울림의 요인들이다. 웃기기도 하고 슬프기도 하기 때문이다. 처음 하는 것이니 뭘 해도 어설프고, 이왕 시작하는 것이니 했다 하면 꽤 잘 한다. 속도전으로 밀어붙인 산업화는 세계 유례를 찾아볼 수 없을 만큼 성공을 했다.

이 시기에 과오가 극명한 정치적 자산은 우리에게 어두운 그림자를 남겼다. 완벽한 역사적 해석과 청산은 마무리되지 않았다. 현재 진행형이다. 정통성이 부족한 5공화국 땐 많이 알려진 바와 같이 스포츠를 통치에 적극 활용했다. 대표적으로 프로 스포츠화이다. 물론 이 역시 속도전으로 가능했다. 한국의 프로 스포츠 리그는 전광석화같이 출범하고 성장을 했다. 1982년 프로 야구, 이듬해 프로 축구 리그를 발족한 것이다. 겨울엔 농구와 배구 대잔치를 벌였다. 꽃 피는 봄부터 매서운 겨울에 이르기까지 쉬지 않았다.

특히 프로 스포츠는 독재정권으로 대중이 겪어야 했던 고통과 통증에 대해 무감각하게 만든 마취제가 됐다.[5] 성장과 아픔은 공존한다고 했는가. 대중을 향한 마취제는 제대로 효과를 발휘했다. 다수가 취해 있을 때 소수는 어두운 정치를 끄집어내어 공론화 시켰다. 엄청난 탄압을 받으면서도 굴하지 않았다. 이 와중에 속도전으로 치른 아시안 게임(1986년)과 서울 하계올림픽(1988년)은 한국 고유의 자산으로 남았다.

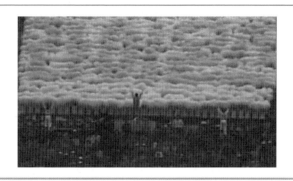

초창기 한국 프로야구 응원전

어느덧 올림픽과 월드컵으로 대표되는 메가 스포츠 이벤트를 거뜬히 치러내는 국가가 됐다. 이래서 한국 스포츠 근현대사는 눈물과 환호가 동시에 버무려져 있다. 완벽하게 분리할 수 없다. 생활양식과 사고(思考)를 이루는 많은 전통과 관습이 조선시대를 포함해 근대와 현대가 함께 이 시대를 이루고 있기 때문이다. 이 마취제를 통해 오늘날 스포츠 산업 성장의 발판이 된 것도 콘텍스트(context)가 됐다. 역사의 아이러니다. 반복되지 않길 희망할 뿐이다.

전차경기를 통한 정치

초대 황제인 아우구스투스(재위: 기원전 27년~서기 14년) 시대는 로마 역사의 새로운 장이었다. 로마 인구가 백만 명까지 늘어났다. 모든 부(富)가 로마로 몰렸다. 극장엔 귀족의 지정석이 있었다. 마치 현대 프로 스포츠 경기장에서 판매되는 개인좌석인 증제(PSL, Personal Seat License)와 유사하다. 1969년 미국 텍사스 경기장 건립의 재정을 모으기 위해 미식 축구팀 댈러스 카우보이스(Dallas

키르쿠스 막시무스

Cowboys)에서 처음 도입됐다고 알려지고 있는 상품이다.[6] 이러한 개인좌석을 임대하는 제도는 후원을 많이 하는 로마 귀족의 몫이었다.

아우구스투스는 경기장에 자주 간 편은 아니었지만 '풀비나르(pulvinar)'라 불리는 외랑 안에 쿠션 등을 갖춘 특별석에 앉아 부인과 아이들을 대동해 관람했다. 먼저 자리를 떠야 할 일이 생기면 다른 사람으로 대체할 신하를 임명할 정도로 공을 들였다. 네 번이나 본인이 비용을 치러 화려한 대회를 개최했고, 관리들에게 비용을 부담하게 하여 치른 경기도 스물 세 차례나 됐다.[7]

로마시대의 대표적인 전차경기장은 키르쿠스 막시무스(Circus Maximus), 키르쿠스 플라미니우스(Circus Flaminius), 키르쿠스 막센티우스(Circus Maxentius)가 있다. 이 중 가장 큰 규모의 키르쿠스 막시무스는 지속적으로 개보수를 거치며 상징적인 건축물이 됐다. 나무 좌석이 붕괴돼 1000명 정도의 사람들이 깔려 죽었다는 기록도 있다.[8] 오랜 전통을 지닌 키르쿠스 막시무스에 황제들이 경쟁적으로 투자를 했다. 어찌 보면 대중들의 눈에 가장 쉽게 띌 수 있는 좋은 장치였다. 오늘날에도 외형적 건축물로 치적을 쌓으려는 통치자가 있듯이 이 방식은 꽤 효과가 있었다.

아우구스투스는 기원전 10년 이집트에서 가져온 오벨리스크를 세웠다. 지금도 로마 시내 시민의 광장(Piazza de Popolo)에 우뚝 서 있다. 그는 팔라티네 언덕 관중석에 자신과 가족, 초청객들을 위한 황제석(pulvinar)을 따로 만들었다.[9] 현대 스포츠 현장에 막대한 자금을 협찬한 기업의 대표를 위해 환대 서비스(hospitality services)를 하는 것과 같이 이벤트에 대해 공을 들였다. 예나 지금이나 물주를 잡기 위한 노력을 했다.

난폭한 황제로 알려진 칼리굴라(Caligula, 재위: 서기 37년~41년)는 전차경기에 대단히 집착했다. 그 자신도 승마로 단련된 몸이었다. 그가 가장 아끼는 '인키타투스'라는 경주마에게 집정관 벼슬을 주겠다고 할 정도였다.[10] 축력(畜力)의 대명사인 말과 지혜로운 자로 일컫는 호모 사피엔스가 완전히 뒤바뀐 일화다. 노예들은 당시 처참한 생활을 했지만, 그 말은 대리석 마구간에서 상아로 만든 여물통을 하사 받았다. 어떤 방식의 품종 개량인지는 알 길이 없으나, 황금보리를 먹였다고 전해진다.

황제들이 전차경주를 정치에 이용하는 방식으로 당파가 있었다. 2세기 초까지 적색, 백색, 녹색, 청색의 4당파가 있었다. 황제들도 당파에 가입해 팀을 응원하고 지지를 보냈던 것이다. 칼리굴라는 경기를 관람할 때 균형 잡힌 태도를 보이지 않았다. 자신이 응원하는 녹색당이 우승했을 때 기수 키티쿠스(Cythicus)에게 2백만 세스테리우스의 축하금을 하사한 기록도 있다. 그 자신도 트라키아의 검투사로서 등장했을 정도로 스포츠 오락에 미쳐 있었다.[11]

클라우디우스(Claudius, 재위: 서기 41년~54년)는 5개의 전차경기마다 동물싸움 경기를 장려했다. 또한 그는 할머니 리비아의 조각상을 코끼리가 끄는 수레에 싣고 행진하도록 했다.[12] 키르쿠스 막시무스에 대한 투자도 만만치 않았다. 그는 출발문과 관중석의 나무 울타리를 대리석으로 바꾸었다. 대대적 손질을 거쳐 나무와 대리석 좌석을 포함해 250,000명의 관중을 수용했다.[13]

폭정으로 말하자면 둘째가면 서러워할 네로(Nero, 재위: 서기 54년~68년)는 어떠했을까. 종일 경기장에 사는 남편에게 아내가 잔소리했다고 발로 걷어차 치명상을 당하게 했다고 전해진다. 만사를 제치고 전차경기에 빠져 있었다. 그는 그리스 올림피아 제전에 몸소 참가하기도 했다. 운동에서만큼은 열정적인 황제였다. 서기 65년에서 67년으로 연기된 21회 올림피아 제전 때 경마를 비롯해 전차경기에서 우승했다.

또한 처음으로 올림픽 제전경기에 음악과 연극 경연대회를 추가할 것으로 주장했던 장본인이다. 하프연주와 연극배우로도 왕관을 받았다고 하니 그의 열정은 남달랐던 것 같다.[14] 오늘날 올림픽 개회식 때 빼놓을 수 없는 것이 음악이다. 이를 토대로 화려한 무대 연출을 한다. 고대 폭군이 가졌던 아이디어와 열정이 오늘날에도 이어지는 셈이다. 네로는 64년 대화재로 소실된 키르쿠스 막시무스를 재건축했다. 경기 트랙은 물론이고 관중석까지 화려하기 그지없게 만들었다.

티투스(Titus, 재위: 서기 79년~81년)가 즉위한 해 8월에 나폴리에 있는 베수비오 화산이 폭발했다. 나폴리 근교의 폼페이, 헤르쿨라네움, 스타비아 등의 도시가 순식간에 멸망했다. 이듬해엔 로마에 사흘 동안에 걸친 대화재가 발생했다. 상대적으로 짧았던 재위는 마치 로마 재건을 위한 운명처럼 작용했다. 아버지 베스파시아누스(Vespasianus, 재위: 서기 69년~79년) 때 시작한 콜로세움으로 잘 알려진 플라비우스 원형경기장 건설도 마무리 지었다. 피비린내가 진동하는 검투사의 무덤이다.

대화재로 낙담한 로마인들을 위해 기획된 대규모 행사가 있었다. 전차경주가 열리는 동안 특별하게 고안된 기구를 이용해 다양한 물품을 선물하는 행사였다. 여러 물품이 새겨진 나무 공들을 던진 후, 그 공을 잡는 사람에게 곡물 티켓, 의복, 금, 진주 등을 주었고 심지어 집, 땅, 보트에 이르기까지 사람들의 흥미를 유도할 수 있게 기획됐다.[15] 행사가 끝날 때까지 자신에게 행운이 올 거라고 믿으며 기다리는 오늘날의 경품행사처럼 말이다.

도미티아누스(Domitianus, 재위: 서기 81년~96년)는 키르쿠스 막시무스의 화재 위험을 줄이고자 높은 층까지 대리석으로 채웠다. 트라야누스(Traianus, 재위: 서기 98년~117년)는 관람석을 대리석으로 바꾸고 좌석 5천개를 추가했다. 가장 웅장한 구조를 원했던 그는 길이 600미터, 폭 200미터의 거대한 전차경기장, 부대시설과 장식물을 갖추게 했다. 기록에 따르면 385,000명을 수용할 수 있었고, 최대 485,000명까지 관람을 할 수 있었다고 한다.[16]

이 정도면 현대의 중소도시 인구 전체를 한 곳으로 몰아넣어 광기어린 스포츠 이벤트를 관람하게 한 것이다. 억지로 이루어진 것도 아니다. 재미와 흥미요소가 가득했다. 정치적 수사도 넘쳐났고 경품행사도 풍부했다. 스포츠 스타도 탄생했고 우승마는 그 이상의 인기를 구가했다. 전차경기장 내에는 화려한 쇼를 위한 모든 장치가 마련됐다. 신성한 트랙, 대리석 관중석과 출발문, 경주 바퀴 수를 세는 알(eggs), 청동으로 만든 돌고래 장식 등 어느 것 하나 시시한 작품이 없었다. 전차경기장 자체가 로마시민들에게 무한한 판타지를 안겨다 주는 공간이었다.

고용 창출

이 영역에서 잔뼈가 굵은 자가 있
었다. 그도 노예출신이었지만 이미 많은 돈을 벌고 있던 터라 그 누구
를 부러워하진 않았다. 전차경기 기수로서의 유명세가 정치인 못지않
았다. 경기가 있는 날이면 키르쿠스 막시무스로 사람들이 몰려들어 도
시가 텅 비었다. 도둑의 약탈행위를 막기 위해 군대가 순찰을 돌았다.
말과 이야기를 나누는 직업이 존재했다. 이들은 뭔가 중얼거리더니 말
에게 기운을 불어넣었다. 전차를 닦는 사람들과 바퀴에 기름칠하는 사
람들이 모여 정성껏 전차를 관리했다. 키가 작은 소년 마부는 능숙한
말 조련사의 지도를 받고 있었다. 그가 목격한 이 광경은 익숙했다. 햇
살이 유난히 뜨거운 날이지만 신이 자신을 지켜줄 거라 믿었다.

드디어 행렬의 문이 열렸다. 전차는 눈부시게 반짝거리며 행진을 시
작했다. 육중한 말들은 매끈하게 손질돼 화려했다. 그도 소속 당파색의
복장을 입었다. 다른 전차 기수도 마찬가지로 화려한 치장을 했다. 행진
맨 앞에는 에디토르(editor)가 자리 잡고 있었다. 오늘 경기를 제공한 사
람이다. 오늘날의 경기를 후원하는 기업의 최고경영자나 프로모터에 해
당됐다. 에디토르 뒤엔 그를 지지하는 사람들과 원로원 의원들이 뒤따
랐다.

그 뒤로는 전쟁의 신 마르스, 미의 여신 비너스 등의 온갖 신들이
가마 위에 놓여 움직였다. 사제들은 싱그러운 찬가를 불러댔다. 이 거
대한 행렬에 주인공이 자신이 될 수도 있다는 생각을 했다. 하층민으로
죽을 정도로 고생했던 옛 생각이 주마등처럼 지나갔다. 비천한 신분으
로 굴욕감을 가졌던 것이 도대체 몇 백번이었을까. 그가 주위를 둘러보
니 어림잡아도 25만 명이 넘는 관중들이 꽉 차 있었다. 그들은 이미 흥

분의 도가니였다.

그도 '밀리아리(miliarii)'에 속했다. 벼락출세한 엘리트 기수를 뜻한다. 그 정도 지위이면 거만하게 도시를 누비고 다녀도 됐다. 이번 전차경주에는 자신을 포함하여 1000회 이상 우승한 선수가 다수 포함돼 있었다. 기록에 따르면 스코르푸스가 1043회, 폼페이우스 에파포로디투스가 1467회, 디오클레스는 4두 전차 경기(quadrigae)에서만 1462회를 이겼다고 한다. 폼페이우스 무스클로수스란 선수는 무려 3559회 우승의 대기록을 달성했다.[17] 근대 스포츠와 달리 규정된 거리에 속도 기록을 추구하진 않았지만, 선수의 우승횟수만큼은 그 무엇보다 중요한 기준으로 삼았다. '빵과 서커스'를 얘기했던 유베날리스도 기수가 변호사보다 100배 수입이 높다고 불평했다 하니, 전차경기 기수의 위상은 매우 높았던 것을 알 수 있다.

전차경주 대회는 매우 다양한 층의 직업군이 참여했다. 제정 시대에 전차경기의 흥행속도를 멈추지 못했던 이유가 경제적인 측면이 있었던 것이다. 고용 창출이란 효과도 무시 못했다. 수천마리 가축을 보유한 사업자들, 그에 딸린 가축지기, 말구종, 말몰이꾼, 조련사 등이 있었다. 경기장 내에는 모래를 고르는 사람, 전차 바퀴에 기름칠하는 사람, 전차를 말끔히 닦는 사람, 말을 손질하는 사람도 있었다. 말 조련사, 마구 제작자, 마구간 관리자를 비롯해 말과 대화하는 전문직종도 있었다.[18]

아마 말이 좋아하는 곳을 쓰다듬으며 편안한 소리를 들려주면서 반응을 유도했을 것이다. 현대의 동물행동학자와 같이 선행적 연구를 토대로 얻은 지식은 아니었겠지만, 그들만의 세계가 있었던 것이다. 자신만의 방식으로 말과 이야기를 나눈 후, 우승을 했다면 그것이 곧 새로운 경험치로 축적됐을 것이다. 이 직업군들 중에 전차 기수는 매우 중요한 상품이었다. 오늘날 스포츠 마케팅 시장에서 가장 중요한 상품이 선수이듯 말이다.

고대 스포츠 스타

우승한 선수들은 가문의 영광이 되었다. 경기가 끝나면 이름 모를 솜씨 좋은 화가들이 길거리 벽에 선수 얼굴을 새겼다. 초상권과 퍼블리시티권과 같은 현대의 법적 보호 개념은 없었겠지만, 팬들의 열광은 시대를 초월한 것이었다. 공공장소에 황금흉상도 생겨났다. 그리스의 영광 시대에도 가장 인기를 끌었던 전차 경기에 유난히 경외감을 표출했다. 이는 극렬한 레이싱의 간접 체험을 안겨다주는 짜릿함도 있었지만, 그 어떤 종목보다 위험하기 때문이었다. 기수들의 용맹성과 정신적 자질에서 아우라(aura)를 느끼지 않았을까.

전차경기는 2두, 3두, 4두 전차경기가 있었고, 특별경주로 6마리, 7마리, 심지어는 10마리가 끄는 경기도 있었다.[19] 말들이 커브를 돌 때 가장 바깥쪽에 위치한 말의 기량은 안쪽 말보다 뛰어나야 했다. 원심력을 이겨내며 속도를 맞춰야 하기 때문이다. 사람의 두 손으로 7마리 말의 고삐를 능숙하게 조절하면서 바깥쪽 말의 속도를 높이기 위해 균형감을 잡는 것은 매우 어려운 작업이었을 것이다. 이러한 이유로 충돌에 따른 낙마사고는 빈번했다.

푸스쿠스란 선수는 57회 우승을 하고 스물네 살의 나이로 사망했다. 마르쿠스 아우렐리우스 몰리키우스는 125회 우승을 한 후, 스무 살의 나이에 요절했다. 이 선수와 형제인 폴레네이케스는 739회 우승의 대기록을 남기고 스물아홉 살 때 사망하고 만다.[20] 정치적 소산으로 발전을 거듭한 전차경주 영웅들의 죽음은 시인을 비롯해 많은 이들의 애도로 이어졌다. 직접 추모시를 남기는가 하면 기수의 업적을 비문에 남겼다. 스포츠 스타는 선수뿐만이 아니었다. 386회 우승한 투스쿠스와 같이 유명한 말들도 비문에 남겨질 만큼 인기가 있었다.

유명해진 기수는 소속팀 색깔을 바꾸지 않는다는 조건을 내걸면서 몸값을 높였다. 현대 프로 스포츠 선수가 에이전트의 도움을 받고 가치를 높이는 행위처럼 자신의 몸값을 흥정하는 것이다. 오늘날에도 이들이 수직적, 세대적 사회계층을 이루는 것처럼 신분상승을 하기 위한 수많은 젊은이들이 도전했다. 스포츠 스타라고 하는 독특한 지점의 계층이 이 시기에 생겨났다고 해도 무방하다. 이 계층이 20세기 들어 재현한 셈이다. 이 두 시기 간의 공통점은 정교하게 구성된 스포츠 이벤트의 기획이 있었던 것이다.

이러한 스타를 길러내는 조직은 잘 구성돼 있었다. 기본적인 팀 구성과 끈끈한 팀워크가 바탕에 깔려 있다. 즉, 전차경기에 자금을 대는 오너, 전차를 손질하고 말을 최적의 컨디션으로 유지하는 관리사, 그리고 전차를 몰고 경기에 참가하는 기수로 이루어져 있었다. 황제가 후원하는 상금을 거머쥐기 위해 기수 선발, 말 조련, 전차 정비 등에 마사는 모든 비용을 투자하게 된다. 마사의 명예를 걸고 조직화된 팀 운영을 잘 해야 하는 것이다.[21] 현대 프로 스포츠 리그처럼 기업 스폰서십 환경에 잘 길러진 선수와 흥행을 주도하는 리그가 정교하게 기획되는 것처럼 말이다.

전차경주를 관리하는 마사들은 정치적 입장을 분명하게 드러냈다. 대표적으로 백색당(알바타 Albata), 적색당(루사타 Russata), 녹색당(프라시나 Prassina), 청색당(베네타 Veneta)이 있었다. 선수들은 소매가 짧고 무릎까지 내려오는 튜닉을 입었다. 제각각 마사를 나타내는 복장이다.[22] 녹색당의 열렬한 지지자였던 칼리굴라(Caligula, 재위: 서기 37년~41년)는 우승한 기수에게 즉석 상금을 내리기도 했다. 더 나아가 종종 마사를 방문해 기수들과 저녁을 함께하는 파격도 보여주었다.

네로 또한 녹색당 지지자였는데 얼마나 녹색을 좋아했는지 모래를 녹색으로 물이 들이도록 했다. 심지어 청색당의 광팬이었던 황제들의 광기도 있었다. 8개월의 짧은 통치 후 암살당한 베텔리우스(Vitellius, 재위: 서기 69년)는 청색당을 야유했다는 이유로 50명을 살해하도록 지시했다. 카라칼라(Caracalla, 재위: 서기 198년~217년)도 청색당을 응원하지 않은 다른 당의 팬들을 경기장에서 살해하기도 했다.[23] 결국 그도 암살 당했다. 폭정의 결과인가.

절대 권력을 지닌 황제는 전차 경주를 정치적 수단으로 활용하면서 민심을 어르고 달랬다. 황제 자신이 오히려 대중보다 스포츠 현장에 지나친 관심을 갖게 되면서 폭정으로 이어지기도 했다. 스타를 향한 광적인 마음과 당파 간 과열된 증오는 변질된 광기 스포츠 현장으로 만들었다.

관람 스포츠 광기

오늘날에 북미의 미식축구 현장이나 유럽의 축구 경기장을 상상해보면 규모가 어느 정도인지 상상이 간다. 최대 대략 8만 여 명이 군집한 현대판 프로 스포츠 현장은 가히 놀라울 정도의 에너지 발산 장소이다. 선수의 움직임 하나하나에 소리를 지르는 경기현장에서 벗어나면 언제 그랬냐는 식의 일상으로 돌아간다.

실재 사물이 아닌 가상성을 소비하는 현대사회의 모습이다. 경기장면 외에도 선수와 팀의 스타일을 소비하는 문화이다. 시간과 돈을 흔쾌히 투자하는 문화현장인 것이다. 현실세계에선 존재하지 않는 대상이 경기장에만 가면 존재하는 인공물인 셈이다. 마치 게임과 같다. 조이스틱을 움직이며 게임을 하는 순간, 마치 현실에 존재하는 것처럼 만들어 놓은 캐릭터를 분주히 따라가며 빠져든다.

고대 로마 전차경기

2천여 년 전, 전차경기를 통해 분출했던 에너지는 어느 정도였을까. 30~40만 명도 거뜬히 소화해낼 경기장 규모를 생각하면 상상을 초월했을 것이다. 정치 당파를 상징하는 유니폼을 입은 스포츠 스타들을 보는 순간 로마 시내가 떠나갈 정도의 함성을 외쳤을 것이다. 광장에서 소리 한 번 질러본 사람들은 이해가 갈 것이다. 적극적인 현실 참여의 장소이면서 일상의 망각 장소이기도 하다. 로마 시민들이 현실을 잊기에 이만한 장소도 없었을 것이다.

아우구스투스 시대의 전차경기 횟수는 하루에 12회였다. 개인용 전차경기장까지 건설했던 칼리굴라는 자신의 생일날 40회까지 늘렸다. 3월부터 10월말까지 7개월 동안 매일 명절과 같은 분위기였다고 전해진다. 클라우디우스는 초기에 12회로 유지했으나 24회까지 확대시켰다. 네로는 하루 프로그램 횟수를 50회까지 늘렸다. 베스파시아누스, 티투스, 도미티아누스는 30회로 운영하게 했다. 특히 도미티아누스는 하루

100회 특별경기를 주관했다. 흥미를 높이기 위해 회당 7바퀴 트랙을 5바퀴로 줄일 정도였다.[24]

초창기 시행했던 1일 12회는 경마, 경륜, 경정과 같은 현대판 스포츠 갬블링 현장과 비슷하다. 경기마다 일정 시간을 비우게 함으로써 대중들에게 정교한 분석을 할 시간적 여유를 제공한다. 대개 허망한 결과를 안게 되면서 다음 경기를 기대하는 심리적 여유 시간이기도 하다. 100회란 숫자는 전차경기를 주관하는 입장에선 엄청난 물량을 쏟아내야 한다. 기수, 말, 말 관리사, 전차 정비사, 수의사, 마부 등으로 각자 역할이 정교하게 분업화돼 있어 체계적으로 돌아갔을 것이다. 또한 대중 입장에선 화장실 갈 시간, 옆 사람과 대화를 나눌 시간, 하루 일과를 어떻게 마무리할 지를 고민할 틈도 없었을 숫자이다. 종일 판타지에 취해있을 그들을 상상해본다.

20만이 넘는 사람들이 자기가 좋아하는 팀 색깔의 손수건을 흔들며 열광했다. 상류층은 대리석으로 된 지정석에 앉았다. 관중들은 자신이 좋아하는 색깔을 입은 선수와 말이 행진할 때부터 유심히 지켜봤다. 승리를 점치는 가장 좋은 타이밍이었다. 마권업자들은 분주히 움직였다. 베팅을 위한 최적의 판단을 하려고 자리를 깔고 앉았다. 말 배설물도 관찰했다. 말 컨디션을 파악하기엔 괜찮은 증거물이었다. 마사들 간의 경쟁은 상대 클럽 말에 독약을 먹이기도 했다. 승부조작을 일삼는 뇌물도 오고갔다.

대중들은 하루 종일 스포츠 판타지를 경험해야 하기에 빵과 방석을 챙겼다. 도시 사람들의 선남선녀가 모두 모이는 장소인 만큼 연애도 활발히 이루어졌다. 좋아하는 여자가 생기면 당파 색깔을 바꾸기도 부지기수였을 것이다. 그녀가 지지하는 기수를 보면 복장을 보고 금세 알았다. 사랑 앞에 보이는 것이 없었을 테니 말이다.

광팬들은 말 그대로 기수와 말에 미쳐 있었다. '히포마니아(hippomania)'
라 불렸다고 한다. 적색당 소속의 펠릭스라는 유명한 선수가 경주사고로 죽
자 팬들은 매우 슬퍼했다. 죽은 뒤 치러졌던 의식 도중에 화장용 장작
더미 불길 속으로 뛰어든 팬도 있었다.[25] 여기서 그치지 않았다. 빽빽한
관중 안에서 폭동사태의 우려는 늘 상존했다. 황제가 직접 나서 다른
당을 응원하는 관중을 살해하라고 지시하기도 했다. 이만하면 광기 정
도가 어느 정도인지를 가늠할 수 있을 것이다. 전차경기장에 있는 사람
은 그 누구도 예외 없이 반쯤 넋이 나간 관람 스포츠 매니아들이었다.

진정으로 미친 발광은 경기 내내 지속됐다. 트럼펫이 울리면 노예들
이 경주로를 재빨리 정리했다. 먼지가 나지 않도록 경기가 끝이 날 때
까지 경주로에 물을 뿌렸다. 선수와 말은 이미 흥분을 넘어 거의 미친
듯 폭주를 위한 준비를 마쳤다. 수천수만 장의 꽃잎이 어디선가 뿌려지
고, 수십만 장의 손수건을 펄럭이며 귀를 찌를 듯 하는 함성소리에 파
묻혀 있는 상태가 됐다. 출발 소리가 울려 퍼지기를 기다렸다. 초유의
긴장을 갖고 스타트 소리를 듣는 순간 목이 쉬도록 환호했다. 이 순간
이 적게는 12회, 많게는 100회를 했던 것이다.

전차 경주장에서 진정한 구경거리는 경기 자체가 아니라 관중들이
라고 했다. 출발을 하는 순간부터 관중들은 말 그대로 미쳐 날뛰었다.
남자들은 옷을 찢고 자신의 몸을 물어뜯기까지 했다. 여자들은 실신하
기도 했고, 성적인 오르가즘을 경험하는 걸 보여주었다. 베팅할 자금이
떨어지면 노예 상인에게 자신의 몸을 담보로 돈을 빌리기도 했다.[26]

이 초대형 이벤트는 온 도시 사람들에게 감정의 배출구 역할을 했던
것이다. 공적인 장소에서 미친 듯이 발광해도 그 누가 뭐라 탓하지 않
았다. 소심한 사람들도 군중 심리에 취해 마음껏 소리를 지를 수 있었
다. 해가 뜨기까지 밤잠을 못자 내내 기다렸을 수도 있다. 몽롱한 기운

에 찾은 광기어린 경기장은 그 자체가 하나의 우주였다. 몸밖에 미처 빠져나가지 못한 잉여의 에너지를 완전히 소진시킬 최적의 장소였다. 선수와 마찬가지로 관중도 탈진에 이르기까지 움직임을 멈추지 않았다. 록 콘서트장에서와 같이 천지가 요동치는 경험을 했을 것이다. 해가 뉘엿 질 즈음, 다시 우울한 일상으로 돌아가더라도 내일을 또 기다렸을 것이다. 통치자는 이 메커니즘을 잘 알았다.

사피엔스의 몸과 정신을 솜씨 좋게 착취하는 수완을 발휘했다. 마치 기름을 친 기계가 착착 돌아가듯이 한 치의 오차도 없었다. 그 누구도 몽환적인 스포츠 이벤트의 폭주를 막을 수 없었다. 보다 더 대담하게, 보다 더 잔인한 방식으로 사피엔스를 맞이했다.

10

검투사의 외로운 여정, 타락의 시작

검투사 여정의 시작

고대 에트루리아인들의 거주지역인 에트루리아(Etruria)는 현재 이탈리아 중서부에 위치했던 곳이다. 이들이 행했던 게임과 스포츠, 신체에 관한 철학적 사유는 로마가 행한 스포츠와 게임에 지대한 영향을 주었다. 그들의 분묘엔 달리기, 멀리뛰기, 원반던지기, 나무 허들 뛰어넘기, 레슬링, 구권투, 수영, 창던지기, 4륜 전차경주, 체조 등에 이르기까지 매우 다양한 종목이 그림과 벽화로 묘사돼 있다. 심지어 동양의 마상재(馬上才)처럼 말 등위에 벌이는 곡예도 그려져 있다. 또한 전쟁을 대비해야 하는 몸의 표현으로 무장 전투와 같은 그림도 빼놓을 수 없다.[1]

기원전 3세기경, 인류 역사상 매우 독특한 대중적 스포츠가 시작됐다. 로마에서 거행된 검투사(gladiator) 경기다. 에트루리아 관습에서 유

래됐다. 전쟁을 치르고 나서 죽은 이들이 넘쳐나던 시대에 스포츠 행사
는 장례의식이 많았다. 초창기 검투사 경기도 죽은 에트루리아인의 무
덤 앞에 혼을 기리는 장례의식이었다.[2] 즉, 초창기에는 우리가 인식하고
있는 방식의 검투사 시합이 개최됐다는 증거는 없다.

확정적 증거는 프레스코화에 나타나 있다. 이탈리아 남부 캄파니아
지방에 위치한 오스코 삼니움족(Osco–Samnites) 무덤에 그려진 것이다.
이들은 나폴리 북쪽 파에스톰에 거주했던 것으로 알려져 있는데 복싱과
레슬링 외에 결투가 묘사돼 있다. 기원 전후에 활동했던 로마 역사가
리비우스(Titus Livius Patavinus)의 기록에 따르면 로마와 삼니움족과의
전투가 있었다. 로마와 동맹을 맺은 캄파니아인을 가리켜 삼니움족의
무구를 입고 있어 '삼니움인'이라고 불렀다고 한다. 캄파니아 지역은 최
초의 원형 투기장이 건립된 곳이다. 또한 검투사 양성소가 가장 많이
지어졌다고 한다. 이를 통해 검투사의 기원을 삼을만한 지역이라 할 수
있다.[3]

로마 내에서 검투사 경기는 문헌상 기록으론 기원전 264년에 처음
시행됐다. 고기와 생선시장을 의미하는 포룸 보아리움(Forum Boarium)
에서 거행했다. 마르크스(Marcus)와 데키무스(Decimus) 형제가 아버지
장례를 추도하기 위해 검투사 시합을 개최한 것이다.[4] 이때 세 쌍(three
gladiator pairs)의 검투사를 싸우게 하였는데 인도적인 방식으로 변형된
형태였다. 조마다 두 명이 배치됐기 때문에 총 여섯 명의 검투사가 투
입됐다.[5]

최초 경기는 오히려 전쟁 포로나 노예가 무조건 살해됐던 이전과 다
른 조처였던 것이다. 이와 같이 로마에서 초기 검투사 경기는 죽은 자
의 영혼을 위한 제례의식으로 치렀다. 영혼을 달래는 장소에서 서로 죽
이고 피가 난무하는 방식이었을 리가 없다. 시간이 흘러 사람의 오감을

자극하는 오락 프로그램이 되면서 죽음을 부르는 결투가 됐다.

이후 로마 내에서 검투사 경기는 꾸준하게 진행됐다. 물론 고인에 대한 헌납(munera, 의무)의 성격이 짙었다. 기원전 216년, 레피두스(Lepidus)의 세 아들들도 부친의 영혼을 기리기 위해 22쌍의 검투사 간 경기를 주최했다. 기원전 183년에는 검투사 전용 목조경기장이 건립되면서 120명의 검투사(60쌍)가 3일 동안 대대적으로 경기를 치렀다. 기원전 174년에는 플라미니우스(Flaminius)가 역시 아버지 죽음을 추모하기 위해 개최했다. 여기서 4일 동안 검투사 74명(37쌍)이 참여했다는 기록이 있다. 기원전 105년, 검투사 이벤트가 국가적 차원에서 논의돼 시행됐다. 군인을 위한 훈련 프로그램에도 활용됐다고 한다.[6]

대중으로 향하는 검투사

엄숙한 장례나 제례의식에서 재미 요소를 발견했던 것일까. 많은 검투사를 투입할수록 행사는 화려했을 것이다. 자금이 많이 소요가 되면서 여러 측면의 가능성을 보았을 것이다. 일례로 로마 관료가 입후보하고 선거를 할 때 군중을 동원하기 좋은 수단이었다. 초창기의 고인에 대한 헌납에서 점차 구경거리(ludi)의 성격을 지니게 됐다.

정치적 야심가 카이사르가 이 흥행요인을 놓칠 리 없었다. 그는 기원전 65년, 로마의 공공건물, 도로, 시장, 공공축제, 경기대회를 관장하는 조영관(aediles, 造營官)에 취임했다. 이를 기념하기 위해 무려 640명(320쌍)의 검투사를 동원한 것이다.[7] 그때 카이사르가 눈여겨봤던 충실하고 용맹한 수십 수백의 검투사들도 이후 겪게 될 격랑의 정치적 소용돌이에 한 배를 탔을 수도 있다. 혹은 신분계급 상 평생 검투사로서 살아갔던 무명의 검객들도 있었다.

카이사르

카이사르는 군부 지도자들과 권력투쟁을 거쳐 로마 공화정에서 제정으로 변화시켰다. 대중적인 지지가 없다면 불가능했을 법한 일들이다. 이러한 인기를 구가하는 방법을 검투사 흥행몰이를 통해 이미 터득했다. 대중이 원하는 바를 잘 알았고, 군중 심리가 어떻게 형성되는 지를 그 누구보다 잘 파악했다. 불타오르는 정치적 야심을 드러내기 위해 서서히 군불을 때야 한다고 직감했다. 지독한 갈리아 장정에서도 균열 없이 군단을 통솔할 수 있었던 중요한 경험치였을지도 모른다.

그는 카푸아(Capua)에 직접 검투사 양성소를 운영하며 5천 명이 넘는 사병화된 검투사를 보유했다고 한다.[8] 정치적 흥망을 목도하고 쟁취한 뒤, 허망하게 스러져갔던 그다. 30대 중반에 대중들을 즐겁게 할 줄 알았고, 관련한 수많은 사람들과 돈독한 관계를 맺으며 정치적 자산을 축적해 나갔다. 검투사 경기는 그에게 매우 중요한 터닝 포인트가 됐다.

제2부 새로운 리더십

검투사 경기를 통한 정치

공화정 말기엔 농민들은 피폐하고 군대의 동요 움직임도 있었다. 당시 실업자들도 넘쳐났다. 사회적 불안 요소는 여기저기서 터질 듯했다. 아우구스투스(Augustus, 재위: 기원전 27 년~서기 14년)는 사재를 털어 전역한 수천 명의 병사들에게 토지를 할당했다. 카이사르가 통치할 때 이미 현역병의 급여가 2배나 높아진 상태였다. 이 부담이 제정시대에 그대로 전가됐다. 서기 5년부터 전역한 병사에겐 13년 치의 봉급을 일시불로 지급했다고 한다.[9]

이와 같이 제정 시대(기원전 27년~서기 476년)에는 대중을 사로잡을 만한 엔터테인먼트가 필요했다. 전차경기와의 쌍벽을 이루었던 검투사 경기였다. 이는 사회적 안전장치라기보다는 시선을 돌리는 몽환장치였다. 주요 통치수단으로 전차경기는 극한의 스피드로 대중들의 넋을 나가게 했다. 더불어 피의 굶주림에 영혼이 탈탈 털리는 무참한 광경을 일상에서 쇼로 맞이하였다.

카이사르의 강력한 후원으로 초대 황제가 된 아우구스투스를 필두로 제정 시대에 검투사를 정치에 적극 활용했다. 폭발적인 인기를 끌었던 전차경기를 끌어들이는 것과 마찬가지였다. 그는 카이사르 법령에 따라 검투사 경기를 연례행사로 실시하게 했다. 수십 년 전부터 국가차원에서 논의돼 시행했던 검투사 경기가 본격화한 것이다. 조영관(aediles)이 관련 부서에서 의무적으로 일 년에 두 번 대대적인 검투사 경기를 개최했다.[10] 국가가 나서서 기획한 것이다. 검투사 경기 전담 부서에서 시민 세금으로 운영했다. 이들은 어떻게 하면 흥행할 수 있을까를 연구했을 것이다. 비즈니스 가치보다 포퓰리즘(populism)을 최고의 가치로 삼았다.

그래도 그 당시까지 우리가 떠올리는 방식의 죽음을 요구하는 경기는 아니었다. 검투사 경기가 국가행사로 치르는 것 외에도 개인적 후원에 따라 이전보다 많이 개최됐다. 이러한 대중화 현상 속에 검투사 두세 쌍 정도를 저녁식사에 초대해 경기를 치르게 하고 만찬을 즐겼다고 전해진다. 쓰러지면 박수로 격려하는 장면도 연출된 것을 보면 잔인성과는 거리가 멀었다.

아우구스투스에 이은 티베리우스(Tiberius, 재위: 서기 14년~37년)는 황제 이외에 검투사 경기를 개최하는 것을 금지시켰다. 황제의 호의와 선의로 열리는 특별경기란 인식을 강조하기 위해서였다.[11] 검투사 경기의 희소가치를 높이기 위한 방법이었다. 동일한 횟수로 치러지더라도 황제가 특별히 하사한 경기란 인식을 부여했다. 이미 검투사 경기의 재미에 맛들인 대중들은 황제가 명하는 경기를 기다렸다.

하지만 티베리우스는 인기가 없었다. 검투사 경기를 후원했으나 직접 경기장에 찾는 횟수는 많지 않았다. 이때는 포퓰리즘을 구가하지 못하면 인기를 얻을 수 없었다. 정치적 지지를 위해 아무것이라도 끌어와 내세우는 허울 좋은 슬로건을 대중들은 원했던 것이다. 항상 감정의 배출구를 꿈꾸는 대중들을 위해서 쇼맨십이 강해야 했다. 현대 정치에서도 포퓰리즘에 대해 비판의 날을 세우거나 받더라도 어느 정도 수렴하고 있다. 아무리 유치해도 말이다. 정치가 고매한 것과 유치한 것이 완벽하게 섞여 있기 때문에 더욱 그러하다.

제2부 새로운 리더십

잔혹성의 극치

말도 많고 탈도 많았던 칼리굴라 (Caligula, 재위: 서기 37년~41년)는 검투사 경기에 대해 외면적으론 전폭적인 지지를 했다. 또한 쇼맨십을 잊지 않았다. 티베리우스가 남겨준 탄탄한 재정으로 한도 내에게 마음껏 오락을 제공했다. 역사적으로 손에 꼽히는 폭군이었지만, 당시 로마인들은 그를 너그럽게 용서해 주었다. 역사의 아이러니다.

그는 검투사 경기의 성격을 바꾸었다. 그 스스로 폭정을 일삼으며 경기마저 잔혹한 방식으로 변모하게 했다. 수시로 일대일 대결에서 프로 검투사와 범죄를 저지른 사람끼리 맞붙여 놓았다.[12] 전문적으로 칼을 다루는 사람과 범죄인 간에는 공정한 게임이 될 리 없었다. 도망 다니다가 속수무책으로 베이고 찔리며 쓰러져 가는 장면이 연속적으로 연출됐다.

관중은 어떠했을까. 주로 노예로 구성된 검투사 집단의 흥미진진한 경기보다 쾌감을 느꼈다. 사회적으로 낙인이 찍힌 범죄자의 죽음에 대해 열광했다. 잔인하게 죽임을 당하는 장면을 보고, 처음에 느꼈던 두려운 감정은 어느새 묻혀버리고 말았다. 보다 강렬한 결투를 원했고 마치 선이 악을 무참히 밟아버리는 카타르시스를 느끼게 했다. 칼리굴라가 자행한 방식을 훗날 유베날리스(Iuvenalis)가 '빵과 서커스'로 풍자하며 악평했던 것이다.

검투사를 프로와 아마추어로 구분했다. 프로는 훈련을 받은 노예와 지원한 일반 시민이다. 지원한 사람들은 모든 인권을 포기하고 노예가 될 것을 선언했다. 부와 명예를 추구하고 싶어 뛰어든 자, 친구의 몸값이나 아버지 장례비용을 마련하기 위해 지원한 자 등으로 매우 다양했다. 아마추어 검투사(Gregarii)는 형벌을 받아 검투사가 된 사람들이다. 양성소에서 2년간 훈련을 받고 3년간 검투사로 뛰는 직군을 부여받기도 했지만, 대개는 훈련 없이 프로 검투사와 대결해야 했다.[13]

근대 스포츠처럼 경기에서 평등을 기대할 수도 없었다. 모든 경기자에게 동등한 조건 하에 경기를 임할 수 있다는 기대 자체도 하지 않았다. 고대 그리스인들은 레슬링과 권투시합에 체중을 달아 여러 체급이 필요하다는 생각을 하지 못했다. 고대 로마인들도 마찬가지였다. 그물과 삼지창으로 무장한 검투사들끼리의 평등도 없었다. 무기가 제각각이기 때문이다. 동등한 조건 따위는 없었다.[14]

더군다나 프로페셔널한 검투사와 훈련 한 번 제대로 받지 못한 범죄자 경기에 불평등한 요소가 가득하다고 바라본 대중은 없었다. 앞으로 등장하게 될 굶주린 맹수와 헐벗은 검투사 간의 경기도 별반 다를게 없었다. 오로지 재미를 추구할 뿐이었다. 재미를 폭발적인 열광으로 가져가기 위해선 죽음이란 요소가 가미됐다. 그것도 잔인하게 죽어가는 모습이 필요했던 것이다.

클라우디우스(Claudius, 재위: 서기 41년~54년) 시기에는 수도 로마 근교의 검투사 양성소를 국가가 소유하게 했다. 민간 양성소와는 별도로 국가적 차원에서도 검투사를 양성한 것이다.[15] 오늘날 올림픽, 월드컵, 세계 선수권 대회에 출전할 국가 대표를 양성하는 것처럼 체계적으로 육성했다. 잔혹한 폭정 다음으로 이어진 치세 기간 동안 다소 잠잠했을까. 실로 잔학한 검투사 이미지를 최고조로 높였던 황제가 기다리고 있다고 봐야 할 것이다.

바로 네로(Nero, 재위: 서기 54년~68년)이다. 그는 스포츠에 미쳤다고 봐야 할까. 통치수단으로서 스포츠를 이용했다기보다는 그 자신이 경쟁 현장 속으로 빠져 헤어 나오질 못했다. 익히 알려진 바대로 전차경기장에서 종일 시간을 보내기로 유명했다. 몸소 올림픽에 참가해 우승하기도 했다. 감수성도 남달라 스포츠와 음악의 조합을 주창할 만큼 열정적인 면모를 갖추었다. 어찌 보면 자아도취적 통치자에게서 드러나는 잔인함이 숨어들었을지도 모른다.

그는 대중들이 스포츠로 열광하는 경기장 한복판에 종교를 끌어들이기도 했다. 기독교도들을 땅에 박힌 말뚝에 한 사람씩 묶고 산 채로 불을 질렀다. 경기장이 처형장으로 바뀌는 순간으로 대략 300명이 한순식간에 화염에 휩싸이게 한 것이다. 이러한 잔혹함은 이 시기의 검투사 경기에서도 드러났다.

네로의 스승으로도 유명한 세네카(Lucius Annaeus Seneca, 기원전 4년~서기 65년)는 정오에 관람한 검투사 경기를 보고 묘사했다. '이전 경기보다 더 폭력적인 살육장과 같다. 검투사들은 아침에는 사자와 곰에게 살해당하고, 낮에는 다른 검투사 손에 죽어간다. 사람들은 피가 낭자한 모습에 웃고 떠들고 열광한다. 경기장이 텅 빌 때까지 결투는 계속된다.'[16]

검투사 직업

검투사를 등급별로 나누기도 했다. 검투사 경기가 정치적으로 이용되면서 인기를 얻자 돈을 후원하는 주최자가 생겼다. 그들은 거액의 빚을 지기도 했다. 적정한 지출에 부합하고자 검투사를 고용하는 방식도 다양해진 것이다. 검투사 랭크 제도로서 최상급 제1랭크(Primus Palus)에서부터 제4랭크(Quartus Palus)까지 구분했다. 제1랭크에 속한 선수들은 개인용 방도 제공받았다고 한다.[17]

우리 의식 속에 자리 잡은 그들의 이미지 중에서 결투를 앞두고 항

검투사 경기

상 쇠사슬에 묶여 있는 것을 상상할 수 있다. 하지만 실제는 사뭇 달랐다. 도주 위험이 적은 검투사들은 거리를 활보할 수도 있었고, 애인과의 동거는 물론 결혼을 해서 가정을 꾸리기도 했다. 검투사는 늘 죽음과 가까운 존재들이었지만 만만치 않은 대전료로 인해 많은 이들을 유혹했다.

그들을 임대(Locutio et conductio)하는 비용에서 자유 검투사는 25%, 노예 검투사는 20%의 대전료를 받았다고 한다. 검투사를 직접 살 수도 있는데, 임대는 구매(Emptio et vendito) 비용의 2~10%라고 전해진다. 은퇴했던 검투사가 다시 지원한 경우도 있었다. 이러한 자유 검투사(Auctorati)는 경기 주최자와 직접 계약을 맺어 보다 높은 대전료를 요구하기도 했다. 프리랜서로서 목소리를 냈던 것이다. 심지어 여성 검투사(Gladiatrix)도 있었다. 같은 여성끼리만 결투했다.[18]

다양한 처지의 검투사를 통해 모두가 노예 인권보다 못한 삶을 살았던 것은 아니란 사실을 알 수 있다. 기획자, 후원자, 프로모터에 이르기까지 스포츠 비즈니스 현장이 짜임새 있게 돌아갔던 것이다. 서로 윈윈(win-win)하는 흥행 요인을 고민하지 않을 수 없었다. 게다가 가장 무시할 수 없었던 대중의 목소리는 잔인함을 원했다. 보다 스펙터클한 엔터테인먼트 요소가 있어야 했다. 전차경기장을 방불케 하는 열광적 지지와 더불어 차별성이 존재해야 했다. 이로써 검투사가 죽음에 이르는 거리는 날로 가까워질 수밖에 없었다.

몇 해 전 죄를 지었던 아마추어 검투사도 이 사실을 모를 리 없었다. 어차피 죽은 목숨이란 생각으로 자포자기했었다. 하지만 얼마 전 치렀던 동료들의 검투사 경기를 기억하고 있었다. 아르벨라스(Arbelas)의 왼쪽 팔에 끼워진 반원형 날붙이에 좌측 목덜미가 베어져 힘없이 쓰러진 자를 보며 생각을 바꾸었다. 예상을 뛰어넘을 만큼 하얀 속살에서 붉어져 나오는 피와 허공에 부릅뜬 눈은 그의 기억에 오래 남았다.

검투사 종류도 다양했다. 특히 아르벨라스는 오른손에 들고 있는 검의 활용도가 높아 행동이 매우 빨랐다. 이들은 방패 없이 두 개의 칼을 들었던 경량급 검투사였던 디마이카이루스(Dimachaerus)와 함께 가장 민첩한 프로 검투사들이었다.[19]

그가 기초적 운동신경을 보여줄 기회가 있을 때 빠르고 영민한 동작을 했다. 그의 행동이 눈에 띄었는지 2년간 훈련을 받고 검투사가 되는 과정으로 갈 수 있었다. 검투사 양성소에서 프로들과 섞여 많은 기술을 배울 수 있었다. 자신과 같이 운 좋게 계속 살아남아 죄가 풀리고 해방됐던 사례도 알게 됐다. 이와 같이 여태껏 살아남은 아마추어 검투사들은 단체전에 포함됐다. 결전의 날이 다가왔다. 숱한 훈련의 나날이 주마등처럼 스치고 지나갔다. 2년 이상을 더 살게 해준 신에게 감사한 마음을 표했다.

검투시합을 개최하기 위해선 검투사 양성소와 계약을 맺은 후 절차가 진행된다. 검투사를 임대하거나 구매하는 비용을 흥정하고 계약을 맺는다. 성사가 되면 광고(Edicta Muneris)를 한다. 붉은 잉크로 건물 벽면, 시문, 묘석 등에 프로그램 내용과 일정을 공지했다. 주최자, 주관자, 검투사 양성소 명칭, 검투사 숫자, 퍼레이드와 경기 내용, 경품행사, 장소, 시간이 빽빽하게 그리고 눈에 잘 띄게 알렸다. 대회 전날에는 주최자 만찬을 통해 경기에 참여할 검투사를 볼 수 있었다. 대진표는 경기직전까지 공개되지 않았다.[20]

그는 엄청난 열기로 가득한 경기장을 대기실에서 느낄 수 있었다. 팜파(Pampa)라 불리는 개회식이 시작됐다. 먼저 대회 주최자가 등장했다. 경호인이자 처형을 담당하기도 하는 무시무시한 릭토르(lictor)를 대동했다. 그들은 파스케스(fasces)라는 도끼를 들고 다니며 호위했다. 그 뒤로 대형 게시판이 등장했다. 처형당할 자의 범죄 내력과 대진표가 빼곡히 적혀있었다. 드디어 오늘의 주인공, 검투사들이 등장했다. 비록 죽음의 주인공이지만 엄청난 환호를 받으며 그도 걸어 나갔다. 그의 운명은 어떻게 될까.

첫 번째 진행순서는 동물을 상대로 싸운 검투시합이다. 베나티오(Venatio)라고 불렀다. 이를 위해 우선 진귀한 동물들을 한데 모아 황제, 원로원 의원, 귀족, 시민들을 향해 재롱을 떨며 지나갔다. 이어서 훈련받은 동물의 곡예를 선보였다. 계속해서 맹수끼리의 싸움에 이어 맹수와 베나토르(Venator)의 싸움이 벌어졌다. 베나토르는 맹수를 상대로 싸움을 하는 전문 검투사이다. 정오가 되면 휴식시간을 갖는데 이때 범죄자들을 공개 처형했다. 이어 복싱과 판크라티온과 같은 스포츠 종목을 선보였다. 자투리 시간을 내어 팬터마임과 같은 희극도 선사했다. 웃음, 환호, 탄성과 기대감이 최고조에 달하게 되면 하이라이트인 검투사 경기를 치렀다.[21]

콜로세움

보다 잔인하고 보다 커진 경기

　　　　　　　　　네로의 뒤를 이은 티투스(Titus, 재위: 서기 79년~81년)는 화산 폭발, 로마 화재 등으로 폐허가 된 곳의 재난을 수습하는 운명을 지녔다. 서기 80년, 5만 명을 수용할 수 있는 콜로세움을 완성했다. 실의에 빠진 시민들을 위해 그가 할 수 있는 것은 완성된 경기장에서 성대한 축제를 하는 것이었다. 즐거움을 선사하기 위해 엄청난 동물들이 동원됐다. 단 하루만에 5,101마리의 맹수가 죽어 나갔다고 전해진다.[22]

　　베나티오를 위해 이탈리아 반도 전역과 식민지 각지에서 불려온 동물들의 운명도 가지각색이었을 것이다. 행사 날짜에 맞춰 무리한 일정으로 오다가 병에 걸린 동물, 스트레스에 비명횡사한 동물, 환경이 바뀌어 원인모를 병원균에 감염돼 시름시름 앓다가 죽은 동물에 이르기까지

경마

보이지 않는 곳에서의 사투는 이루 말로 표현하기가 어려웠을 것이다.

아프리카로부터 현지에서 맹수를 포획하는 집단, 오는 과정에서 섭취할 음식물을 담당하는 집단, 차질 없이 공급하는 집단에 이르기까지 사피엔스의 고통도 이루 말할 수가 없었을 것이다. 국가적 차원이니만큼 로마의 정예군단에 의해 맹수를 잡았을지도 모른다. 광활한 영토를 점령하기 위해 힘썼던 무명의 용사들이 사람 상대로, 짐승 상대로 벌인 전쟁의 연속이었다.

보다 잔인하고 보다 큰 경기를 위해선 본격적으로 맹수를 끌어들이는 살육의 현장이 연출됐다. 오전에 가까스로 목숨을 부지했어도 기진맥진한 검투사는 동료에 의해 살해됐다. 혼백(魂魄)이 떠나지 않는 죽음의 현장이었다. 검투사 수요는 충분했다. 기원전 43년 경 이탈리아 전역의 노예수가 300만 명을 넘어섰다. 검투사에 지원하는 일반 시민들도 많았다. 국가가 체계적인 양성소도 운영했기에 보다 건장한 검투사는 넘쳐났다.

제2부 새로운 리더십

도미티아누스(Domitianus, 재위: 서기 81년~96년)는 최초의 야간경기를 개최했다. 해가 져도 돌아갈 생각을 하지 않는 콜로세움 관람객 5만 명에게 불을 밝혔다. 검투사와 맹수의 그림자가 혼재돼 피가 낭자하는 현장을 상상해보라. 끔찍함을 넘어서 환상을 불어넣은 나머지, 악령마저 혼미해졌을 법한 분위기를 연출했을 것이다. 이 시기에는 민간 검투사 양성소가 존재하지 않았다. 국가가 직영으로 운영하게 되면서 검투사 경기가 오롯이 국가 통제 하에 기획될 수 있었다.[23]

오늘날 대표적인 합법적 스포츠 갬블링 사업은 경마(競馬, horse racing), 경륜(競輪, cycle racing), 경정(競艇, motorboat racing)이 있다. 여름철 야간 경기를 통해 경기 횟수를 늘리는 노력을 한다. 이 영역의 선수들도 국가가 양성하고 있다. 또한 모든 기획과 운영도 국가가 도맡아서 한다. 국가 기금을 확보할 수 있는 매력적인 사업이자, 음성적으로 자행되는 도박을 막기 위한 명분 사업이기도 하다. 간혹 여론의 질타를 맞아도 이 두 마리의 토끼를 균형적으로 잘 잡고 간다면 생명력은 오래 갈 것이 분명하다. 기본적으로 도박 심리는 영원하기 때문이다.

반면 프로 스포츠 사업은 순수한 민간 영역이다. 이윤을 창출하기 위해 꾸려진 조직과 이해관계자 간의 치열한 비즈니스 현장이다. 그럼에도 불구하고 국가는 민간 뉘앙스가 강한 프로 스포츠를 육성하기 위해 관련법(스포츠산업진흥법)을 제정했다. 프로 스포츠가 잘 돼야 소비가 살아나 관련 산업을 키울 수 있다는 논리에서다.

고대 로마로 돌아가 보면, 민간이 개입된 전차경주를 황제가 친히 나서 사업을 키웠다. 지금같이 산업적 측면을 육성한다는 생각은 없었겠지만, 인위적으로 그리고 지속적으로 확대한 이유는 무엇일까. 우선 스펙터클한 쇼를 통해 대중들의 마음을 결집해야 할 종교 축제의 장으로 삼았다. 반면, 국가 직영에 성공한 검투사 경기에서는 제례의식을 찾아볼 수 없다. 오히려 대진표를 들고 흥행몰이에 여념이 없어 보인다. 매우 특이한 지점이다.

그럼에도 불구하고 둘 다 시민들의 감정을 폭발적으로 배출할 수 있는 심리적 스트레스를 해소하는 장소가 됐다. 또한 군중들이 소리를 지르며 정치적인 의사를 표현할 수 있는 곳이기도 하다. 종종 비뚤어진 절대 권력에 의해 현장에서 수십 명이 살해당하기도 했지만 말이다. 일자리 개수도 무시할 수 없었을 것이다. 이 지점이 고용창출과 소비에 따른 경제 활성화를 기대하는 현대의 산업적 영역을 이해하는 부분과 맞닿을 수 있다.

연중 체계적으로 운영된다는 것은 매우 정교하고 분업화된 시스템이 자리가 잡혔기 때문이다. 다양한 직업군과 연관된 가족, 친지, 지인을 연결해본다면 한두 집 건너 로마 시민과 연관되지 않은 분야가 없었을지도 모른다. 이 양대 스포츠 이벤트에서 일어나는 스토리에 울고 웃었을 것이다. 오래 누적된 스포츠 이벤트의 특징 중 하나가 장구한 스토리가 남는다는 것이다. 각종 기록과 에피소드는 무궁무진한 이야기꽃을 피우기에 충분했다. 스토리텔링(story-telling)이 쌓이고, 스스로 직접 현장에 뛰어들고자 하는 스토리두잉(story-doing)이 넘쳐났을 것이다. 가끔은 일상에 돌아와서도 실성한 모습이 사라지지 않았을 것이다. 에너지 분출의 장소이면서도 타락의 틈새가 생겨난 현장일 수 있다.

최고 전성기의 검투사 운명

　　　　　　　　　　강한 몸 하나로 버텨온 검투사들이
다. 신체적, 정신적으로 강하게 무장된 그들이다. 전차경주의 죽음과 검
투사 경기의 죽음은 매한가지이지만, 그들에겐 다르게 느꼈을지도 모른
다. 전자는 길이길이 남는 명예가 우세할 수도 있지만, 후자는 공포 속
에서 맞이하는 헛된 죽음일 수도 있다. 돈과 영예를 양쪽 모두에게 부
여했지만, 아곤(agôn)과 아레테(arete)를 들먹인다면 전자에 초점이 맞춰
지는 것은 아닐까. 로마 초창기의 검투사 경기처럼 상대방이 쓰러졌을
때 격려를 보냈다던 모습이 지속됐다면 모를까. 지독히도 외로운 여정
을 걸었을 검투사의 길은 계속됐다.

　　검투사 경기에서 첫 시합은 에퀘스(Eques)로 시작했다. 기마 전사라
이름을 가진 중량급 검투사로 말 위에서 싸우는 숙련된 자들이다. 이들
이 입장하면 장내 진행자는 카랑카랑한 목소리로 검투사의 경력을 낭독
했다. 군중을 흥분시키는 기법은 오늘날 권투, 종합격투기와 별반 다르
지 않다. 오전 내내 맹수가 동원된 싸움과 범죄자의 처형장면 등으로
한껏 고조된 관중 심리를 더 끌어 올리게 했다.

　　시합은 주심(summa rudis)과 부심(secunda rudis), 2심제로 운영했다.
호른과 물 호르간으로 구성된 악단이 경기개시를 알렸다. 아름다운 선율
로 죽음의 문을 열었다. 승패가 결정되면 생사를 가르는 엄지손가락 선택
이 있었다. 학자들이 추정하기론 현재 우리가 인식하는 것과 반대다. 엄
지를 위로 향하게 하면 죽음, 아래로 내리면 삶을 선고한 것이다.[24]

　　고대 로마 제정기의 최고 전성기를 오현제(五賢帝) 시대라고 부른다.
다섯 명의 현명한 황제들이 통치했다는 의미다. 네르바(Nerva, 재위: 서
기 96년~98년), 트라야누스(Trajanus, 재위: 서기 98년~117년), 하드리아누

스(Hadrianus, 재위: 서기 117년~138년), 안토니우스 피우스(Antonius Pius, 재위: 서기 138년~161년), 그리고 마르쿠스 아우렐리우스(Marcus Aurelius, 재위: 서기 161년~180년)이다.

트라야누스가 다키아를 정복한 서기 107년에 승리를 기념하는 검투사 경기가 있었다. 그는 무려 1만 명에 달하는 검투사를 동원해 경기를 개최했다. 검투사 양성소에서 전문적으로 기술을 배웠던 검투사와 상대했던 자들은 바로 포로가 된 다키아 병사들이었다. 훈련받은 군 병력이었던 만큼 나름 버티었겠지만, 프로 검투사에겐 상대가 되지 않았다. 서기 109년에도 9,824명(4,912쌍)을 동원해 검투사 경기를 치렀다. 117일 동안 경기를 벌였다고 하니 경기장 근처에서도 피비린내가 진동했을 것이다. 서기 113년에는 2,404명이 동원된 검투사 경기를 열었다. 맹수가 동원된 두 번의 큰 경기에선 총 4,489마리가 죽었다.[25]

하드리아누스도 최대로 확장된 로마 영토를 순방하고 복귀하면 콜로세움을 찾았다. 서기 125년에 1,835쌍의 검투사가 출전하는 빅 이벤트를 개최했다. 성공적으로 귀환한 것 자체가 홍보를 해야 할 일이었기 때문이다. 아우렐리우스는 검투사를 군대에 복무할 수 있도록 했다. 과거엔 금지했지만 로마제국 영토가 넓어질수록 병력을 필요로 했다.

하지만 검투사 직업이 급여가 높고 인기가 좋아 군대에 지원하길 꺼렸다고 한다. 이에 병역을 마치면 노예 신분을 풀어준다는 조건까지 생겼다. 이런 상황은 검투사 숫자를 줄어들게 했다. 황제는 검투사 경기를 대신하고 기량을 감상할 수 있는 루시오(lusio)란 펜싱시합을 지원했다. 점차 죽음에 이르는 검투사 경기로부터 적당한 선에서 시늉하는 쇼로 대체돼 갔다.[26]

제2부 새로운 리더십

쇠락의 길

역사에 남을만한 업적과 로마에게 주어진 운이 다했을까. 아우렐리우스 뒤를 이은 아들이 문제였다. 콤모두스(Commodus, 재위: 서기 180년~192년)이다. 아버지는 아들에게 공동 통치권을 주었고, 4년 후에 세상을 떴다. 아버지의 덕행과 아들의 악행에 있어 극명한 대조를 보여 주었다. 타고나기를 허약하고 수줍음 많은 기질을 가졌으나, 주변에서 그를 점차 타락시켰다. 그의 잔인성은 처음엔 타인의 사주로 시작됐으나 습관이 돼 그를 지배하는 성향이 됐다.[27]

후대는 그를 학문의 즐거움을 이해하지 못하는 최초의 황제였다고 기록했다. 같은 폭군 계열에 있는 네로는 음악과 시가(詩歌)를 통해 학문의 관심을 과시한 것과 달리, 콤모두스는 오락만을 추구했다. 아첨꾼 말에 속아 경기장에 사자와 호랑이를 데려다 놓고, 직접 죽인 다음에 로마의 헤라클레스라고 스스로 지칭하기도 했다. 그 자신이 검투사 자격으로 735회나 경기를 치렀다. 물론 사전 계획에 따라 경기상대는 피로 충성을 했다. 헤라클레스 지칭도 싫증이 났는지 로마 최고의 검투사인 파울루스를 능가한다는 말을 가장 좋아했다. 결국 힘 좋은 레슬링 선수에게 침전에서 목 졸려 죽임을 당했다.[28]

화려하고도 외로운 검투사의 여정은 점차 쇠락의 길로 가고 있었다. 지난한 세월을 감당했던 검투사 경기를 우리 관점으로 어떻게 바라볼 수 있을까. 인간의 본성을 가장 낮은 단계까지 끌고 간 입에도 담기 힘든 하찮은 문화의 소산일까. 현대사회를 살아가는 잣대로만 바라본다면 말도 안 되는 스포츠다. 하지만 지금도 버젓이 종합 격투기 비즈니스를 하고 있다. 얼굴이 일그러져 피가 철철 흘리는 장면도 흔하게 접한다. 누군가 카이사르의 지략과 처세에 대해 긍정 평가를 하면 독재자를 미

종합 격투기

화했다고 비판받기도 한다. 2000년 전의 인물과 사건을 지금 기준으로 비교하는 것이 타당한 것일까.

초창기 건전했던 스포츠가 날이 갈수록 잔학해진 측면이 있었다. 그럼에도 불구하고 600년 이상을 로마인들의 품에서 떠나지 않았다. 흥행 이벤트로서 로마인의 문화적 자산으로 구가한 기간도 400년이 넘었다. 기독교 시대가 도래를 하면서 콜로세움을 비롯해 수많은 경기장 문을 닫는 날이 많아졌다. 폭력성과 우상숭배를 금지해야 하는 사명이었다.

서로마에선 서기 438년에 검투사 경기가 중단됐다. 동물을 상대로 한 싸움은 6세기까지 지속됐지만, 결국 곡예를 부리는 서커스가 됐다. 사람들은 쓸모없어진 원형 경기장의 튼튼한 석재를 빼다가 중세 때 교회와 건물을 지을 때 사용했다.

전차 경기의 운명은 어떻게 됐을까? 기독교가 국교화가 됐다고 해서 스포츠 열기를 완벽하게 차단할 수는 없었다. 신을 경배하는 의식이 충만하고 스포츠 스타를 숭배하는 전통이 강한 전차경주는 수세기 동안 인기가 지속됐다. 사피엔스의 몸을 사디즘적으로 혹사한 경기는 없앴지만, 장쾌한 스케일의 레이싱의 극한체험은 남겨놓았다.

타락의 틈새

　　　　　　　　　　로마사회는　그리스와　마찬가지로 귀족, 평민, 노예란 세 계급으로 철저히 구분했다. 패권이 넘어가는 과정에서 숱한 전쟁으로 인한 포로들이 넘쳐났다. 공화정 초기에 건강한 사회로 가고자 했던 노력의 흔적은 많았다. 스파르타처럼 국가에서 직접 행했던 수준은 아니었지만, 아버지가 아이의 교육에 대한 절대 권력을 구가했다. 건강한 시민으로 키울지 혹은 나약할 게 자명하다는 이유로 죽일지를 결정했다.[29] 지금 시각으론 끔찍한 관습이지만 당시 귀족 사회의 명예를 위해서 실용적 몸의 활용을 강요했던 것이다.

　체육을 통해 군대 교육을 위한 신체와 정신을 무장하고자 했다. 오래 걷기와 달리기는 가장 기본적인 신체조성을 이루기 위한 조건이었다. 균형 잡힌 신체는 병력을 증강시키는 데 필수 조건이었다. 이를 위해 레슬링, 수영, 창던지기, 승마를 가르쳤다. 마르티우스 연병장은 소년들의 강인함을 보여주는 상징적 장소로 충분하였다.

　기원전 146년, 그리스가 로마의 정치적 영향력에 들어갔지만 세련된 문화가 축적된 그리스는 사회적으로 영향을 주었다. 그럼에도 불구하고 로마는 심신의 조화적 발달을 지향한 그리스 체육에서 벗어났다. 오로지 강인한 인간으로 양성해 군인의 완성도를 높이기 위한 체육을 중시했던 것이다. 아름다움과 우아함의 가치는 뒤편으로 밀렸다.

　제정 시대가 열리면서 상황은 점차 바뀌어 갔다. 당장은 눈에 띄지 않았지만 타락의 틈새를 보이기 시작한 것이다. 로마 제국의 생산력은 전적으로 노예 노동으로 이루어졌다. 제국의 영토가 확장되면서 쏟아야 할 에너지가 급증했다. 만약 노예수가 급감한다면 무엇 하나라도 제대로 돌아가지 않을 판이었다. 곳곳에 균열이 보이기 시작했지만, 절대 권력을 가진 황제는 정치적 수사가 더욱 중요했다.

레이싱과 검객은 대중들을 효과적으로 통치를 하는 데 중요한 요소로 작용했다. 극한의 체험을 경험하게 하고, 인간의 원초적 공격성을 간접적으로 경험하게 했다. 전쟁 승리의 전리품은 귀족사회로 블랙홀처럼 빨려 들어갔고, 양극화는 더욱 심각해졌다. 갈등과 불만은 사회 곳곳에 내재돼 있었지만 일 년 열두 달, 쉼 없이 펼쳐지는 스포츠 판타지는 그것을 잠시나마 누그러뜨리게 했다. 누그러뜨린 효과도 계속 축적됐지만 개인적 착복을 위한 부패도 날로 쌓여갔다. 황제가 몸소 그 주체가 되면서 도덕적 해이는 대중들에게까지 깊숙이 침투해 들어갔다.

초창기 상류계층이 스스럼없이 수행했던 몸의 쓰임이 변했다. 오로지 남의 몸 쓰임을 지켜보는 것에서만 만족을 느끼게 됐다. 혹독한 행군에서 뼈저리게 느꼈던 조국 수호는 남의 일이 됐다. 개인주의와 향락주의가 사회 안쪽 깊은 곳까지 뿌리를 내렸다. 이로써 생명에 대한 경외를 기대하는 것은 호사스런 사치가 돼 버렸다. 검투사 운명을 즐기고 동물의 운명과 동일시했다.

투기성이 강한 경기는 중독을 낳았다. 황제는 절대 권력을 유지할 수 있었다. 정치가는 사회적 안정망으로 여겼다. 대중은 도박과 내기를 하며 일상을 잊었다. 기수는 돈과 명예를 좇았고 검투사는 돈과 자유를 갈구했다. 누구든 예외 없이 향락주의에 중독된 것이다. 영원할 것만 같았던 로마는 서서히 수면 아래로 내려가고 있었다.

사피엔스의 몸은 이렇게 허망한 쪽으로만 내달리는 걸까. 아니면 모두가 만족할 만한 영역에서 몸의 쓰임을 했기에 가치가 있는 쪽으로 내달렸던 것일까. 몸의 여정은 계속될 것이다. 보이지 않는 신으로부터 강요받거나 무턱대고 전해지는 관습에 종속될 것이다. 타인의 권위에 눌려 맹목적으로 따라가거나 남에게 강요하기도 할 것이다. 매우 수동적으로 이끌림을 당하거나 혹은 능동적이 되고자 노력을 할 것이다. 사피엔스는 자신의 몸뚱이 하나로 주도적인 삶을 개척할 것이다.

도움을 준 자료

※ 아래에 제시한 선행자료 외에도 직·간접적으로 정보와 영감을 얻게 한 수많은 자료를 생산하신 분들에게 이 자리를 빌어서 감사의 말씀 드립니다.

제1부. 여명의 불꽃

1. 두발로 걷는 머리 큰 그들

1) Dunbar, R.(2014), 『Human Evolution』, 김학영 옮김(2015), 『멸종하거나, 진화하거나: 로빈 던바가 들려주는 인간 진화 오디세이』, 반니, 14쪽.
2) 앞의 책, 14쪽.
3) Diamond, J.(1993), 『The Third Chimpanzee』, 김정흠 옮김(1996), 『제3의 침팬지』, 문화사상, 90쪽.
4) 앞의 책, 87쪽.
5) 김근수(2017), 『코스모스, 사피엔스, 문명: 인류, 끝나지 않은 여행』, 전파문화사, 227쪽.
6) 앞의 책, 219쪽.
7) Dunbar, R.(2014), 『Human Evolution』, 김학영 옮김(2015), 『멸종하거나, 진화하거나: 로빈 던바가 들려주는 인간 진화 오디세이』, 반니, 29쪽.
8) Harari, Y. N.(2011), 『Sapiens』, 조현욱 옮김(2015), 『사피엔스』, 김영사, 27쪽.
9) Kenny, W. L., Wilmore, J. H., & Costill, D. L.(2012), 『Physiology of Sport and Exercise』(5th ed.), 김기진 외 옮김(2018), 『운동과 스포츠 생리학』, 대한미디어, 71쪽.
10) 앞의 책, 78쪽.
11) 앞의 책, 79쪽.
12) Cashmore, E.(2000), 『Marketing sense of sports』, 정준영 옮김(2001), 『스포츠, 그 열광의 사회학』, 한울아카데미, 37쪽.
13) Kenny et al.(2012), 앞의 책, 79쪽.
14) 앞의 책, 79쪽.
15) Harari, Y. N.(2011), 앞의 책, 27쪽.
16) Dunbar, R.(2014), 앞의 책, 119쪽.
17) 앞의 책, 120쪽.
18) Kenny et al.(2012), 앞의 책, 285쪽.

19) 앞의 책, 286쪽.

2. 백오십 명의 비밀

1) Dunbar, R.(2014), 『Human Evolution』, 김학영 옮김(2015), 『멸종하거나, 진화하거나: 로빈 던바가 들려주는 인간 진화 오디세이』, 반니, 85쪽.
2) Kenny, W. L., Wilmore, J. H., & Costill, D. L.(2012), 『Physiology of Sport and Exercise』(5th ed.), 김기진 외 옮김(2018), 『운동과 스포츠 생리학』, 대한미디어, 80쪽.
3) Dunbar, R.(2014), 앞의 책, 46쪽.
4) 앞의 책, 178쪽.
5) 앞의 책, 78쪽.
6) 앞의 책, 87, 90쪽.
7) Kenny et al.(2012), 앞의 책, 78쪽.
8) https://terms.naver.com/entry.nhn?docId=5930057&cid=61233&categoryId=61233
9) Dawkins, R.(1986), 『The Blind Watchmake』, 이용철 옮김(2004), 『눈먼 시계공』, 사이언스북스, 261쪽.
10) 앞의 책, 270쪽.
11) 예종이(1999), 『생체역학』, 태근문화사, 100쪽.
12) https://terms.naver.com/entry.nhn?docId=938767&cid=51006&categoryId=51006
13) Dunbar, R.(2014), 앞의 책, 275, 277쪽.
14) 예종이(1999), 앞의 책, 102쪽.

3. 호모 사피엔스의 이동

1) National Geographic(2008), 『The Science Book』, 이창우, 강병철, 이은경, 정옥희 옮김(2013), 『과학의 책』, 지식갤러리, 164쪽.
2) 예종이(1999), 『생체역학』, 태근문화사, 31쪽.
3) National Geographic(2008), 앞의 책, 164쪽.
4) National Geographic(2012), 『Concise of History of Science and Invention』, 이창우, 이시은, 박유진 옮김(2013), 『한눈으로 보는 과학과 발명의 세계사』, 지식갤러리, 20쪽.
5) Harari, Y. N.(2011), 『Sapiens』, 조현욱 옮김(2015), 『사피엔스』, 김영사, 23쪽.
6) National Geographic(2009), 『Answer Book』, 이창우, 이시인 옮김(2011), 『지식의 책』, 지식갤러리, 218쪽.
7) Dawkins, R.(1986), 『The Blind Watchmake』, 이용철 옮김(2004), 『눈먼 시계공』, 사이언스북스, 238쪽.
8) Dunbar, R.(2014), 『Human Evolution』, 김학영 옮김(2015), 『멸종하거나, 진화하거나: 로빈 던바가 들려주는 인간 진화 오디세이』, 반니, 21, 22쪽.
9) Harari, Y. N.(2011), 앞의 책, 31쪽.

10) 앞의 책, 42쪽.

11) Dunbar, R.(2014), 앞의 책, 231쪽.

12) 앞의 책, 362쪽.

13) 예종이(1999), 앞의 책, 332쪽.

14) 앞의 책, 334~337쪽.

15) 앞의 책, 335쪽.

16) Dunbar, R.(2014), 앞의 책, 118쪽.

17) Harari, Y. N.(2011), 앞의 책, 86~87쪽.

18) Dunbar, R.(2014), 앞의 책, 259~260쪽.

4. 우리가 누굴 더 닮았을까

1) Montgomery, S.(1991), 『Walking with the Great Apes Jane Goodall, Dian Fossey, Birute Galdikas』, 김홍옥 옮김(2001), 『유인원과의 산책』, 르네상스, 109쪽.

2) 앞의 책, 103쪽.

3) 앞의 책, 105쪽.

4) 앞의 책, 115쪽.

5) 앞의 책, 356쪽.

6) 앞의 책, 119, 120쪽.

7) Wachtel, E.(2003), 『Original Minds』, 허진 옮김(2018), 『오리지널 마인드』, xbooks, 90쪽.

8) Montgomery, S.(1991), 앞의 책, 126쪽.

9) Wachtel, E.(2003), 앞의 책, 94쪽.

10) Diamond, J.(1993), 『The Third Chimpanzee』, 김정흠 옮김(1996), 『제3의 침팬지』, 문화사상, 47쪽.

11) 앞의 책, 56, 57쪽.

12) 김근수(2017), 『코스모스, 사피엔스, 문명: 인류, 끝나지 않은 여행』, 전파과학사, 209쪽.

13) Diamond, J.(1993), 앞의 책, 90, 91쪽.

14) Kenny, W. L., Wilmore, J. H., & Costill, D. L.(2012), 『Physiology of Sport and Exercise』(5th ed.), 김기진 외 옮김(2018), 『운동과 스포츠 생리학』, 대한미디어, 158쪽.

15) 앞의 책, 159쪽.

16) Montgomery, S.(1991), 앞의 책, 18쪽.

17) 앞의 책, 240쪽.

18) 앞의 책, 71쪽.

19) 앞의 책, 28쪽.

20) 앞의 책, 42쪽.

21) 앞의 책, 80쪽.

22) 앞의 책, 172쪽.

23) Diamond, J.(1993), 앞의 책, 412쪽.
24) Montgomery, S.(1991), 앞의 책, 125쪽.

5. 협업과 죽음에 대한 인식

1) Diamond, J.(1993), 『The Third Chimpanzee』, 김정흠 옮김(1996), 『제3의 침팬지』, 문화사상, 87쪽.
2) 김근수(2017), 『코스모스, 사피엔스, 문명: 인류, 끝나지 않은 여행. 전파과학사』, 269쪽.
3) Harari, Y. N.(2011), 『Sapiens』, 조현욱 옮김(2015), 『사피엔스』, 김영사, 27쪽.
4) Kenny, W. L., Wilmore, J. H., & Costill, D. L.(2012), 『Physiology of Sport and Exercise』(5th ed.), 김기진 외 옮김(2018), 『운동과 스포츠 생리학』, 대한미디어, 165, 166쪽.
5) Diamond, J.(1993), 앞의 책, 93쪽.
6) 홍덕선, 박규현(2009), 『몸과 문화: 인간의 몸을 해석하는 다양한 문화 담론들』, 성균관대학교 출판사, 69쪽.
7) Diamond, J.(1993), 앞의 책, 85쪽.
8) 김근수(2017), 앞의 책, 239, 258쪽.
9) Dunbar, R.(2014), 『Human Evolution』, 김학영 옮김(2015), 『멸종하거나, 진화하거나: 로빈 던바가 들려주는 인간 진화 오디세이』, 반니, 297~300쪽.
10) Hauser, A.(1953), 『Sozialgeschichte der Kunst und Literatur』, 백락청 옮김(1999), 『문학과 예술의 사회사 1』, 창작과 비평사, 17쪽.
11) 앞의 책, 11쪽.
12) Dunbar, R.(2014), 앞의 책, 302, 305쪽.
13) 앞의 책, 305쪽.
14) Hauser, A.(1953), 앞의 책, 19쪽.
15) 앞의 책, 20쪽.
16) Dunbar, R.(2014), 앞의 책, 307쪽.
17) 앞의 책, 209~212쪽.
18) Diamond, J.(1993), 앞의 책, 83쪽.
19) 앞의 책, 90, 91쪽.
20) Wolfe, N.(2011), 『The Viral Storm』, 강주헌 옮김(2013), 『바이러스 폭풍의 시대』, 김영사, 59쪽.
21) 앞의 책, 56쪽.
22) 예종이(1999), 『생체역학』, 태근문화사, 27, 28쪽.
23) 앞의 책, 30~32쪽.
24) Diamond, J.(1993), 앞의 책, 91쪽.

6. 네안데르탈인과의 동거

1) Wolfe, N.(2011), 『The Viral Storm』, 강주헌 옮김(2013), 『바이러스 폭풍의

시대』, 김영사, 80쪽.

2) National Geographic(2012), 『Concise of History of Science and Invention』, 이창우, 이시은, 박유진 옮김(2013), 『한눈으로 보는 과학과 발명의 세계사』, 지식갤러리, 22쪽.

3) Wolfe, N.(2011), 앞의 책, 84쪽.

4) National Geographic(2012), 앞의 책, 22쪽.

5) Wolfe, N.(2011), 앞의 책, 84쪽.

6) 앞의 책, 83쪽.

7) Attali, J.(2003), 『L'Homme Nomade』, 이효숙 옮김(2005), 『호모 노마드 유목하는 인간』, 웅진지식하우스, 61쪽.

8) 앞의 책, 56쪽.

9) Diamond, J.(1993), 『The Third Chimpanzee』, 김정흠 옮김(1996), 『제3의 침팬지』, 문화사상, 83쪽.

10) 앞의 책, 82쪽.

11) Kenny, W. L., Wilmore, J. H., & Costill, D. L.(2012), 『Physiology of Sport and Exercise』(5th ed.), 김기진 외 옮김(2018), 『운동과 스포츠 생리학』, 대한미디어, 37, 38쪽.

12) Dunbar, R.(2014), 『Human Evolution』, 김학영 옮김(2015), 『멸종하거나, 진화하거나: 로빈 던바가 들려주는 인간 진화 오디세이』, 반니, 209, 210, 212쪽.

13) Kenny et al.(2012), 앞의 책, 263쪽.

14) Dunbar, R.(2014), 앞의 책, 212쪽.

15) 앞의 책, 220~222쪽.

16) Diamond, J.(1993), 앞의 책, 82쪽.

17) 앞의 책, 81쪽.

18) Dunbar, R.(2014), 앞의 책, 214, 216쪽.

19) 앞의 책, 213, 214쪽.

20) Kenny et al.(2012), 앞의 책, 78쪽.

21) Diamond, J.(1993), 앞의 책, 313쪽.

22) Dunbar, R.(2014), 앞의 책, 219쪽.

23) 앞의 책, 235쪽.

24) Diamond, J.(1993), 앞의 책, 96쪽.

25) 앞의 책, 90쪽.

26) Attali, J.(2003), 앞의 책, 63쪽.

27) 앞의 책, 62쪽.

28) 김근수(2017), 『코스모스, 사피엔스, 문명: 인류, 끝나지 않은 여행』, 전파과학사, 261, 262쪽.

29) 앞의 책, 240쪽.

30) 앞의 책, 262쪽.

7. 절멸한 호미닌

1) Wolfe, N.(2011), 『The Viral Storm』, 강주헌 옮김(2013), 『바이러스 폭풍의 시대』, 김영사, 155쪽.
2) 앞의 책, 169쪽.
3) Dunbar, R.(2014), 『Human Evolution』, 김학영 옮김(2015), 『멸종하거나, 진화하거나: 로빈 던바가 들려주는 인간 진화 오디세이』, 반니, 235쪽.
4) Diamond, J.(1993), 『The Third Chimpanzee』, 김정흠 옮김(1996), 『제3의 침팬지』, 문화사상, 412쪽.
5) 홍덕선, 박규현(2009), 『몸과 문화: 인간의 몸을 해석하는 다양한 문화 담론들』, 성균관대학교 출판사, 137쪽.
6) 앞의 책, 140쪽.
7) Diamond, J.(1993), 앞의 책, 90쪽.
8) 앞의 책, 85쪽.
9) Dunbar, R.(2014), 앞의 책, 265쪽.
10) Harari, Y. N.(2011), 『Sapiens』, 조현욱 옮김(2015), 『사피엔스』, 김영사, 38쪽.
11) 김근수(2017), 『코스모스, 사피엔스, 문명: 인류, 끝나지 않은 여행』, 전파과학사, 261쪽.
12) Dunbar, R.(2014), 앞의 책, 270쪽.
13) Harari, Y. N.(2011), 앞의 책, 67쪽.
14) Wolfe, N.(2011), 앞의 책, 64쪽.
15) 앞의 책, 60쪽.
16) 앞의 책, 73쪽.
17) Dunbar, R.(2014), 앞의 책, 264쪽.
18) 앞의 책, 371쪽.
19) 앞의 책, 267쪽.
20) 앞의 책, 268쪽.
21) 앞의 책, 51, 52쪽.
22) 홍덕선, 박규현(2009), 앞의 책, 184~187쪽.
23) 오세진 외(2015), 『인간행동과 심리학(4판)』, 학지사, 320쪽.
24) Harari, Y. N.(2011), 앞의 책, 32쪽.

8. 마구잡이 사냥과 병원균 출현

1) Diamond, J.(1993), 『The Third Chimpanzee』, 김정흠 옮김(1996), 『제3의 침팬지』, 문화사상, 88쪽.
2) Harari, Y. N.(2011), 『Sapiens』, 조현욱 옮김(2015), 『사피엔스』, 김영사, 113쪽.
3) 앞의 책, 105쪽.
4) 앞의 책, 114쪽.

5) Diamond, J.(1993), 앞의 책, 343쪽.
6) Harari, Y. N.(2011), 앞의 책, 106쪽.
7) Kenny, W. L., Wilmore, J. H., & Costill, D. L.(2012), 『Physiology of Sport and Exercise』(5th ed.), 김기진 외 옮김(2018), 『운동과 스포츠 생리학』, 대한미디어, 365쪽.
8) 앞의 책, 366쪽.
9) 앞의 책, 372쪽.
10) 앞의 책, 370, 371쪽.
11) Agus, D. B.(2011), 『The End of Illness』, 김영설 옮김(2012), 『질병의 종말』, 청림life, 56쪽.
12) Kenny et al.(2012), 앞의 책, 371쪽.
13) 앞의 책, 291쪽.
14) 앞의 책, 301쪽.
15) 앞의 책, 306, 307쪽.
16) 앞의 책, 324쪽.
17) Starr, C. & McMillan, B.(2016), 『Human Bilology』(11th ed.), 김현주 외 옮김(2018), 『인체 생물학(제11판)』, CENGAGE, 257쪽.
18) Wolfe, N.(2011), 『The Viral Storm』, 강주헌 옮김(2013), 『바이러스 폭풍의 시대』, 김영사, 213, 214쪽.
19) 앞의 책, 334쪽.
20) Harari, Y. N.(2011), 앞의 책, 86쪽.
21) 앞의 책, 87쪽.
22) 앞의 책, 52쪽.
23) 앞의 책, 209쪽.
24) 앞의 책, 74쪽.
25) 앞의 책, 81쪽.
26) 앞의 책, 72쪽.
27) Kendall, M. D.(1998), 『Dying to Live』, 이성호, 최돈찬 옮김(2004), 『세포 전쟁: 인체는 질병과 어떻게 싸우는가』, 궁리, 97, 98쪽.
28) Kendall, M. D.(1998), 앞의 책, 173쪽.
29) Wolfe, N.(2011), 앞의 책, 330쪽.

9. 사냥의 동기부여 변화

1) Harari, Y. N.(2011), 『Sapiens』, 조현욱 옮김(2015), 『사피엔스』, 김영사, 104쪽.
2) 앞의 책, 115쪽.
3) Huizinga, J.(1938), 『Homo Rudens』, 이종인 옮김(2010), 『놀이하는 인간 호모 루덴스』, 연암서가, 121쪽.
4) Dunbar, R.(2014), 『Human Evolution』, 김학영 옮김(2015), 『멸종하거나, 진화하거나: 로빈 던바가 들려주는 인간 진화 오디세이』, 반니, 319쪽.

5) Attali, J.(2003), 『L'Homme Nomade』, 이효숙 옮김(2005), 『호모 노마드 유목하는 인간』, 웅진지식하우스, 67쪽.

6) Diamond, J.(1993), 『The Third Chimpanzee』, 김정흠 옮김(1996), 『제3의 침팬지』, 문화사상, 337, 338쪽.

7) Attali, J.(2003), 앞의 책, 75, 76쪽.

8) Cashmore, E.(2000), 『Marketing sense of sports』, 정준영 옮김(2001), 『스포츠, 그 열광의 사회학』, 한울아카데미, 82, 89쪽.

9) 앞의 책, 88쪽.

10) Attali, J.(2003), 앞의 책, 66쪽.

11) 앞의 책, 73쪽.

12) Starr, C. & McMillan, B.(2016), 『Human Bilology』(11th ed.), 김현주 외 옮김(2018), 『인체 생물학(제11판)』, CENGAGE, 268쪽.

13) 앞의 책, 245쪽.

14) Cashmore, E.(2000), 앞의 책, 88쪽.

15) 앞의 책, 88, 89쪽.

16) Dawkins, R.(1986), 『The Blind Watchmake』, 이용철 옮김(2004), 『눈먼 시계공』, 사이언스북스, 270쪽.

17) Cashmore, E.(2000), 앞의 책, 88쪽.

18) Dawkins, R.(1976), 『The Selfish Gene』, 홍영남, 이상임 옮김(2010). 『이기적 유전자: 진화론의 새로운 패러다임』, 을유문화사, 332~334쪽.

19) 앞의 책, 334, 335쪽.

20) [최재천·최진석 대담] 코로나19와 한국의 미래. 아래 설명된 URL을 참고, https://shindonga.donga.com/3/all/13/2050482/1?fbclid=IwAR2NFe0kcsLkkWG48Mv_0HE0YzfME1rU5IcctsFjvBA72BZIpP9KYDGV8FM

21) Dawkins, R.(1986), 앞의 책, 161, 162쪽.

22) 앞의 책, 164쪽.

23) Dawin, C.(1859), 『On the Origin of Species』, 장대익 옮김(2019), 『종의 기원』, 사이언스북스, 613쪽.

24) Dawkins, R.(1986), 앞의 책, 261쪽.

25) 앞의 책, 97쪽.

26) Dawin, C.(1859), 앞의 책, 623, 624쪽.

27) 앞의 책, 626쪽.

10. 자발적 재미와 게임

1) Caillois, R.(1958), 『Les Jeux et Les Hommes』, 이상률 옮김(2018), 『놀이와 인간: 가면과 현기증』, 문예출판사, 131쪽.

2) 앞의 책, 134쪽.

3) 앞의 책, 137쪽.

4) 최준식(2011), 『세계인과 함께 보는 한국 문화 교과서』, 소나무, 295쪽.

5) 앞의 책, 277, 278쪽.

6) Caillois, R.(1958), 앞의 책, 93쪽.

7) Huizinga, J(1938), 『Homo Rudens』, 이종인 옮김(2010), 『놀이하는 인간 호모 루덴스』, 연암서가, 47쪽.

8) 앞의 책, 80쪽.

9) 앞의 책, 68쪽.

10) Cashmore, E.(2000), 『Marketing sense of sports』, 정준영 옮김(2001), 『스포츠, 그 열광의 사회학』, 한울아카데미, 91쪽.

11) Bar−Eli, M.(2017), 『BOOST!』, 공보경 옮김(2018), 『다르게 뛰기: 스포츠 심리학에서 찾은 혁신, 성과 그리고 팀웍』, 처음북스, 19쪽.

12) 앞의 책, 20쪽.

13) 앞의 책, 21쪽.

14) 앞의 책, 24쪽.

15) Huizinga, J(1938), 앞의 책, 44, 62쪽.

16) 앞의 책, 49쪽.

17) Guttmann, A.(1978), 『From Ritual to Record』, 송형석 옮김(2008), 『근대 스포츠의 본질: 제례의식에서 기록추구로』, 나남, 25쪽.

18) 앞의 책, 26쪽.

19) 앞의 책, 24쪽.

20) 앞의 책, 27쪽.

21) 앞의 책, 29쪽.

22) Dunbar, R.(2014), 『Human Evolution』, 김학영 옮김(2015), 『멸종하거나, 진화하거나: 로빈 던바가 들려주는 인간 진화 오디세이』, 반니, 71쪽.

23) Guttmann, A.(1978), 앞의 책, 27쪽.

24) Caillois, R.(1958), 앞의 책, 34쪽.

25) 앞의 책, 38쪽.

26) 앞의 책, 38, 39쪽.

27) Huizinga, J(1938), 앞의 책, 115쪽.

28) Caillois, R.(1958), 앞의 책, 69쪽.

29) Montgomery, S.(1991), 『Walking with the Great Apes Jane Goodall, Dian Fossey, Birute Galdikas』, 김홍옥 옮김(2001), 『유인원과의 산책』, 르네상스, 346쪽.

30) Huizinga, J(1938), 앞의 책, 32쪽.

31) Caillois, R.(1958), 앞의 책, 84쪽.

32) 앞의 책, 137쪽.

33) Huizinga, J(1938), 앞의 책, 34쪽.

도움을 준 자료

제2부. 새로운 리더십

1. 옛날 옛적, 긴장을 불러일으킨 몸짓

1) Harari, Y. N.(2011), 『Sapiens』, 조현욱 옮김(2015), 『사피엔스』, 김영사, 180, 181쪽.
2) Sitchin, Z.(1976), 『The 12th Planet』, 이근영 옮김(2009), 『수메르, 혹은 신들의 고향』, AK, 249쪽.
3) 앞의 책, 231쪽.
4) Kobayashi Toshico(2007), 『GOSENNEN MAE NO NICHIJO - SHUMERUJIN TACHI NO MONOGATARI』, 이수경 옮김(2010), 『5천 년 전의 일상 : 수메르인들의 '평범한' 이야기』, 북북서, 7쪽.`
5) 앞의 책, 62쪽.
6) 앞의 책, 54쪽.
7) 앞의 책, 69, 70쪽.
8) Mechikoff, R. A.(2006), 『A history and philosophy of sport and physical education: From ancient civilizations to the modern world』(5th ed.), McGraw-Hill Humanities, 김방출 옮김(2013), 『스포츠와 체육의 역사·철학 (5판) 1권: 고대문명에서 근대까지』, 레인보우북스, 45쪽.
9) Klassen, W. W.(1980), 『History of Western Architecture: A Semiological Approach to Architecture from a Designer's Point of View』, 심우갑, 조희철(1990), 『서양 건축사』, 대우출판사, 9, 10쪽.
10) 김용옥(2008), 『논어한글역주 1』, 통나무, 31쪽.
11) Kobayashi Toshico(2007), 앞의 책, 78, 79쪽.
12) Gombrich, E. H. J.(1995), 『The Story of Art』(16th ed.), 백승길, 이종숭 옮김(1997), 『서양 미술사(16차 개정보증판)』, 예경, 71, 72쪽.
13) Kobayashi Toshico(2007), 앞의 책, 96쪽.
14) 예종이(1999), 『생체역학』, 태근문화사, 125, 126쪽.
15) Mechikoff, R. A.(2006), 앞의 책, 43쪽.
16) 앞의 책, 44쪽.

2. 풍요로운 도전, 나일강의 그들

1) 김용옥(2008), 『논어한글역주 1』, 통나무, 15쪽.
2) 앞의 책, 23쪽.
3) 앞의 책, 28쪽.
4) 앞의 책, 26쪽.
5) Mechikoff, R. A.(2006), 『A history and philosophy of sport and physical education: From ancient civilizations to the modern world』(5th ed.), McGraw-Hill Humanities, 김방출 옮김(2013), 『스포츠와 체육의 역사·철학

(5판) 1권: 고대문명에서 근대까지』, 레인보우북스, 50쪽.

6) Guttmann, A.(1978), 『From Ritual to Record』, 송형석 옮김(2008), 『근대 스포츠의 본질: 제례의식에서 기록추구로』, 나남, 62쪽.

7) 나영일(2017), 「한민족 씨름의 문화인류학적 기원」, 한국체육사학회지, 22(1), 14쪽.

8) 앞의 연구, 10쪽, 재인용. Retrieved from Miguel Piernavieja del Pozo(1973), 「Wrestling in Antiquity」, Olympic Reviews, 66-67.

9) Hauser, A.(1953), 『Sozialgeschichte der Kunst und Literatur』, 백락청 옮김(1999), 『문학과 예술의 사회사 1』, 창작과 비평사, 50~52쪽.

10) 김용옥(2008), 앞의 책, 29쪽.

11) 앞의 책, 26쪽.

12) 홍덕선, 박규현(2009), 『몸과 문화: 인간의 몸을 해석하는 다양한 문화 담론들』, 성균관대학교 출판사, 192, 193쪽.

13) 앞의 책, 198~200쪽.

14) Mechikoff, R. A.(2006), 앞의 책, 50쪽.

15) 앞의 책, 49쪽.

16) National Geographic(2012), 『Concise of History of Science and Invention』, 이창우, 이시은, 박유진 옮김(2013), 『한눈으로 보는 과학과 발명의 세계사』, 지식갤러리, 26쪽.

17) Osprey Publishing(2008), 『Men-at-Arms』, 신재호 편역(2009), 『Men-at-Arms: 그림으로 보는 5,000년 제복의 역사』, 플래닛미디어, 11쪽.

18) 앞의 책, 14쪽.

19) 나영일(2017), 앞의 연구, 15쪽, 재인용. Retrieved from Miguel Piernavieja del Pozo(1973), 「Wrestling in Antiquity」, Olympic Reviews, 66-67.

3. 동방의 신비로운 엑스타시스

1) 김용옥(2019), 『스무살, 반야심경에 미치다』, 통나무, 115쪽.

2) 원정혜(2001), 「인도체육사에 있어서 요가수행의 가치」, 한국여성체육학회지, 15(1), 107, 108쪽.

3) 김용옥(2008), 『논어한글역주 1』, 통나무, 57, 58쪽.

4) 강동원(2006), 『체육·스포츠 문화사』, 보경문화사, 50쪽.

5) 김용옥(2002), 『인도로 가는 길. 달라이라마와 도올의 만남 1』, 191, 192쪽.

6) Toynbee, A. J.(1946), 『A Study of History』, 홍사중 옮김(2016), 『역사의 연구 1』, 동서문화사, 43쪽.

7) 김용옥(2008), 앞의 책, 59쪽.

8) Huizinga, J.(1938), 『Homo Rudens』, 이종인 옮김(2010), 『놀이하는 인간 호모 루덴스』, 연암서가, 190쪽.

9) 김용옥(2008), 앞의 책, 59쪽.

10) 김량희(2009), 「우파니샤드에 내재된 신체 개념의 체육 철학적 탐구. 움직임의 철학」, 한국체육철학회지, 17(2), 144쪽.

11) 앞의 연구, 145쪽.

12) 신정호(2004), 「인도사상으로 바라본 몸. 움직임의 철학」, 한국체육철학회지, 12(2), 4쪽.

13) 김량희(2009), 앞의 연구, 146쪽.

14) Kenny, W. L., Wilmore, J. H., & Costill, D. L.(2012), 『Physiology of Sport and Exercise』(5th ed.), 김기진 외 옮김(2018), 『운동과 스포츠 생리학』, 대한미디어, 70쪽.

15) 원정혜(2001), 앞의 연구, 108, 109쪽.

16) 앞의 연구, 111, 112쪽.

17) 앞의 연구, 110, 111쪽.

18) 정형호(2010), 「동아시아 격구의 전승 양상과 비교 연구」, 비교민속학회, 41, 256쪽.

4. 황하에서 움트는 후발주자들

1) Peers, C.(1990, 1995, 1996, 1992, 1997), 『Ancient Chinese Armies 1500-200 BC, Imperial Chinese Armies (1) 200 BC-589, Imperial Chinese Armies (2) 590-1260, Medieval Chinese Armies 1260-1520, Late Imperial Chinese Armies 1520-1840』, 황보조우 옮김(2005), 『전쟁으로 보는 중국사』, 수막새, 59쪽.

2) 김용옥(2008a), 『논어한글역주 1』, 통나무, 53쪽.

3) Toynbee, A. J.(1946), 『A Study of History』, 홍사중 옮김(2016), 『역사의 연구 1』, 동서문화사, 106쪽.

4) Peers, C.(1990~1997), 앞의 책, 18쪽.

5) 앞의 책, 21쪽.

6) 앞의 책, 27쪽.

7) 앞의 책, 36쪽.

8) 최진석(2001), 『노자의 목소리로 듣는 도덕경』, 소나무, 99쪽.

9) Peers, C.(1990~1997), 앞의 책, 23쪽.

10) 김용옥(2008a), 앞의 책, 121쪽.

11) 앞의 책, 128, 129쪽.

12) 앞의 책, 109쪽.

13) 앞의 책, 160, 161쪽.

14) 앞의 책, 146쪽.

15) 김용옥(2008b), 『논어한글역주 3』, 통나무, 46쪽.

16) Kenny, W. L., Wilmore, J. H., & Costill, D. L.(2012), 『Physiology of Sport and Exercise』(5th ed.), 김기진 외 옮김(2018), 『운동과 스포츠 생리학』, 대한미디어, 44쪽.

17) 뉴즈청, 김진훈, 이호근(2020), 「공자의 체육사상에 관한 연구」, 한국체육학회지, 59(1), 13쪽.

18) Guttmann, A.(1978), 『From Ritual to Record』, 송형석 옮김(2008), 『근대 스포츠의 본질: 제례의식에서 기록추구로』, 나남, 74쪽.

도움을 준 자료

19) 안사, 김동규(2009), 「노자사상을 기반으로 한 중국 전통체육 사상」, 체육연구, 5(2), 13쪽.

20) 최진석(2001), 앞의 책, 243, 244쪽.

21) 강신주(2010), 『철학 vs 철학: 동서양 철학의 모든 것』, 그린비, 449쪽.

22) 최진석(2001), 앞의 책, 114, 115쪽.

23) 김용옥(2020), 『노자가 옳았다』, 186, 188쪽.

24) 최진석(2001), 앞의 책, 337쪽.

25) 김용옥(2020), 앞의 책, 351쪽.

26) Peers, C.(1990~1997), 앞의 책, 37쪽.

27) 앞의 책, 33쪽.

28) 앞의 책, 47쪽.

29) 앞의 책, 39쪽.

30) 앞의 책, 62쪽.

5. 죽은 자를 위한 경기, 당당한 알몸의 경연장

1) 김경현(2014), 「고대 그리스 세계의 체육과 스포츠 문화: 김나시온의 역사를 중심으로」, 역사학보, 222, 235쪽.

2) 앞의 연구, 234쪽.

3) Guttmann, A.(1978), 『From Ritual to Record』, 송형석 옮김(2008), 『근대 스포츠의 본질: 제례의식에서 기록추구로』, 나남, 54쪽.

4) 문영(2006), 「그리스 조형예술을 통해 바라본 인체미」, 한국체육학회지, 45(4), 72쪽.

5) 앞의 연구, 73쪽.

6) 앞의 연구, 75쪽.

7) 홍덕선, 박규현(2009), 『몸과 문화: 인간의 몸을 해석하는 다양한 문화 담론들』, 성균관대학교 출판사, 208쪽.

8) 앞의 책, 207쪽.

9) 문영(2006), 「그리스 조형예술을 통해 바라본 인체미」, 한국체육학회지, 45(4), 77쪽.

10) 조쟁규(2000), 「Homeros 시대의 체육·스포츠 사상의 연구」, 한국체육학회지, 39(2), 25, 26쪽.

11) 앞의 연구, 28쪽, 재인용. Retrieved from Gardiner & Litt(1930), 「Athletic of the Ancient World」, Chicago: Ares Publishes Inc.

12) 앞의 연구, 28쪽.

13) Diamond, J.(1993), 『The Third Chimpanzee』, 김정흠 옮김(1996), 『제3의 침팬지』, 문화사상, 338쪽.

14) Diamond, J.(1998), 『Guns, Germs, and Steel』, 김진준 옮김(1997), 『총, 균, 쇠: 무기·병균·금속은 인류의 문명을 어떻게 바꿨는가』, 문학사상사, 106, 107쪽.

15) 오동섭, 김복희(2000), 「고고학적 유물에 나타난 고대 그리스의 전차경기와

경마」, 한국체육학회지, 39(1), 55쪽.

16) 윤동일(2014), 『모든 스포츠는 전쟁에서 나왔다』, 아테출판사, 89쪽.

17) 오동섭, 김복희(2000), 「고고학적 유물에 나타난 고대 그리스의 전차경기와 경마」, 한국체육학회지, 39(1), 53쪽.

18) Guttmann, A.(1978), 앞의 책, 83쪽.

19) 앞의 책, 92, 93쪽.

20) 오동섭, 김복희(2000), 앞의 연구, 57쪽.

21) 앞의 연구, 59쪽.

22) 윤동일(2014), 앞의 책, 85쪽.

23) 조쟁규(2000), 앞의 연구, 28쪽.

24) 김복희, 오동섭(2001), 「고대 그리스 운동선수의 의상과 나체경기」, 한국체육학회지, 40(2), 21쪽.

25) 앞의 연구, 22, 23쪽.

26) 앞의 연구, 22~26쪽.

27) 앞의 연구, 25, 27쪽.

28) 김달우(2010), 「고대 레슬링 경기와 그 문화적 의미」, 한국사회체육학회지, 41(1), 42쪽.

29) 김복희(2010), 「고대 그리스의 운동경기와 음악: 아울로스를 중심으로」, 한국체육사학회지, 18, 134쪽.

30) 앞의 연구, 139, 140쪽.

31) 앞의 연구, 143쪽.

32) 이승건(2013), 「고대 그리스 무용에 대한 미학적 토포스. 움직임의 철학」, 한국체육철학회지, 21(3), 215, 216쪽.

33) Ruta Osada(2016), 『KODAI NO KAKUTOUGI』, 남지연 옮김(2018), 『고대 격투기』, AK Trivia Book, 56쪽.

34) 양해림(2017), 『대학생을 위한 서양철학사(개정증보3판)』, 집문당, 104쪽.

35) 김상봉(2003), 『그리스 비극에 대한 편지』, 한길사, 56쪽.

6. 여성 스포츠와 비약적인 스포츠 제전

1) 하웅용(2004), 「고대 그리스 세계의 여성 체육」, 한국체육학회지, 43(3), 22쪽.

2) 앞의 연구, 23쪽, 재인용. Retrieved from Kahil. L.(1983), Mythological Repertoire of Brauron, in W. G. Moon, 「Ancient Greek Art and Iconography」, University of Wisconsin.

3) 앞의 연구, 19쪽, 재인용. Retrieved from Katz. M. A.(1995), 「Ideology and the status of women in Ancient Greece」, in R. Hawely & B. Levick, Women in Antiquity. London.

4) 김경현(2014), 「고대 그리스 세계의 체육과 스포츠 문화: 김나시온의 역사를 중심으로」, 역사학보, 222호, 231쪽.

5) Toynbee, A. J.(1946), 『A Study of History』, 홍사중 옮김(2016), 『역사의 연구 1』, 동서문화사, 222쪽.

6) Ruta Osada(2016), 『KODAI NO KAKUTOUGI』, 남지연 옮김(2018), 『고대 격투기』, AK Trivia Book, 97쪽.

7) 조준명, 이종설(2000). 「고대 그리스 격투 스포츠 영웅들의 탄생과 역할」, 한국초등체육학회지, 6(2), 3쪽, 재인용. Retrieved from Poliakoff, M. B.(1987), 「Combat Sport in the Ancient World」, Yale University Press.

8) 앞의 연구, 4쪽, 재인용. Retrieved from Ekdoike Athenon S. A.(1982), 「The Olympic Games in Ancient Greece Athens」.

9) 하웅용(2004), 앞의 연구, 22쪽.

10) 앞의 연구, 21, 24쪽, 재인용. Retrieved from Katz. M. A.(1995), 「Ideology and the status of women in Ancient Greece」, in R. Hawely & B. Levick, Women in Antiquity. London.

11) 앞의 연구, 23쪽, 재인용. Retrieved from Lefkowitz M. R. & Fant M. B.(1982), 「Women's Life in Greece and Rome」, London: Duckworth.

12) 앞의 연구, 24쪽, 재인용. Retrieved from Baker, W. J.(1988), 「Sports in the Western World」, University of Illinois Press.

13) Guttmann, A.(1978), 『From Ritual to Record』, 송형석 옮김(2008), 『근대 스포츠의 본질: 제례의식에서 기록추구로』, 나남, 59쪽.

14) 앞의 책, 63쪽.

15) 김복희, 오동섭(2001), 「고대 그리스 운동선수의 의상과 나체경기」, 한국체육학회지, 40(2), 64쪽.

16) 윤동일(2014), 『모든 스포츠는 전쟁에서 나왔다』, 아테출판사, 138쪽.

17) 김복희(2001), 「고대 그리스 제전경기의 관습과 제의성」, 미간행박사학위논문(요약), 경북대학교 대학원, 4쪽.

18) 앞의 연구, 4쪽.

19) 윤동일(2014), 앞의 책, 32, 35쪽.

20) 앞의 책, 77, 78쪽.

21) https://ko.wikipedia.org/wiki/마라톤전투

22) 박용남(2016), 「마라톤 기원설의 사실성과 허구성」, 한국체육학회지, 55(1), 3쪽.

23) 앞의 연구, 3쪽.

24) 앞의 연구, 6쪽, 재인용. Retrieved from Lennartz, K.(2001), Unknown Letter by Coubertin Found: Observations by Baron de Coubertin to the 1928 B.O.A, Official Report. Journal of Olympic History, 9(3), 13 – 21.

25) 앞의 연구, 7쪽, 재인용. Retrieved from Bryant, J.(2008), 「The Marathon Makers」, London: John Blake.

26) Goldblatt, D. & Action, J.(2011), 『How to Watch the Olympic』, 문은실(2012), 『올 어바웃 올림픽』, 오브제, 52쪽.

27) 앞의 책, 37쪽.

28) 윤동일(2014), 앞의 책, 166쪽.

29) Epstein, D.(2013), 『The Sports Gene』, 이한음 옮김(2015), 『스포츠 유전자』, 열린책들, 283쪽.

30) 정희준(2009), 『스포츠 코리아 판타지』, 개마고원, 23쪽.
31) 강준만(2007), 『한국 근대사 산책 1: 천주교 박해에서 갑신정변까지』, 인물과 사상사, 264쪽, 재인용.

7. 스파르타와 아테네의 갈림길

1) 김정필(2019), 「테르모필라이 전투에 투영된 스파르타 군인 정신」, 정신전력 연구, 59, 137쪽.
2) 앞의 연구, 135쪽.
3) 앞의 연구, 135, 138쪽.
4) Toynbee, A. J.(1946), 『A Study of History』, 홍사중 옮김(2016), 『역사의 연구 1』, 동서문화사, 222쪽.
5) 앞의 책, 223쪽.
6) 김정필(2019), 앞의 연구, 139쪽.
7) 앞의 연구, 133, 134쪽.
8) Hauser, A.(1953), 『Sozialgeschichte der Kunst und Literatur』, 백낙청 옮김(1999), 『문학과 예술의 사회사 1』, 창작과 비평사, 89쪽.
9) Ruta Osada(2016), 『KODAI NO KAKUTOUGI』, 남지연 옮김(2018), 『고대 격투기』, AK Trivia Book, 182쪽.
10) 윤동일(2014), 『모든 스포츠는 전쟁에서 나왔다』, 아테출판사, 50쪽.
11) https://ko.wikipedia.org/wiki/테르모필레
12) https://ko.wikipedia.org/wiki/살라미스
13) https://ko.wikipedia.org/wiki/플라타이아이
14) https://ko.wikipedia.org/wiki/파우사니아스
15) Dilthey, W.(1986), 『Gesammelte Schriften, Bd.9: Pädagogik: Geschichte und Grundlinien des Systems』, 손승남 옮김(2009), 『고대 그리스와 로마의 교육』, 지식을 만드는 지식, 71쪽.
16) 앞의 책, 81, 82쪽.
17) 앞의 책, 84~86쪽.
18) 앞의 책, 88쪽.
19) https://ko.wikipedia.org/wiki/제1차 펠로폰네소스 전쟁
20) https://ko.wikipedia.org/wiki/제2차 펠로폰네소스 전쟁
21) Gerste, R. D.(2019), 『Wie Krankheiten Geschichte machen: Von der Antike bis heute』, 강희진 옮김(2020), 『질병의 바꾼 세계사』, 미래의 창, 25쪽.
22) Wolfe, N.(2011), 『The Viral Storm』, 강주헌 옮김(2013), 『바이러스 폭풍의 시대』, 김영사, 125쪽.
23) Ruta Osada(2016), 앞의 책, 55쪽.
24) 윤동일(2014), 앞의 책, 64쪽.
25) Ruta Osada(2016), 앞의 책, 29쪽.
26) Guttmann, A.(1978), 『From Ritual to Record』, 송형석 옮김(2008), 『근대 스포츠의 본질: 제례의식에서 기록추구로』, 나남, 63쪽.

27) Ruta Osada(2016), 앞의 책, 31쪽.
28) 앞의 책, 34쪽; 윤동일(2014), 앞의 책, 69쪽.
29) 윤동일(2014), 앞의 책, 71~73쪽.
30) 조준명, 이종설(2000), 「고대 그리스 격투 스포츠 영웅들의 탄생과 역할」, 한국초등체육학회지, 6(2), 4쪽.
31) 앞의 연구, 8쪽.

8. 로마의 관람 스포츠 통치, 전쟁의 연속

1) 강동원(2006), 『체육·스포츠 문화사』, 보경문화사, 127쪽.
2) Dilthey, W.(1986), 『Gesammelte Schriften, Bd.9: Pädagogik: Geschichte und Grundlinien des Systems』, 손승남 옮김(2009), 『고대 그리스와 로마의 교육』, 지식을 만드는 지식, 141쪽.
3) 앞의 책, 148, 149쪽.
4) 앞의 책, 150쪽.
5) 김복희, 오동섭(2008), 「고대 로마 전차경기의 문화적 의미」, 한국체육사회학회지, 13(3), 55쪽.
6) 앞의 연구, 56, 57쪽.
7) 앞의 연구, 57쪽. Retrieved from Vera, O.(1984), 「Sports and Games in the Ancient World」, New York: St. Martin's Press.
8) 김복희, 오동섭(2008), 앞의 연구, 58쪽.
9) https://ko.wikipedia.org/wiki/제1차 포에니 전쟁, 코르부스
10) https://ko.wikipedia.org/wiki/제2차 포에니 전쟁, 한니발, 스키피오
11) Clausewitz, C. P. G. V.(1832), 『Vom Kriege』, 김만수 옮김(2017), 『전쟁론』, 갈무리, 105쪽.
12) 앞의 책, 149쪽.
13) https://ko.wikipedia.org/wiki/제3차 포에니 전쟁
14) https://ko.wikipedia.org/wiki/갈리아 전쟁, 암비오릭스, 알레시아 전투
15) https://ko.wikipedia.org/wiki/카이사르
16) 김기용(2006), 「고대 로마에 있어서 장애인체육 부재의 배경」, 한국초등체육학회지, 12(1), 14쪽.
17) 앞의 연구, 14쪽. Retrieved from Brunt, P.A.(1971), 「Social Conflicts in the Roman Republic」, London.

9. 레이싱의 극한체험과 정치

1) 김복희(2013), 「고대 로마의 황제와 전차경기」, 한국체육사회학회지, 18(1), 65쪽.
2) 앞의 연구, 61쪽.
3) 김기용(2006), 「고대 로마에 있어서 장애인체육 부재의 배경」, 한국초등체육학회지, 12(1), 15쪽.

4) 김복희(2013), 앞의 연구, 61쪽.

5) 정희준(2009), 『스포츠 코리아 판타지』, 개마고원, 163쪽.

6) 문개성(2018), 『스포츠마케팅 4.0: 4차 산업혁명 미래비전』, 박영사, 168쪽.

7) 김복희(2013), 앞의 연구, 65쪽. Retrieved from Carcopino, J.(1936), 『Daily Life in Ancient Rome: The People and the City at the Height of the Empire』, 류재화 옮김(2003), 『고대 로마의 일상생활: 제국 전성기』, 우물이 있는 집.

8) 앞의 연구, 69쪽. Retrieved from Carcopino, J.(1936), 앞의 책.

9) 앞의 연구, 69쪽.

10) 앞의 연구, 65쪽.

11) 앞의 연구, 66쪽. Retrieved from Harris. H. A.(1972), 『Sport in Greece and Rome』, Cornell University Press ITHACA, New York.

12) 앞의 연구, 65쪽. Retrieved from Harris. H. A.(1972), 앞의 책.

13) 앞의 연구, 69쪽. Retrieved from Harris. H. A.(1972), 앞의 책.

14) 앞의 연구, 66쪽. Retrieved from Harris. H. A.(1972), 앞의 책.

15) 앞의 연구, 66쪽. Retrieved from Olivova, V.(1984), 『Sport and Games in the Ancient World』, New York: St. Martin's Press.

16) 앞의 연구, 69, 70쪽.

17) 김복희, 오동섭(2008), 「고대 로마 전차경기의 문화적 의미」, 한국체육사회학회지, 13(3), 59쪽.

18) 임웅(2004), 『로마의 하층민』, 한울 아카데미, 30쪽.

19) 김복희(2013), 앞의 연구, 72쪽. Retrieved from Olivova, V.(1984), 『Sport and Games in the Ancient World』, New York: St. Martin's Press.

20) 앞의 연구, 60쪽. Retrieved from Carcopino, J.(1936), 『Daily Life in Ancient Rome: The People and the City at the Height of the Empire』, 류재화 옮김 (2003), 『고대 로마의 일상생활: 제국 전성기』, 우물이 있는 집.

21) 김복희, 오동섭(2008), 앞의 연구, 63쪽.

22) 임웅(2004), 앞의 책, 30쪽.

23) 김복희(2013), 앞의 연구, 66, 67쪽. Retrieved from Carcopino, J.(1936), Harris. H. A.(1972), 앞의 책.

24) 김복희(2013), 앞의 연구, 71, 72쪽.

25) 김복희(2013), 앞의 연구, 64쪽.

26) 임웅(2004), 앞의 책, 32, 33쪽.

10. 검투사의 외로운 여정, 타락의 시작

1) Mechikoff, R. A.(2006), 『A history and philosophy of sport and physical education: From ancient civilizations to the modern world』(5th ed.), McGraw-Hill Humanities,. 김방출 옮김(2013), 『스포츠와 체육의 역사·철학(5판) 1권: 고대문명에서 근대까지』, 레인보우북스, 116쪽.

2) 하웅용(2004), 「로마 검투사경기의 사회적 해석」, 한국체육학회지, 43(6), 32쪽. Retrieved from Harris. H. A.(1972), 『Sport in Greece and Rome』, Cornell University Press ITHACA. New York, & Balsdon, J. P. V. D.(1969), 『Life and Leisure in Ancient Rome』: New York: McGraw-Hill.

3) Ruta Osada(2016), 『KODAI NO KAKUTOUGI』, 남지연 옮김(2018), 『고대 격투기』, AK Trivia Book, 184쪽.

4) https://en.wikipedia.org/wiki/Gladiator#Origins

5) Ruta Osada(2016), 앞의 책, 185쪽.

6) https://en.wikipedia.org/wiki/Gladiator#Origins

7) https://en.wikipedia.org/wiki/Gladiator#Origins

8) 하웅용(2004), 앞의 연구, 33쪽. Retrieved from Balsdon, J. P. V. D.(1969), 앞의 책.

9) 김기용(2006), 「고대 로마에 있어서 장애인체육 부재의 배경」, 한국초등체육학회지, 12(1), 15쪽.

10) 하웅용(2004), 앞의 연구, 34쪽. Retrieved from Carcopino, J.(1936), 『Daily Life in Ancient Rome: The People and the City at the Height of the Empire』, 류재화 옮김(2003), 『고대 로마의 일상생활: 제국 전성기』, 우물이 있는 집.

11) 하웅용(2004), 앞의 연구, 34쪽. Retrieved from Carcopino, J.(1936), 앞의 책.

12) 앞의 연구, 34, 35쪽.

13) Ruta Osada(2016), 앞의 책, 186쪽.

14) Guttmann, A.(1978), 『From Ritual to Record』, 송형석 옮김(2008), 『근대 스포츠의 본질: 제례의식에서 기록추구로』, 나남, 59, 63쪽.

15) 하웅용(2004), 앞의 연구, 35쪽. Retrieved from Balsdon, J. P. V. D.(1969), 앞의 책.

16) 앞의 연구, 35, 36쪽.

17) Ruta Osada(2016), 앞의 책, 187쪽.

18) 앞의 책, 186, 187, 189쪽.

19) 앞의 책, 197, 200쪽.

20) 앞의 책, 189쪽.

21) 앞의 책, 190, 191쪽.

22) 하웅용(2004), 앞의 연구, 36쪽. Retrieved from Carcopino, J.(1936), 앞의 책.

23) 앞의 연구, 36쪽.

24) Ruta Osada(2016), 앞의 책, 190쪽.

25) 하웅용(2004), 앞의 연구, 37쪽. Retrieved from Carcopino, J.(1936), 앞의 책.

26) 앞의 연구, 38쪽.

27) Gibbon, E.(1788), 『The decline and Fall of The Roman Empire』, Published by J. B. Bury in 1995, 이종인 옮김(2012), 『로마제국 쇠망사』, 책과 함께, 70쪽.

28) 앞의 책, 74, 75쪽.

29) 김기용(2006), 「고대 로마에 있어서 장애인체육 부재의 배경」, 한국초등체육 학회지, 12(1), 20쪽.

도움을 준 자료

찾아보기

저자소개

문개성

(현) 원광대학교 스포츠과학부 교수
(현) 한국연구재단 평가위원
(전) 서울특별시 체육회 집필위원
(전) 한국스포츠산업경영학회 이사
(전) 한국스포츠산업협회 개발위원(NCS 스포츠마케팅－스포츠에이전트)
(전) 한국체육학회 영문저널 편집위원
(전) 한국스포츠정책과학원 영문저널 편집위원
(전) 미국 플로리다대학교 Research Scholar(스포츠 매니지먼트)
(전) 문화체육관광부 국민체육진흥공단 Tour de Korea 조직위원회 스포츠마케팅 팀장
(전) 경희대학교 테크노경영대학원 외래교수

저서

－체육·스포츠 행정의 이론과 실제(근간).
－스포츠 마케팅 4.0(개정2판): 4차 산업혁명 미래비전(근간)
－무크(MOOC)와 함께하는 스포츠 마케팅, 한국학술정보, 2021.
－나를 성장시킨 노자 도덕경, 부크크, 2021.
－보이콧 올림픽: 지독히 나쁜 사례를 통한 스포츠 마케팅 이해하기, 부크크, 2020.
－스포츠 창업 해설서: 스타트업 4.0 미래시장, 박영사, 2020.
－스포츠 에이전트 직무해설서(개정2판): 선수 대리인의 비즈니스 관점, 박영사, 2020.
－현대사회와 스포츠: 미래에도 무한한 인류 공통의 언어, 박영사, 2020.
－스포츠 경영: 21세기 비즈니스 미래전략, 박영사, 2019.
－스포츠 마케팅 4.0: 4차 산업혁명 미래비전, 박영사, 2018.
－스포츠 에이전트 직무 해설서, 박영사, 2018.
－스포츠 갬블링, 커뮤니케이션북스, 2017.
－스포츠 마케팅, 커뮤니케이션북스, 2016.
－스포츠 매니지먼트, 커뮤니케이션북스, 2016.
－스포츠 인문과 사회, 커뮤니케이션북스, 2015.

수험서

－M 스포츠경영관리사 필기·실기 한권 완전정복, 박영사.
－M 스포츠지도사 필기 한권 완전정복, 박영사(공저) 외 다수.

※ 블로그 : SPOMANITAS(스포마니타스)

스포마니타스: 사피엔스가 걸어온 몸의 길

– 하빌리스에서 검투사까지 –

초판 발행   2021년 9월 15일
초판2쇄 발행 2022년 10월 20일

지은이   문개성
펴낸이   안종만 · 안상준

편 집   탁종민
기획/마케팅   이영조
표지디자인   박현정
제 작   고철민 · 조영환

펴낸곳   (주) 박영사
          서울특별시 금천구 가산디지털2로 53, 210호(가산동, 한라시그마밸리)
          등록 1959. 3. 11. 제300-1959-1호(倫)

전 화   02)733-6771
f a x   02)736-4818
e-mail   pys@pybook.co.kr
homepage   www.pybook.co.kr
ISBN   979-11-303-1361-0   93690

정 가   19,000원